GOBOOKS & SITAK GROUP©

Rich致富338

比特幣富豪

洗錢、豪賭、黑市交易、一夕暴富，顛覆世界的加密貨幣致富秘辛

班・梅立克（Ben Mezrich）◎著
周玉文◎譯

高寶書版集團

目錄

第二幕

目錄

第三幕

僅獻

艾許（Asher）、艾雅（Arya）、譚雅（Tonya）與畢斯（Bugsy），

長期持有、絕不出售（HODL）。

人生就是一場冒險，每一天都比前一天更好玩。

寫在前面

《比特幣富豪》是一套引人入勝的敘述式報導，奠基於幾十回採訪、幾百道資料來源，以及幾千頁書面文件，包括幾道法院訴訟程序相關紀錄。故事中有幾起事件的觀點截然不同，而且往往帶有高度爭議性，因此我竭盡所能地根據書面文件、訪談內容在書中重建場景；其他場景的寫作方式則是描述個人認知，但不代表作者觀點。在某些情況下，場景與敘述的細節都已變更或出於個人想像。

二〇一〇年，我出版《Facebook：性愛與金錢、天才與背叛交織的祕辛》，很快就被改編成電影《社群網戰》。我從未想過，有一天我將會二度訪問故事裡的兩位人物，泰勒與卡麥隆・溫克沃斯兄弟檔。這對同卵溫克沃斯兄弟單挑馬克・祖克柏，爭取迅速壯大成地表最強企業的發想緣起。

在《Facebook：性愛與金錢、天才與背叛交織的祕辛》所勾勒的世界裡，臉書代表一場革命，馬克・祖克柏則是革命家。他試圖改造社會秩序，亦即社會如何互動，以及人們如何相遇、交流、墜入愛河並一同生活。溫克沃斯兄弟可說是他的完美陪襯：保成守舊的「哈佛人」、特權階級出身的運動員，從許多方面來看，他們倆都代表著「既有體制（Establishment；編按：意指控制國家或組織的重要掌權人士，特別支持現狀、不願改變」）」。

時至今日，情況似乎有所不同。馬克．祖克柏已是家喻戶曉的名字，臉書則是無所不在，主宰大半個網際網路世界，即使它似乎總是與醜聞剪不斷、理還亂，從用戶數據遭竊到假新聞滿天飛，甚至還提供一座基於政治破壞目的所設立的平台。與此同時，泰勒和卡麥隆．溫克沃斯則是跌破眾人眼鏡，改以全新數位革命領袖之姿屢屢現身新聞報導中。

我並未迷失在這種充滿矛盾的詭譎情況中，不只是祖克柏和溫克沃斯兄弟各自從叛軍與邪惡帝國的角色顛倒過來，更是因為我的著作、隨後發行的電影所打造的溫克沃斯兄弟形象也需要重新修正。我的個人意見是，泰勒與卡麥隆．溫克沃斯並非單單只是碰巧在正確的時機站上正確的位置，而且還兩次。

無論是文學中或是人的一生中，第二次行動皆屬罕見。正如我希望說服讀者，溫克沃斯兄弟第二次行動終將遠勝於第一次行動的機率極高。比特幣及背後的打底技術具備顛覆網路的超高能耐。正如臉書崛起是為了引領社群網路從實體世界移往虛擬空間，以比特幣為首的加密貨幣也是為了發展一個如今多數功能已上線運作的金融世界。比特幣背後的打底技術並不是一時跟風，也不是一顆泡沫，更不是一場陰謀，它是一場根本性的典範轉移，最終必將改變一切。

第一幕

精神創傷獨有一種特殊性：或許可以蒙蓋遮掩，但永不癒合；它總是隱隱作痛，一碰就淌血；而且永遠是心上一處皮開肉綻的傷口。

——大仲馬《基度山恩仇記》

1 深入虎穴

二〇〇八年二月二十二日。

舊金山市郊的金融區，一幢不起眼的辦公大樓第二十三層樓。尋常的玻璃帷幕、鋼筋與水泥切割而成的建築外觀，形塑出加裝空調系統、採光明亮的立方體；漆上蛋殼白的外牆、鋪著工業風的米色地毯、井字造型的吊頂天花板以螢光建材整齊切分，還有給水口外突的冷水器、邊緣鍍鉻的會議桌、人造皮革的調節式辦公椅。

這是個星期五下午，剛過三點。泰勒．溫克沃斯站在一整片落地窗旁往下俯瞰，視線穿過正午的霧氣，落在外觀相近的辦公大樓附建的緩衝層。他努力試著穩穩地啜飲透薄紙杯中的過濾水，以免噴濺在領帶上。熬過有如置身煉獄一般這幾年，領帶幾無必要了。這場考驗拖得越久，他得穿上奧運比賽划船夾克，現身在永無止境的談判回合的可能性就越高。

他努力體會水最純粹的滋味，接著握拳將紙杯揉成一團。激噴而出的水花沒有濺灑在領帶上，卻滴在藍色襯衫的腕袖。他將紙杯擲向窗戶下方的垃圾桶裡，然後甩甩濡濕的手腕。「在清單上再加上一條罪狀。紙杯做成冰淇淋甜筒狀。什麼樣的虐待狂才想得出這些整人的玩意兒？」

「很可能就是發明這些燈光的人。自從他們要我們移到這一層樓，我就被曬出兩層古銅色了。別管這些整人的鬼東西，我敢打賭，煉獄也有螢光燈管。」

在房間另一頭，泰勒的孿生兄弟卡麥隆打直身子橫躺在兩張人造皮椅上，翹著一雙長腿跨在長方形會議桌的一隅。他身穿藍色西裝外套，但沒有打領帶。一隻腳上的十四號皮鞋看似驚險地幾乎要踢到泰勒那台掀開螢幕的筆電，但泰勒任由它去。這漫長的一天夠折騰的了。

泰勒心知肚明，單調乏味是刻意為之。調解與訴訟大不相同，後者是正式對戰，兩派人馬為了最終勝利爭個你死我活，也就是數學家、經濟學家所謂的零和賽局。訴訟的過程時起時落，但表象之下潛伏著一股原始能量，核心就是戰爭。但調解是另一回事。要是能調和鼎鼐，就不會有贏家、輸家之分，最終只是雙方「各得一半」，搞定爭議；換句話說，大家各退一步好下台階。調解不用搞得像戰爭一樣，反而比較像是搭乘超長途巴士的耐力賽，最終是所有乘客都筋疲力盡，膩到想吐，這時才針對目的地取得共識。

「如果你力求精準，」泰勒說，轉過身面對窗戶，以及一片灰上加灰的北加州午後天色，「我們不是置身煉獄受苦的人。」

當律師群一離開房間，泰勒與卡麥隆竭盡全力不討論訴訟案本身。但一開始他們都忍不住講個不停。最初幾週，他們倆在狂怒、被背叛的羞辱感直衝腦門的情況下，幾乎完全無法思考其他事情。但隨著時間拉長至幾個星期、幾個月，他們便下定決心，憤怒沒有任何好處。正如律師群總是不斷耳提面命，他們必須相信這套體系。於是每當他們獨處時，就會試圖天南地北亂聊一通，就是不提眼前這幕把他們逼到當前困境的可怕景況。

他們此刻正在討論的話題是中世紀文學，特別是義大利詩人但丁（Dante Alighieri）研究地獄迴圈的概念。不過這點便顯示，閃避策略已經開始不靈光了，信任體系一說似乎將他們困在但丁發明的其中一道概念裡。儘管如此，這麼做至少讓他們得以集中注意力。這對成長在康乃狄克州的溫克沃斯兄弟打從青少年時期就瘋狂愛上拉丁語，高中最後一年已經沒有課程可以讓他們選修了，於是跪求校長同意他們協同耶穌會牧師籌辦中世紀拉丁語研討會，由後者擔任這項拉丁語計畫的指導者。他們倆與這位神父合譯古代擔任北非希坡（Hippo）主教的神哲學家聖奧古斯丁（St. Augustine）所著《懺悔錄（Confessions）》，以及其他中世紀學術著作。但丁並非以拉丁語寫下最名留青史的作品，所以他們兄弟倆還額外花了大把時間研究原始義大利語，好在這場升級煉獄場景的遊戲中玩得更過癮：冷水器、螢光燈、白板……還有律師。

「技術上來說，」泰勒說，「我們是困在模糊不清的狀態。他才是置身煉獄的人。我們又沒幹任何錯事。」

此時突然迸出一陣敲門聲。他們自己的律師之一彼得．卡拉馬力（Peter Calamari）帶頭走進來。童山濯濯的髮際線勾勒出隆起的前額、寬闊的下顎與短下巴。他穿著印有棕櫚樹的美國休閒品牌 Tommy Bahama 襯衫，胡亂塞進明顯過大的藍色牛仔褲腰裡，結果使他走起路來很搞笑。要是價錢標籤還釘在上面，泰勒可是一點也不意外。更糟的是，這位老兄竟然大喇喇地穿著涼鞋登門造訪。非常有可能出自他購買牛仔褲的同一家店。

緊跟著他們的律師進門的傢伙是調解員安東尼奧．「湯尼」．皮亞薩（Antonio "Tony" Piazza），一身行頭讓人印象深刻，除了無可挑剔的灰色西裝和領帶，身形也精瘦到幾近憔悴的程度，灰黑夾雜的頭髮修剪得緊密、伏貼，雙頰曬成漂亮的古銅色。在媒體圈，皮亞薩素以「調解大師」廣為人知，因為他成功解決四千多起複雜的糾紛。據稱他有過目不忘的超強記憶力，而且還是個武術高手。他自認為，日本合氣道的訓練教會他仔細觀察對手的進擊招數，然後借力使力導向對自己有利的行動。如果道上有所謂「義大利版李小龍」的封號，那肯定非他莫屬。皮亞薩是不屈不撓的代表。理論上來說，在這趟沒完沒了的超長途巴士之旅中，他是完美的司機人選。

皮亞薩關門之際，卡麥隆趕緊收回跨在桌緣的長腿。

「他同意了嗎？」

他衝著皮亞薩提問。幾個星期以來，他們漸漸覺得，卡拉馬力只不過是個老愛大言不慚、拍胸脯打包票的昆鷹（Quinn Emanuel）律師事務所合夥人，在這次爭端中沒什麼戲份，頂多就是幫他們跑腿傳話給合氣道大師而已。如果他的寬鬆牛仔褲與涼鞋是想要穿出矽谷味，卡麥隆反倒覺得，律師風範盡失，只是更像浮誇的草包。

事實上，他甚至不應該出現在這裡。卡拉馬力暫代他們這樁案件的主要律師瑞克．維德二世（Rick Werder Jr.），後者在最後一刻放棄接案，因為決定要代表一家前陣子剛出包的企業打一樁二十億美元破產官司。儘管溫克沃斯兄弟的一生命運掌握在維德的手上，他卻不曾現身象徵官司決定性時刻的調解會議。溫克沃斯兄弟的解讀是，他努力追逐自己心中認定更重大、報償更豐厚的案件。

溫克沃斯兄弟聘雇昆鷹律師事務所原是希望，在事證開示（discovery）即將結束、審判程序即將展開之際，替自己的法律團隊加強火力。一九八六年，張鯤展（John B. Quinn）創辦昆鷹，素來便以旗下訴訟律師清一色展現強硬姿態，只打商業訴訟與仲裁案件的形象行走江湖。這家律師事務所同時也是不甩正式著裝行規的先鋒，在專注證券融資、商業買賣的律師事務所小圈圈裡，這種作風可謂前所未聞。卡拉馬力之所以穿搭失敗，全拜這項創舉所賜。

「沒有擺明拒絕，」最後，皮亞薩終於回答，「但他有一些顧慮。」

泰勒望向兄弟，因為這項請求原本就是卡麥隆的點子。他們已經花了大把時間透過律師往返傳話；永遠謹守中線分際的皮亞薩好似一隻銀白色的無毛貓，總是四尋中立地帶。卡麥隆想知道，有沒有辦法可以力排障礙，直接與對方搭上線。真是可笑，他們三個人不久前才在大學食堂碰面，其實搞不好他們還是可以像以前一樣乾脆就坐下來聊聊。沒有律師在場，大家把話攤開來說清楚。

「什麼樣的顧慮？」卡麥隆問。

皮亞薩頓了一下。

「人身安全問題。」

泰勒花了一點時間才搞懂皮亞薩在說什麼；卡麥隆則是倏地從椅子上站起身來。

「他以為我們會對他動手？你是說真的嗎？」

泰勒感覺自己一整個面紅耳赤。

「你一定是在開玩笑。」

他們的律師趕緊向前一步，出言安撫：「重要的是，撇開人身安全不提，他有聽進去這道想法。」

「說真的，讓我搞清楚裝況，」泰勒說，「他以為，在這場調解會議上，而且是在這間調解員的辦公室裡，我們竟敢出手扁他？」

皮亞薩的臉部表情文風不動，但開口時聲調瞬間低了八度，舒緩到會讓聽者昏昏欲睡。

「我們還是聚焦在重點好了。理論上他同意會面，所以現在問題只剩下敲定各項細節。」

「你想把我們手腳銬起來，關在茶水間會面嗎？」卡麥隆問，「這樣做會讓他比較自在嗎？」

「不必搞到這種地步。大廳最後方有一間玻璃窗會議室，我們可以在那裡開會。到時候只會有你們其中任一人走進去和他面對面談，我們其他人都坐在外面看著。」

這道提議實在有夠荒謬，泰勒覺得自己像是被當成野生動物處置。什麼人身安全問題，他的直覺是，這番話確實是從他口中說出來，因為聽起來就是徹頭徹尾只有他想得到，而且還說得出口。或許這是某種賤招，他只需要面對溫克沃斯兄弟其中之一就會比較安全的想法，幾乎和他們倆痛扁他一頓一樣荒謬；但或許是他覺得，和溫克沃斯兄弟其中任一人談判有可能帶給他些許機智上的優勢。溫克沃斯兄弟感覺，打從一開始他就以貌取人，判定他們出局了。對他來說，他們兄弟倆永遠就像是校園裡只會耍酷的紈褲子弟，或是一對頭腦簡單、四肢發達的校隊選手，甚至不會編寫程式碼，所以只能花錢找阿宅幫他們架設網站，而且這座網站還真是名副其實只有他這名天才資優生才做得出來。這是因為，要是這對寶貝真的能成什麼氣候的話，那他們早就應該做出來啦。當然，順此邏輯想下去，要是他們逮到機會和他單獨共處一室，肯定會一拳揍扁他。

泰勒閉上眼睛，停了好一晌，然後聳聳肩。

「卡麥隆會進去。」

他的兄弟一向比較圓融，也沒那麼強勢，往往在局面演變至彎腰是唯一選擇時，會是比較願意屈身的那一個。毫無疑問，現在他們正置身這種困境。

當他們隨著皮亞薩與律師踏上走廊時，「現在就像是猛虎在柙啊，」卡麥隆說，「準備好填滿鎮靜劑的獵槍。要是你看到我飛撲向前，掐住他的喉嚨，趕快幫我一個忙，對準我身上的西裝外套射擊。這件是泰勒的。」

律師和調解員都不動聲色，連一絲笑容都沒有。

在卡麥隆．溫克沃斯這一生中，四十分鐘後，走向會議室正中心的開放式圓桌這段過程堪稱最神奇的時刻之一。

會議室內有一張長方形的會議桌，馬克．祖克柏已經坐在另一頭。在卡麥隆看起來，一百六十多公分高的支架像是撐在座椅後方，椅面上額外放置一塊厚實的坐墊。這就是億萬富豪的加高座椅。卡麥隆關上身後的玻璃門，覺得自己似乎有點放不開來。泰勒與律師就隔著玻璃門坐在他的正後方，他望向正前方的會議室深處，只見皮亞薩與祖克柏的律師團。這支軍隊清一色西裝革履，與皮亞薩如出一轍。大多數他都認得，好比終身難忘的尼爾．查特吉（Neel Chatterjee），這位奧睿律師事務所（Orrick Herrington & Sutcliffe LLP）代表超級保護客戶，因而十分關注這對溫克沃斯兄弟可能對他的客戶發表什麼高見。像是他們倆應邀參加二〇〇八年網際網路大會中一場形式鬆散的談話，查特吉本人還現身聽眾圈裡，想必是以為，這樣做就可以緊迫盯人聽取他們的談話內容。查特吉和其他的律師都手持黃色的橫條筆記本，但卡麥隆壓根不知道他們會寫下什麼內容。就他所知，這間玻璃隔間的會議室具備隔音效果，而且他們也沒有人會讀唇語。房內的對話內容最終只有他和祖克柏知道。沒有調解員、沒有律師，也沒有其他人旁聽，完全沒有人礙著他們。

卡麥隆走向會議桌另一端時，祖克柏一直沒有抬起頭來。他的背脊立即感受到一股奇怪的寒意，但是和室內空調開太強沒什麼關係。這是四年來他第一次和昔日哈佛大學同窗碰面。

二〇〇三年十月，卡麥隆第一次在哈佛科克蘭（Kirkland）宿舍附設的食堂見到祖克柏，當時他、泰勒、朋友帝夫亞．納倫卓（Divya Narendra）與祖克柏同桌而坐，討論他們自己搞了一年的社群網站。隨後三個月，他們四人幫在祖克柏的宿舍裡開了幾次會，而且互換五十多封電郵討論網站事宜。然而，當時溫克沃斯兄弟和納倫卓毫不知情的是，祖克柏私底下已經自行架設另一座網站。事實上，二〇〇四年一月十一日，也就是二〇〇四年一月十五日他們第三次會面前幾天，他已經快手快腳地註冊好網域名稱 thefacebook.com。

二〇〇四年二月四日，距離祖克柏發布 thefacebook.com 已經過了三個星期，卡麥隆、泰勒和帝夫亞這時才在校刊《The Harvard Crimson》讀到這件事。卡麥隆很快就和祖克柏在電郵裡正面對質，後者回應：「如果你想要碰個面討論任何相關事宜，我很樂意單獨與你碰面。再讓我知道……。」不過卡麥隆沒有再窮追猛打，因為他覺得雙方的信任基礎已經破壞得蕩然無存。和一個老是喜歡自行其是的人據理力爭是能談出什麼好結果？不久後網站正式更名為 facebook.com。當時卡麥隆覺得，他們唯一可以做的事就是倚賴這套體系。首先，他們請求哈佛大學管理單位、校長賴瑞．桑默斯（Lawrence Summers）介入，強制執行學生手冊中有關學生互動榮譽準則的明確條文；之後，當這項行動失敗，他們才勉強轉向法院求助。現在可好了，一拖就是漫長的四年……。

卡麥隆走到桌邊，找了一張椅子把自己的魁梧身體塞進去坐好，這時祖克柏才終於抬眼向上看，一抹幾難察覺的尷尬微笑漾在嘴角。想要讀懂某個面無表情的人在想些什麼難如登天，不過卡麥隆自認為，他從祖克柏整個人前傾的動作察覺到一絲緊張，桌面下的雙腿在腳踝處交叉，也透露出一點人味。令人驚訝的是，他沒有穿著招牌的灰色連帽T，意味著他或許終於願意認真看待這件事。祖克柏一邊對著卡麥隆點點頭，一邊嘟囔著問候語。

接下來的十分鐘幾乎是卡麥隆一個人唱獨腳戲，他一開始先是遞出橄欖枝，恭喜馬克自哈佛輟學後幾年內取得輝煌成就，像是他如何將 thefacebook.com 這個原本一開始只限校園內流通的小規模獨占型社群網路，用意是連結哈佛學子互通有無，經營成舉世皆知的臉書（Facebook），先在校際走紅，然後征服世界各國，接著出現第一百萬名用戶，很快地就衝上幾十億用戶，甚至吸納全球五分之一人口。現在所有用戶三不五時就會主動在網站上分享個人性格、照片、喜好、愛情故事與人生經歷，而且熱度持續不減。

卡麥隆硬是不提顯而易見的事實，那就是，他、泰勒和帝夫亞深切、堅定地相信，臉書實際上是他們發想出來的點子：這個網站最初命名為哈佛連網（Harvard Connection），本質是一座協助大學生在線互通有無的社群網路，所以後來更名為連你（ConnectU）。卡麥隆、泰勒和帝夫亞是出於切身體驗校園生活變得如此狹隘的挫敗感，因此想要創辦哈佛連網。大一那一年就像是個大熔爐。嘿，第一學期剛開始的新生週，帝夫亞就在大一生宿舍區碰巧認識卡麥隆，隨後並邀請他到房間玩電吉他。從那天起，他們很快就成為朋友。不過，時間一久，隨著每個人的生活越來越忙碌，這種在校園內萍水相逢的社交緣分似乎就漸漸淡薄了，尤其是很難對外拓展朋友圈，超出宿舍、運動圈或主修系所之外。溫克沃斯兄弟與帝夫亞對此深感遺憾，因此想要著手解決這道難題。哈佛連網／連你這個虛擬校園的社群網站將可突破任何現實生活中的障礙，以及嚴密把關、滴水不漏的人際泡沫，讓大學生在線上重建校園生活。大一生活可以重頭來過，只不過這次大家都會更明智，不會再揮霍青春、虛擲光陰。

二〇〇三年春天，這個代碼庫幾近完成，但是最初的編碼員桑傑・馬文庫維（Sanjay Mavinkurve）畢業在即，而且隨後就要赴總部位於加州山景城（Mountain View）的搜尋龍頭Google報到。溫克沃斯兄弟與帝夫亞不得已只好再另尋高手幫他們完成代碼庫。接手的維多・高（Victor Gao）花了整個暑假趕工，但新學年即將開始，他升上大四後就要開始趕論文，進度吃緊，無暇繼續，於是推薦他們一名主修資訊科學系的大二生，這傢伙似乎對創業專案很感興趣。

截至當時，哈佛連網／連你的代碼庫已經架構底定，可以開始根據用戶的電郵地址安排。也就是說，好比一名用戶以Harvard.edu的電郵網域註冊，網站就會自動將他或她安排在哈佛群組中。這種做法可以把原本都將所有人歸併在一起，導致排序混亂的現況變得井然有序。連你就好像是層層疊套的俄羅斯娃娃，在大網絡裡劃分出小網絡，然後再繼續往下劃分出更小的網絡，依此類推，一直細分到個人用戶為止。

帝夫亞和溫克沃斯兄弟以他們的頓悟為基礎設計出連你的架構，亦即每個人使用的電郵不僅是驗證身分的好方法，也是他／她在現實生活中社群網路的絕佳分身，可以說，電郵地址就是每個人的虛擬護照。哈佛大學註冊組只發送 @harvard.edu 的電郵網域給自校學生；高盛銀行也只寄發 @goldmansachs.com 的電郵網域給自家員工。要是你擁有其中任一電郵網域，在現實生活中，你很可能或多或少成為這些網絡的一份子。這套架構可望提供連你一種 Friendster 和 Myspace 等其他社群網路缺乏的完整性，它會組織分類用戶，讓他們可以更容易搜尋到彼此，而且還能以更有意義的方式相互連結。正是這套架構迅速將祖克柏推向揚名全球、主導網路的地位。

在溫克沃斯兄弟看來，馬克．祖克柏熟悉的唯一網絡就是電腦。從他們與他的社交互動這一點就可以清楚看出來，馬克與機器互動比起他與真人互動要自在得多。順此邏輯，將這套全世界最強大的社群網路視為溫克沃斯兄弟與祖克柏之間看似不可能的結合體，而非祖克柏自己絞盡腦汁開發的心血結晶，實際上更說得過去。遺世獨立的天才光是靠著自己腦補就能發明驚為天人的作品，這種念頭不過只是電影情節、好萊塢迷思；在現實生活中，全世界最偉大的企業都是始自活力充沛的雙人搭檔，好比蘋果（Apple）電腦的史帝夫．賈伯斯（Steve Jobs）與史帝夫．沃茲尼克（Steve Wozniak）；Google 的塞吉．布林（Sergey Brin）與拉里・佩奇（Larry Page），軟體龍頭微軟（Microsoft）的比爾・蓋茲（Bill Gates）與保羅・艾倫（Paul Allen），依此類推。所以卡麥隆相信，這張清單上也應該包括祖克柏與溫克沃斯兄弟檔，或是溫克沃斯兄弟檔與祖克柏。

卡麥隆坐在會議桌旁，不得不承認祖克柏的成就千真萬確令人印象深刻。無論當初他從他們手中接下什麼爛攤子，最終都成功將它做大，掀起一場貨真價實的革命。某個程度來說，這名瘦小、白皙的大男孩端坐在加高的王者坐墊上，刻意修剪的髮型就像是出自連鎖理髮店超級美剪（Supercuts），但他儼然改變全世界。於是他堅定地把這些真心話告訴他。他侃侃而談，祖克柏創造的成果令人難以置信，這種類型的創新很可能一個世代只會出現那麼一回。

卡麥隆才剛講完，祖克柏立即獻上他的祝賀。他對於卡麥隆和泰勒在哈佛求學期間拿下全國冠軍，現在更擠進美國奧運划船代表隊，可望在二〇〇八年夏末參加北京奧運，看似真的印象深刻。怪的是，他讓卡麥隆回想起當年在校園食堂第一次遇見的內向、羞怯男大生，十足是個不懂社交的電腦高手，興高采烈地想要和他們打成一片，即使只有一下下而已。

卡麥隆聽著祖克柏的溢美之詞，盡全力想要驅散腦中的暗黑想法：他試圖不要回想起自己第一次在哈佛校刊讀到祖克柏發表網站的新聞當下的感受。當時，祖克柏張貼在

thefacebook.com官網上的職稱描述自己是「創辦人、大師兼指揮官『以及』國家公敵。」卡麥隆心想，再追加小偷這個頭銜如何？

不過，順著這道思維鑽牛角尖對他並沒有任何好處。

到了這一步，逝者已矣。

卡麥隆回頭瞥視自己的兄弟與坐在玻璃會議室門外的男士，一整票律師都熱切地盯著手中的記事本，於是他穩穩地控制住情緒。

「馬克，讓我們言歸於好吧。過去就讓它過去。我們沒有說是我們打造出臉書。」

「至少我們有些共識了。」

他是在耍幽默嗎？卡麥隆說不準，不過他打算繼續往前進攻。

「我們沒有說應該百分之百全部拿回來，但我們主張不應該完全沒份。」

祖克柏點點頭。

「如果當初我們沒有找上你，你敢說你今天還能坐上這個位置嗎？」

「我今天之所以會坐在這裡是因為你正在起訴我。」

「你知道我的意思。」

「我知道你怎麼看待你想表達的意思。」

「我們是帶著自己發想的點子去找你。我們提供你自由造訪整個代碼庫的權利。我看到你的腦中靈光閃現。」

「你不是全世界第一個對社群網路有特定想法的人，我也不是。Friendster 和 Myspace 都比臉書更早問世。據我所知，發明 Myspace 的湯姆．安德森（Tom Anderson）並沒有打算告我。」

這番話真是讓人筋疲力盡、使人抓狂。卡麥隆伸出布滿老繭的雙手重重壓在隔開兩人的會議桌上，他想像一幅畫面，划船手一槳一槳不停地划呀划，終於安度危機。

「這樣的對話可以沒完沒了地講下去，但是對我們雙方沒有一點好處。我只是個凡人，你也是；你有一家企業要經營，我們則有一支奧運團隊等著要創造紀錄。」

「我們再次有了共識。」

「人生苦短，不值得浪費時間唇槍舌戰。」

祖克柏停頓幾秒鐘，然後指向他們身後玻璃門外的律師群。

「他們可能不同意。」

「讓我們找到共同的利基點、把手言歡，然後好聚好散，你走你的陽關道，我過我的獨木橋。」

祖克柏雙眼圓睜好一晌。一臉看起來像是要開口說些什麼話，但最終只是動了動嘴角，然後再度試圖給出最簡短的微笑。

然後，祖克柏用一種只能說是很像機器人行動的方式站起身，從會議桌另一端走過來，擺出一個像是要握手的動作。

卡麥隆感覺到頸背部位的毛髮都立起來了。這一幕是真的嗎？這段對話似乎還只是剛起頭而已。他從眼角餘光瞥見，玻璃門後祖克柏的律師群也全都站起身來。

卡麥隆伸出手和祖克柏相握。

這位臉書執行長沒再多說一個字，走向會議室門口。卡麥隆想不透這個神秘莫測的傢伙腦子裡正在想些什麼。有可能他打動他了，所以祖克柏決定要做出正確的回應，最終還給溫克沃斯兄弟一點公道。也有可能祖克柏抽身是想要退回臉書律師群所在的會議室，調解期間他們一直都待在那裡商討其他的可能想法。

他的律師尼爾．查特吉會問他：「談得如何？」

「很好。」

「是……怎樣個好法？」

「好得像是我快要在他們的耳邊飆髒話了……」

2 一敗塗地

二〇一一年九月九日，清晨五點。

深棕略帶一點赤赭與金黃色的光束鑽過一叢色彩鮮豔的樹群，穿透葉隙、枝椏與樹幹，環抱兩側蜿蜒的彎刀狀清澈河面。這一幕畫面唯有起個大早的人才有幸目睹。

「向前划，天啊，要命！用力向前划！」

泰勒將全身重量壓在船槳上，身體內每一顆細胞都猛力噴發。每當他的寬闊肩膀像鳥翼一般張開時，全身骨架配合划槳的伸展動作精準得幾近完美，使力的悶哼聲會從他咬緊的下顎逸出。卡麥隆坐在他的正前方，兩人動作整齊劃一，就像是一部運作協調、潤滑得宜的機器左右護法。從遠處看，他們倆像是一支動作流暢、掌控自如的隊伍，但若貼身近看，在這艘玻璃纖維打造的輕快船艇劃破清澈水面之際，置身其間的畫面盡是肌肉、汗水與塵垢，手臂的小老鼠在表皮下賁張、收縮，瘀血、水泡與撕裂傷痕斑斑。

船槳劃破水面，在突然猛衝的力道下推動船艇前進。這對兄弟不僅動作一致，也就是肌肉操作碳纖維船槳的機械式動作一模一樣。他們生來就是一個整體的兩半，這項優勢協助他們從證實同卵溫克沃斯兄弟可以自行組隊的好奇心出發，直到成就一支足以登上奧運舞台的世界級隊伍為止。

但今天他們的表現大走鐘。這部機器運作卡卡的，好似聯繫兩人的隱形齒輪中某樣零件莫名其妙鬆脫了。

泰勒甚至連看都不用看就感覺到，其他五艘緊隨在側的船艇都並駕齊驅疾行在前，形成好似海鷗隊形的陣仗衝向終點。站在岸邊可能無法察覺其間的細微差異，但是從他的位置卻可以清楚看到，他們落後距離最近的船艇約莫十五公分……敵隊中有一組划船手曾參加二〇〇四年雅典奧運男子八人單槳項目並拿到金牌，雙方差距大概有十五或可能十八公分之多；那艘船艇和一對華盛頓大學校友的船艇前後拉鋸，他們連續三年拿下全國賽冠軍。

整批船艇轟隆隆地衝向終點，泰勒緊閉雙眼，耗盡全身上下每一分氣力，但他心知肚明，就算這樣也不夠。幾秒後，當每一艘船身前方的安全球都衝過終點線，空氣中迅速響起尖銳的喇叭鳴聲。

比賽結束。

溫克沃斯兄弟吊車尾。

所有六艘船的間距不過幾公分，正所謂失之毫釐，差之千里。

划船比賽是一場幾乎非得到了終點線前方幾公尺才能決定勝負的戰鬥；不太像爭到贏，反而是努力不要輸的比賽；誰能攻破別人的防線誰就贏。任何人只要吞得下最多苦頭，通常就是第一個衝過底線的人。平時一次又一次的練習都只是為了要提高痛苦耐受力。

溫克沃斯兄弟一整個癱倒在船槳上，虛脫到不行。乳酸是激烈運動的副作用，正迅速流過他們的肌肉；全身上下每一顆細胞都像著火似的發燙，肺部則是熊熊燃燒。他們手上的船槳攪出的水渦、為了划向終點所灌注的全身精力，轉眼間便消散在紐澤西州普林斯頓市的卡內基湖（Lake Carnegie）。

他們知道自己應該開始冷靜下來，然後慢慢划回船屋，但此時此刻他們甚至連重拾船槳的力氣都沒有，遑論挺起身子，開始往回划。

「這只是一場練習賽，」泰勒說，「下次我們再討回來。」

卡麥隆的頭依然低垂。

「要是我們可以把槳頻提高個幾拍，搶先衝過終點線的船隻就會是我們了。」

他可以從卡麥隆回話的語調聽出來，對他或他們倆來說，這個早上的損失比原先所想還要沉重。當然，他們也吞過不少敗仗，能做到與苦果一刀兩斷、船過水無痕，正是划船這項比賽的關鍵技術；這項能力也讓溫克沃斯兄弟可以在與全世界最龐大的企業對簿公堂之際，同時還能接受奧運賽事培訓。以他們的技術水準而言，即使是節奏或技術發生最輕微短暫的延誤或中斷，都可能導致功虧一簣的後果；當他們對上同樣是奧運培訓隊伍的競爭對手時，每一槳都攸關勝負。這座保有原始樣貌的卡內基湖位於紐澤西州普林斯頓市，平靜無波的湖面延展六．五公里，幾十年來一向是奧運划船隊的國家訓練中心，也是划槳手眼中公平的競賽場，意思是，在每一場練習賽中，從肌肉、技巧、訓練成果到意志力全都得派上用場。勝利操之在人，無關工具。

卡內基湖不折不扣就是為划船而建。一九〇二年之前，普林斯頓大學校隊都是在鄰近的德拉瓦運河（Delaware Canal）划船，但這條繁忙的水道總是擠滿貨船和遊艇，划船手受夠了邊划邊閃躲貨輪和週日當差的水手。在一次偶然機緣中，一名已卸任的舵手校友受託為鋼鐵大王安德魯．卡內基（Andrew Carnegie）繪製肖像，他利用這段應該用心拿畫筆塗刷油畫的時間向卡內基獻策，打造一座專屬常春藤盟校船隊使用的湖泊。這位大亨埋單這道提議，捐款超過十萬美元注資整套專案，這個數字在當時可謂天價金額。卡內基也透過少數船手校友協助悄悄買下湖區周邊的土地，接著是處理磨石河（Millstone River）上的大壩，將淤土、河水搬運過去，打造出一座完美的划船比賽場地。

沒過多久，奧運國家隊就發現，這座與全球最具傳奇色彩的教育中心為鄰的私人地產湖區價值連城，於是很快地，全國各地划船界最傑出的英雄好漢都被邀請到湖上的百年船屋受訓。

泰勒和卡麥隆花了不計其數的早晨在石造拱橋下搖槳，這些石橋都是湖區相對比較狹窄的通行點，讓人想起點綴在麻州劍橋市蜿蜒流淌的查爾斯河上方的石塊橋礅。在那裡，他們倆生平第一次接受傳奇船手兼教練哈利・帕克（Harry Parker）親身指導。二〇〇〇年，溫克沃斯兄弟獲哈佛錄取，當時帕克擔任男子划船隊教練已經將近四十年。自從一九六四年奧運比賽以來，哈利・帕克親帶的划船手每一屆都上場爭冠，溫克沃斯兄弟也不例外，將繼續發揚光大這道傳統，他們在二〇〇八年中國北京舉辦的奧運賽中代表美國出征男子雙人單槳無舵手艇。

在哈佛，溫克沃斯兄弟一直是無人能出其右的全國冠軍。卡麥隆是溫克沃斯兄弟中的左撇子，因此搖左槳，在哈佛重量級男子校隊中坐在六號位；泰勒則慣用右手，搖右槳，坐在他正後方的五號位。在一艘八人座的划船上，溫克沃斯兄弟的座位被安排在所謂的「引擎區」，指的是船艇中間的位置，只留給最高大、力氣最大的划船手。校刊運動版記者稱呼卡麥隆和泰勒是「雙子塔」，還給這支船隊取了一個「上帝幫（God Squad）」暱稱，因為他們裡面有幾名船手是信奉上帝的虔誠基督徒，其他船手則相信他們就是上帝。

自從一九七〇年代中期傳奇的「粗佬與文青（Rude and Smooth）」划船隊創建以來，上帝幫可說是第二支最負盛名的哈佛划船隊。「粗佬與文青」這個隊名在「美國記者之父」大衛・哈伯斯坦（David Halberstam）的著作《業餘玩家（The Amateurs）》首見，指的是船員划船動作既流暢平順，卻也粗魯滑稽。許多這些不同凡響的划船手都繼續投入奧運比賽，也在個人的划船生涯結束後締造輝煌成就。好比坐在六號位的狄克・凱辛（Dick Cashin）就成為紐約市私募基金大亨，捐款在查爾斯河上游打造對大眾開放的社區公用設施哈利・帕克船屋（Harry Parker Boathouse），那裡分別還有提供哈佛男、女運動員使用的紐威爾（Newell）與韋爾德（Weld）船屋。

一九九七年，溫克沃斯兄弟升上高中並加入划船隊，在第一個賽季期間，教練送他們一本《業餘玩家》。幾年後他們最終決定申請進入哈佛大學並非巧合，當他們二〇〇〇年成為哈佛新鮮人時，就是抱著終有一天可以成為夢幻划船隊員的願望。

他們確實如願入隊。上帝幫沒輸過任何一場比賽，事實上，他們每次都贏得很懸殊。也因為他們的速度實在太快了，二〇〇四年參加於瑞士盧森市舉辦的世界盃（World Cup）時候拿下第六名，甚至贏過奧運八人划船項目的英國與法國隊。盧森那一役之後，他們又參加皇家亨利賽船日（Henley Royal Regatta），這是英國賽季的頂尖賽事，堪與網球界的溫布頓（Wimbledon）大滿貫、賽馬界的皇家雅士谷（Royal Ascot）相提並論。在亨利賽期間，上帝幫擊敗劍橋大學，阻止它挺進決賽；隨後勇猛力抗荷蘭奧運代表隊，差距是三分之二船身。一個月後，二〇〇四年奧運會在希臘雅典登場，同一支荷蘭八人船隊勇奪划船項目銀牌。這道比賽成績讓我們更清楚知道，上帝幫真的是有如神助地飛快，因而在大學划船史的萬神殿中占據永垂不朽的地位。

溫克沃斯兄弟二〇〇四年從哈佛畢業後，直接從查爾斯河沿岸划向卡內基湖畔，也就是美國國家划船隊（United States National Rowing）大本營。

卡內基湖或許甚至比查爾斯河壯觀遼闊，遺憾的是，美景也無法讓他們倆更能釋懷那天清晨的損失。對泰勒來說，這場失敗不僅代表另一場意義不大的練習賽，這一刻的存在感格外強烈。

再過十個月，倫敦奧運就要登場了，他們可能得夜以繼日地瘋狂訓練，將自己的體能推向登峰造極的境界，最好是足以爭金奪銀的狀態。雖然拿獎牌絕對是無與倫比的榮耀、貨真價實的勝利，但事實上也僅止於此，既不會改變他們的為人之道，也不會改變世人看待他們的觀點。他們就像是一紙經過公審的書皮，而且是一審再審。首先是法院系統，在他們看來，根本一開始就是聯合起來惡搞他們；再來是象徵普遍觀點與社會意識的公眾輿論，但已經被一部完全把他們倆污名化成諷刺漫畫嘲笑對象的電影洗腦了；最後是他們倆的外表與他們所代表的形象。

只有他們自己知道實情，也只有卡麥隆一個人知道，走進玻璃窗會議室與祖克柏一對一談話的內容。僅一眨眼功夫，他們似乎就落入雖贏猶敗的局面。

「六千五百萬美元！」他們的律師卡拉馬力幾乎是在大吼大叫。他的一隻手抓著一頁手寫的和解要約，另一隻手則拿著一片披薩。「真是難以置信。難道你不覺得實在太不可思議了嗎？」

當他對著溫克沃斯兄弟手舞足蹈時，披薩表皮的熔岩起司滴了下來。這紙和解要約顯然是讓這名穿著休閒衫的律師嗨到不行。

泰勒盯著卡拉馬力手中懸空的和解要約。六千五百萬美元聽起來是天價沒錯，但是只要拿祖克柏手中的一百五十億美元相比，根本就是零頭。遑論他的身價還會繼續飆漲。

於是他開口：「我們之間好像有點對不上焦。」但卡拉馬力立刻插嘴不讓他講下去。他激動地揮舞雙手，披薩甩呀甩地，幾乎就要從他手中飛走，衝著溫克沃斯兄弟直直射去。

「你在開玩笑嗎？老兄，這可是六月雪耶！他都同意和解了。還給了這麼一大筆錢！」

泰勒望向卡麥隆，他看起來也和他一樣怒火中燒。沒錯，祖克柏提出要約，希望和解。他是這麼固執的人，很可能永遠都只想要和解。他也許會等到審判前夕，就在雙方步上法院台階時直接和解，但無論如何他就是想要和解。即使這位臉書執行長根本打從心底就不覺得，這對兄弟的主張有何法律依據，但他們一向假設，他可能推想他們手中有很多把柄，而且他們還握有雙方往返的電郵。光是這種心理作用就綽綽有餘了。電郵真的很多，溫克沃斯兄弟認為，自己掌握足夠的破壞力可以把他釘得死死的，甚至讓他變成俎上肉。公審的風險太高，不值得考慮，詐騙這種情事不宜交付十二名陪審員決定。更不利祖克柏的是，他知道，他們正在敦促採取法律行動，針對他當年在哈佛就學時使用的電腦硬碟展開電子成像這種法務鑑識。正如溫克沃斯兄弟後來所知，祖克柏有充分理由非阻止這種狀況發生不可。

臉書是名副其實的巨怪、當之無愧的矽谷獨角獸，單日就可以笑納幾百萬名註冊用戶。祖克柏也已經成為全球家喻戶曉的少年執行長，掌管一家正迅速成為全世界最成功故事的企業。毫無疑問，臉書很快就會啟動初次公開發行計畫，在祖克柏或臉書董事會成員推動股票上市之前，最不樂見的局面就是恐怕有損商譽的爆料文件。

祖克柏得掌握這類情事發展過程將會走向何方。就學時使用的電腦硬碟保存了他在哈佛唸書時寫下的海量即時通訊，有些是寫給當時的天才工程師好友亞當．迪安傑洛（Adam D'Angelo），後者念的是加州理工學院（California Institute of Technology, CalTech），現下則是臉書技術長（在職期間為二〇〇六年十一月至二〇〇八年六月）。這些訊息是在一場法院下令針對他的硬碟進行法務鑑識時重見天日，但祖克柏的律師尼爾．查特吉至今拒絕提供。這是一場典型的薛丁格貓實驗（Schrödinger's cat；編按：假想將貓關在密閉毒氣室一小時，打開時只有生或死兩種結果。最大懸念是，在這一小時內，貓的狀態是生、死，還是半死不活），要是他和解了，這些即時通訊就相當於不存在；但要是他不顧勸說一意孤行，終有一天就會見光死。即使這些即時通訊是出於接下對方的委託案而產生，誰也不能擔保案主自己另外找得到方法實現網站計畫，因為這個媒介一翻兩瞪眼，沒有擦擦改改的空間。

當然，最終祖克柏和他的團隊最擔憂的實情還是被踢爆了，不幸中的大幸的是，那已經是他和溫克沃斯兄弟和解後好些年了。財經網媒商業內幕（Business Insider）記者尼可拉斯．卡爾森（Nicholas Carlson）特別強悍，他拿到一批前述即時通訊內容，公開刊登在知名雜誌《紐約客（The New Yorker）》之前已獲祖克柏本人證實。

祖克柏與迪安傑洛在其中一則通訊內容聊到，他正在為泰勒、卡麥隆與帝夫亞架設哈佛連網／連你這個網站。卡爾森在商業內幕中報導，祖克柏對迪安傑洛如此評論：

> 所以你知道我怎麼架設這座約會網站。我在想，這部分和臉書的架構有多相似。因為它們可能會在差不多同一段時間發表。除非我先惡搞這幾個想架設約會網站的傢伙，直接撒手不幹。這樣就不用跟他們說我已經做完了。

從那個時刻起，祖克柏的想法更加充滿咒念：

> 我也很討厭自己竟然在為別人完成這項計畫，哈哈。就像我痛恨幫別人做事一樣。我覺得正確做法應該是，架好臉書然後就開始跟他們耗下去，直到截止日那天。到時候我就會跟他們說，「看看你們的網站，好像不如這一個好用。所以，如果你們想要加入我的計畫，我很歡迎；要不然，我可以過一陣子再回頭幫你們。你會不會覺得這樣太機車？」

後來迪安傑洛問祖克柏，他和溫克沃斯兄弟打交道最後選擇走哪一條路。祖克柏回答：

> 沒錯，我打算惡搞他們。可能就在這一年。搞死他們。

就法律層面而言，即時通訊內容一向處於灰色地帶，它們既不被視為鐵證，卻又具有危險性。關於祖克柏生命中那個關鍵時刻的道德品質，它們不是很灰色，反而是黑白分明。在另一段即時通訊內容中，他對朋友說：「你可以不道德，但還是合法。這就是我選擇的人生道路。」他正在表達一種日後讓臉書股東神經緊張的理念。毫無疑問，輟學後那幾年裡，祖克柏已經有所改變，畢竟怎麼可能有人像他這樣，經歷這麼多風波以後卻依然故我，而且還以為多數重要大事都可以藏在黑盒子裡不見天日？或許，正如後來他向《紐約客》坦承，他打從心底後悔自己寫在即時通訊內容中的暗黑思緒。不過，即時通訊不過是整起事故一小部分而已，重點是隨著這些話語而來的諸多行動。

在溫克沃斯兄弟找上祖克柏之前，他實驗的大膽計畫是經營 facemash .com，可說是哈佛版的辣不辣？（Hot or Not?）網站。這個網站從哈佛的線上目錄搜括女學生照片，然後在未經許可的情況下，將它們展示在 facemash .com，而且是一次並陳兩張照片，好讓造訪用戶可以評分哪一個「比較辣」。在一則即時通訊內容中，他甚至在考慮，是否該將 facemash .com 上這些哈佛女學生的照片和農場牲畜並排比較。這一次他惹上麻煩了，遭指控違反哈佛電腦網絡安全、侵犯版權，而且破壞個別學生隱私，哈佛行政委員會（Harvard Administrative Board）幾乎決議要將他掃地出門，但最後仍通融判他緩刑。

二〇〇四年二月四日，祖克柏撇下溫克沃斯兄弟和友人帝夫亞，無預警發表臉書，被嚇得七葷八素的他們倉卒之中趕緊找來編碼員完成連你，最後終於在二〇〇四年五月二十一日上線。但祖克柏似乎覺得，光是防堵這幾名同學，而且超車一大步的優勢還不夠，他下定決心要再補上幾拳，讓他們顏面盡失。正如商業內幕所報導，祖克柏在即時通訊裡回應迪安傑洛：我們已經利用他們的「連你」系統漏洞增設另一個卡麥隆．溫克沃斯帳號。我們複製帳號中的個人簡介與其他各種資訊，唯獨捏造他的所有回應，讓他看起來像是個白人至上主義份子。

祖克柏捏造冒充卡麥隆的假帳號不僅是人身攻擊而已，更是溫克沃斯兄弟在科克蘭附設食堂與祖克柏初相見時，他們第一眼就看透他的真面目並因此下定判斷的結論。

卡麥隆．溫克沃斯

家鄉：我真是深感他媽的榮幸。你覺得我是從哪裡來的？

高中：你甚至沒有資格唸出校名

種族特點：比你的好

身高：二百二十三．五公分

體型：運動型

髮色：超純金髮

眼睛顏色：天藍色

最喜歡的語錄：遊民值個屁。我討厭黑人

語言：白人盎格魯——撒克遜新教徒（White Anglo-Saxon Protestant）這一類的

俱樂部：我老爹幫我擠進陶瓷幫（Porcelain，編按：哈佛六大終極俱樂部 [final club] 之一，而且是歷史最悠久、最有聲望的代表）

興趣：亂花老爸的錢……

在溫克沃斯兄弟看來，倘若祖克柏確實入侵原本他應該協助架設的網站，很可能已經違反聯邦法律。這個造假的帳戶簡介還只是開始而已。在之後的即時通訊中，祖克柏自吹自擂，單純只是為了好玩就再度攻擊連你的代碼和停用戶的帳戶。

這類情事屢見不鮮。二〇〇四年春天，卡麥隆寄一封信到哈佛校刊的「爆料」信箱，告知他們祖克柏的雙面人行徑。被分發追查這封告發信的記者是提姆．麥金（Tim McGinn），於是他展開調查。麥金約見卡麥隆、泰勒與帝夫亞，聽取他們的說法，並檢視卡麥隆與祖克柏雙方的往返電郵。稍後他也去找祖克柏提供他的說法。正如卡麥隆稍後所得知，祖克柏登堂入室哈佛校刊辦公室，試圖說服麥金與編輯伊莉莎白．西奧多（Elisabeth Theodore）不要刊登這則新聞。當麥金和西奧多決定繼續調查，祖克柏顯然隨後就駭進麥金的哈佛電郵帳戶，企圖追蹤調查進度，不管這則報導是否已經動筆。

正如卡麥隆所知，祖克柏有能耐利用臉書資料庫裡的數據駭進麥金的電郵帳號，枉顧網站用戶的信任與隱私。更具體來說，顯然他深入臉書資料庫查找麥金的臉書帳號密碼，希望麥金使用的臉書帳號密碼和哈佛電郵同一組。他也檢視臉書日誌，尋找所有麥金登錄失敗的紀錄，滿心想著，麥金可能在某一次誤拿哈佛電郵密碼登錄臉書帳戶。他從臉書內部深處挖出麥金的私人資訊，挾此利器便可長驅直入麥金的電郵帳號，毫無顧忌地遍覽電郵，包括他與卡麥隆、泰勒與帝夫亞往返書信。馬克同時也偷看麥金與伊莉莎白的電郵內容，在信中西奧多回顧他們與祖克柏第一次在哈佛校刊辦公室會面的情形：「祖克柏看起來真的很邋遢。我覺得他的回答不夠直接或坦白，有點避重就輕。我也覺得他有關網站的反應一整個怪異到不行。」

雖然祖克柏駭進連你的行為不在大學的管轄範圍內，但他偷駭其他學生的哈佛電郵帳戶卻是非管不可。事實上，這種惡行已經破壞哈佛的電腦網絡安全規定，而且侵犯個別學生的隱私，遑論當前臉書自身的隱私政策。而且祖克柏已經是累犯，同一學年早些時候就因為facemash.com惹上類似的違規麻煩。

當時，哈佛還不知情祖克柏其他的違規行為，但是過了幾年後，第二次的攻擊行為已經成為眾矢之的。祖克柏當時仍是哈佛學生，大二起則無限期自願休學以便經營臉書，儘管如此，到現在他的名字還掛在學生清冊上。哈佛從未針對他的駭客行徑採取任何公開行動。

總的來說，祖克柏在大學時期使用的電腦硬碟至今還在，必然代表他絕不敢冒險行事，不僅是他論及溫克沃斯兄弟的即時通訊內容將可能玷污他身為神奇少年執行長的純正美名，更重要的是，因為他們會對他正在創造的革命基礎提出質疑：

如果你任何時候需要哈佛任何人的相關資訊，問我就是了。我手上握有超過四千筆電郵、圖片、地址與社群網路服務。反正大家隨隨便便就交出來了，我也不明白為什麼。他們就是「信任我」。真是一堆白痴。

任何其他大學生之間的私人即時通訊內容或許可以解釋成數位版本的「更衣室」談話，不過從這名大學中輟生的境況來看，他的使命是「連結全世界」，在實現這道願景的過程中，他的雙手將會握有幾百萬人的隱私權，它們很有可能會讓他永遠逸出常軌。當然，對溫克沃斯兄弟來說，即時通訊內容證明他們一直以來的主張：祖克柏故意誤導他們。這道身穿連帽T，開口閉口就是要打造「酷玩意兒」的可愛阿宅形象，才不是他們認識的馬克・祖克柏。那些意象鮮明的言行舉止激起他們心中的反感，結果是讓事情更難收拾，甚至他們的律師都覺得已經打贏這場戰役了，他們自己還是吞不下這口氣。

「胡說八道，」泰勒說，依舊盯著這張像是鬼畫符亂塗一通的紙張，「我們根本就是合法的所有人。」

卡拉馬力還是咧著嘴大吃他的慶功披薩。他剛剛才和昆鷹創辦人張鯤展通過電話，想必是大大吹噓這道可能的和解結果一番。他們根本沒搞清楚狀況。這些律師其實很多事情都沒搞懂。他們的主要律師事先就為開場調解辯論準備好投影片，但卡拉馬力操作得很彆腳。一名主導全案的律師正在領隊對抗全世界最龐大的科技公司之一，但本人卻是個電腦操作白痴，這諷刺也實在太誇張了。卡拉馬力甚至有幾次將祖克柏的名字錯唸成「祖克柏格」，現在則是根本還沒簽約蓋章，更別提雙方都拍板同意，竟然就和昆鷹跳起慶功舞了。

對泰勒來說，整件事無關乎錢，打從一開始就不是錢的問題。正如祖克柏在他捏造的卡麥隆假檔案裡指出，泰勒與卡麥隆原本就是啣著金湯匙出生的富二代，但祖克柏不知道的是，他們的父親可是胼手胝足、絞盡腦汁並以身作則才為他們打造出一段光環上身的童年時光。他的出身是辛勤的德國移民階級，一家子都是煤礦工人，因此他激勵自己力爭上游，同時他也將灌輸溫克沃斯兄弟嚴格的是非對錯觀念當成終身職志，以至於這種觀念經常淪於盲從。要是勝利並非出於正確的方式、正確的原因，根本毫無光采可言。

泰勒就是無法就此放手，即使奉上現金六千五百萬美元亦然。

他突然開口：「我們要拿的是股票。」卡麥隆也點點頭。卡拉馬力的臉倏地刷白，他手上那片油膩膩的披薩啪地一聲掉在桌面上。

卡拉馬力驚呼：「你們倆是瘋了嗎？竟然想投資那個蠢蛋。」他看起來一臉打死不相信的神色，然後怒目暗示他的同事們一起點頭表示反對。事不宜遲，他和律師團隊展開一場說服運動，想勸退泰勒與卡麥隆這樣想實在太愚蠢、瘋狂，而且是不折不扣的失心瘋行為；他們應該收下現金、見好就收。看起來似乎是律師不喜歡拿股票當酬勞，因為價格總是起起落落。對他們來說，現金才是王道。不過是一眨眼功夫，昆鷹花了六個月的準備功夫換來二〇％勝訴酬金，相當於白花花一千三百萬美元的到口肥肉馬上就面臨人間蒸發大變數。

房間裡所有五名昆鷹律師都懇求溫克沃斯兄弟回心轉意，不過他們不為所動。在溫克沃斯兄弟心中，拿股票才是一種回溯過去、糾正錯誤的方式。他們若是身為不曾被祖克柏排擠在外的創辦人之一，就應該可以分到股票。經過這些年，這一次是他們可以至少討回一部分公道，重返起始點的機會。就算出動一百名穿著夏威夷衫、趿著涼鞋的律師也不可能動搖他們半分。

最終，溫克沃斯兄弟和他們的律師互退一步，達成共識：六千五百萬美元中，他們願意收下兩千萬美元現金，另外的四千五百萬美元則是換成股票。對於這對不折不扣的失心瘋雙胞胎來說，這項結果最終證明是有史以來最高明的投資之一，但他們的律師卻完全沒有看到任何好處。

二〇一二年五月十八日，臉書公開上市，溫克沃斯兄弟手中原本價值四千五百萬美元的股票一飛沖天，增值十五倍，市值衝破五億美元。要是昆鷹當年收取股票當作酬金，現在這家企業的六個月準備功夫等於是大賺三億美元。

泰勒呆坐在船上，任它在紐澤西的人工湖中心地帶靜靜漂流。他看著其他船隻陸續划回船屋，明顯察覺到這場官司對他們造成的總體損傷。他們這場戰鬥越是在眾目睽睽之下進行，最終導致他們成為電影中家喻戶曉的名字，來自法律界、輿論的惡意攻擊就猛烈。

雙方和解後不久，溫克沃斯兄弟得知臉書收到一家獨立第三方估價公司回報的預估價值。這個金額是臉書遵守美國國稅局（IRS）規定與美國稅法條文推估而成，依照雙方的和解條件來看，只值他們倆所持臉書股份的四分之一。這是另一招惡搞手法嗎？

對溫克沃斯兄弟來說，這道發展當然聽起來是證券詐欺，在涉及股票交易的和解協定期間，竟然預扣一筆重要、獨立的估價，但是臉書堅稱並未隱瞞任何事項或欺騙任何人。

溫克沃斯兄弟挾著估價與商業內幕踢爆的即時通訊內容企圖翻盤重審此案，不過這次他們的心血被加州聯邦法官駁回，之後加州的第九巡迴上訴法院（Ninth Circuit Court of Appeals）也維持相同裁決。兩處法院都駁回溫克沃斯兄弟的主張。這項結果不出溫克沃斯兄弟的意料之外，畢竟他們是在臉書這家市值高達幾千億美元的怪獸集團自家後院肉搏。賭注堪稱天價，而且溫克沃斯兄弟和祖克柏都不是唯一被端上檯面檢視的對象。二〇〇八年，歐巴馬（Barack Obama）當選美國總統，這一場勝選部分得歸功祖克柏的網站，因為他的競選活動是用來連結幾百萬名被稱為「臉書世代」的選民，歐巴馬還因此贏得「臉書總統」封號。尤有甚者，歐巴馬的競選大師群裡有一位高手克里斯．休斯（Chris Hughes），不僅是祖克柏的大學室友，加入歐巴馬的競選陣營之前還掌管臉書行銷與溝通部門。選後歐巴馬甚至參訪臉書總部。這一切不僅無傷臉書，反而拉抬祖克柏的聲勢，最終高潮落在錦上添花的收尾：二〇一〇年祖克柏獲《時代（Time）》雜誌評選為年度風雲人物，理由是：「連結超過五億人口，並繪製他們之間的社交關係；創建一套交換資訊的新體系，並改變我們的生活方式。」與科技龍頭在加州對幹不會帶給你任何有利的勝算，溫克沃斯兄弟感覺天時、地利、人和都不在他們這一邊，反而是祖克柏占盡便宜。

他們深信，二〇〇四年祖克柏竊取他們的點子，因此才有臉書誕生，這是第一次誆他們；在雙方纏訟期間埋葬所有具有殺傷力的即時通訊內容，這是第二次誆他們；在和解協定冒出來的股票預估價值則是第三次。他們因此雖贏猶敗。

儘管溫克沃斯兄弟獲得的股票可能價值數億美元，無論以何種標準來看都是天價，但是他們自覺是魯蛇，祖克柏總是設法一次又一次地惡搞他們。不僅如此，以這種公開挺身而出對抗祖克柏的方式，也有損他們在公眾輿論法庭上的形象，他們被媒體群起大卸八塊、被部落客嘲弄奚落，醜化成被寵壞又有王子病的公子哥兒，而且出口便是令人討厭的酸葡萄語氣；反之，就算每次祖克柏又被公開踢爆新一輪的莎士比亞背叛戲碼，媒體卻似乎總是直接轉頭，視而不見。

甚至哈佛前校長賴瑞・桑默斯也曾對他們倆開炮，在智庫亞斯本研究所（Aspen Institute）主持財經雜誌《財星（Fortune）》舉辦的「科技頭腦風暴大會（Brainstorm Tech

Conference）」上公開稱呼他們是「混蛋」。溫克沃斯兄弟進擊的招數是什麼？二〇〇四年四月，他們西裝革履參加桑默斯在辦公時間敲定的會議，商討祖克柏的雙面人行為。他們相信，這種行為直接違反《哈佛學生手冊（Harvard Student Handbook）》，特別是手冊開宗明義便說：「所有學生在這個團體裡和同學們相處時都要以誠相待。」此外，他們也肩負「知識份子的誠實」和「尊重他人的尊嚴」等期待。

就一位教育工作者而言，桑默斯的公開抨擊似乎非常不公平、非常有失體面，遑論他還是現任的哈佛教授。溫克沃斯兄弟寄發一封公開信給時任哈佛校長茱兒．福斯特（Drew Faust），表達他們對桑默斯言行的擔憂：

……在（三月）辦公時間，我們（即卡麥隆、泰勒和帝夫亞）在他（桑默斯校長）的接待區枯等，卻被告知得改成下個月再來，因為等候學生太多，但時間不夠用。二〇〇四年四月，我們再度排入辦公時間，成功見到桑默斯校長。他的態度與聲譽和當前所面臨的策略性挑戰一致。他的失敗之處不在於，當我們三人走進他的辦公室，他沒有起身與我們握手（因為這樣一來他就得先讓雙腳抬離桌面，然後從座椅中站起身來），也不在於談話要旨讓人震驚，而是他輕蔑我們真心想要討論更深層次的道德問題、哈佛榮譽守則（Harvard Honor Code）與其之適用性或缺乏性的態度。

現在我們進一步明白，為什麼我們的會議往往成效不足，倘若有人看待自己的言行舉止時就不甚重視道德，當他人遇上相關爭議時，他也不會對這道主題產生什麼興趣。或許大學教師的行為準則與專業精神也存在著所謂的「能力差異」。

無論如何，這所大學的大學教授公開承認自己會以貌取人，評判學生性格，這一點令人深感不安。不用消說，每一名學生都應該享有提出問題的自由、穿上自己認為最妥適的衣著，或是充分自我表達，無須擔憂同一個社群其他成員的偏見或公開貶損，更別提竟然是出自教師之口。

諷刺的是，我們當天選擇的衣著是出於對校長辦公室的尊重和服從。在這段獨一無二的師生關係之間已萌生前所未見的背叛感。您身為現任校長，我們恭請您出面解決。我們靜候佳音。

儘管桑默斯公開承認，確實曾依據溫克沃斯兄弟的外表評判自己門生的性格，但媒體只是暗自竊笑，福斯特校長也一逕閃避他們的陳情信，拒絕勸誡桑默斯。

桑默斯的哈佛校長任期很短，而且許多人評判他根本搞砸了，就這一點而言，或許不足以為奇。二〇〇五年一月，在一場探討科學與工程界多元化的學術研討會上，桑默斯引發一場騷動。當時他質疑，就科學界而言，女性與男性天生能力無法相提並論。三個月後，哈佛教職員針對他的領導風格通過一場「不信任」投票，不到一年，也就是二〇〇六年二月二十一日，桑默斯自請下台。自從美國內戰以來，就屬他這位哈佛校長的任期最短命。

桑默斯離開哈佛後，在歐巴馬政府找到差事，不過歐巴馬很快就把他晾在一邊，直接欽定珍奈・葉倫（Janet Yellen）這名女性擔任聯邦準備理事會（Federal Reserve）主席。諷刺的是，誕生於大一生宿舍區的臉書就在桑默斯眼皮底下壯大，儘管他根本看不出來早期它就已具備超大潛力，與溫克沃斯兄弟會面時還把它當作小孩子玩意兒一般駁回不受理。但他還是努力找到幾家願意接受自己擔任董事的矽谷科技公司，其中一家是行動支付商方塊（Square）。這一點部分得歸功雪洛・桑德伯格（Sheryl Sandberg）提供一臂之力，她在二〇〇八年加入臉書擔任營運長。桑德伯格也是桑默斯的門生，他曾在前總統柯林頓（Bill Clinton）主政期間擔任財政部長，當時她為他工作過一陣子。或許是桑默斯與桑德伯格之間的情誼激勵他挺身而進對抗溫克沃斯兄弟，並試圖打平比數。誰知道呢？

「無論我們在這場比賽中贏了多少次，」坐在船尾的卡麥隆說，「都沒差。」

他說對了。他們收下天價和解金，但對全世界而言，他們仍是一雙魯蛇。他們不會再參加另一場奧運比賽，藉此改變世人的心態；而且即使他們站上領獎台，也不會得到一絲一毫正義感。他們永遠就是一對過氣所以該退場的頭腦簡單、四肢發達校隊選手。

「這碼子事與個人無關，」他們的其中一名律師告訴他們，「純粹是在商言商。」這句話是在他們開始質疑祖克柏提供的臉書股票數量時冒出來。對泰勒來說，簡直就和祖克柏所說的這句即時通訊內容一樣糟糕：「你可以不道德，但還是合法。」

但這件事從來就不只是他們和祖克柏做生意這麼單純，自始至終就是私人過節。而且他們已經輸了。倘使他們想要改變故事的結局，就不能再靠划槳就想辦到。

他們得回到整起故事最開始發生的競技場，然後再完全從頭開始反擊。

3 瑕疵商品

四個星期後某一天，卡麥隆從舊金山搭計程車直奔矽谷中心地帶，下車那一刻他的思緒正以每分鐘一千轉的速率運作。這趟路原本應該只有「半小時車程」，但實際上從未短於一小時。不過，要是你走二八〇號公路，而不是幾乎必塞無疑的一〇一號公路，至少還會覺得心曠神怡。但是當然啦，坐在計程車後座泰勒身旁的卡麥隆幾乎無心欣賞風景，一逕埋頭細讀他們遠從紐約市帶過來的企業簡報資料。

打從他們倆高掛船槳，正式退出美國奧運代表團之後，就一頭鑽進以矽谷為中心的高科技創業圈。不過他們和幾年前早早搬去西岸的祖克柏不同調，反而繼續留在東岸。曼哈頓一向是他們視為營運總部的必然選擇，不僅是因為對他們來說環境更熟悉，畢竟他們就在市郊地區長大，更因為他們的父親創辦一家諮詢公司，招攬許多家位於紐約的《財星》五百大客戶，從此大發利市。對他們來說，無論好點子源於何處，或是企業選擇在何處打造花稍總部，紐約市永遠是全世界的金融引擎。

由於這些日子以來他們的一言一行似乎都會被媒體大做文章，當他們在紐約地區象徵蓬勃發展的科技中心熨斗區（Flatiron District）租用辦公室，當作同名創投公司溫克沃斯資本（Winklevoss Capital）總部時，這筆交易隨即被《紐約郵報（New York Post）》放大刊登在房地產新聞版面的顯著位置。溫克沃斯兄弟租用占地一百四十坪的黃金商辦，而且距離帝國大廈（Empire State Building）只有幾條街，肯定是想要留下自己的記號。

成為天使投資人（angel investor）看起來像是溫克沃斯兄弟重回創業圈最快的捷徑，也可說是最佳機會，讓他們改寫之前那個身不由己的故事結局。天使投資人是指無條件提供早期資金給創業家的創投類型。

原先在對抗祖克柏戰爭中，身兼同盟和共同原告的帝夫亞・納倫卓早就邁向人生的下一階段了。他先後拿到西北大學（Northeastern University）的法律學士、企管碩士，之後便全神貫注投入自己的新創企業和與零（SumZero）。它是一家專為投資精英設計的社群網路公司，用戶在此分享各種投資理念，而非照片。和與零沒有上億名用戶，不過它的用戶都有上億美元身價。這家企業很快就成為全世界相同類型網路公司的佼佼者，溫克沃斯兄弟也很興奮有機會入股。他們想知道：在這顆星球上，還有多少帝夫亞尚未橫空出世？以創業家而言，你或許有幸喜逢一、兩次天上掉下來的大好機會，但通常不超過三次；以創投業者而言，只要有滿手現金，愛追逐天上掉下來的大好機會幾次都不成問題。

卡麥隆和泰勒是在金融世家長大，深諳資金是任何一家公司血脈的道理。當初臉書若沒有創辦人之一艾德華多．沙佛林（Eduardo Saverin）金援一千美元，之後又有第三方支付平台PayPal共同創辦人彼得．提爾（Peter Thiel）注資五十萬美元，終究可能只是宿舍裡幾個小屁孩搞出來自娛娛人的玩意兒。正是資金讓祖克柏可以餵養臉書胃口超大的工程師與伺服器，最終統治全世界。

卡麥隆雙腳踩上人行道，後方是一棟木造結構的數層樓建物，夾踞在一座路面鋪平的小型停車場與半封閉的啤酒花園中間；他的眼前是一塊顏色鮮豔的路標，占據建物一角，上頭印飾一株棕櫚樹，並以橘色的圓鼓鼓字體宣布目的地到了：上面一行是店名綠洲（Oasis），下面一行則是中規中矩的字體寫上漢堡與披薩。

雖然他們兄弟倆身為科技創投，沒本事自己憑空想出下一個臉書，但或許有機會找出下一個臉書。有可能他們甚至會在這裡找到它。卡麥隆可以感覺到體內正生出一股熟悉的刺激感。他們倆正在展開人生新頁，他覺得沒有哪一個起點比綠洲更適合。這家合資漢堡餐廳不偏不倚就位在門洛公園市（Menlo Park）中央位置。

在他身後，泰勒雙手抱著資料夾正從計程車後座滑出來，裡面塞滿到處找創投入股的初創商製作的商業計畫書。他知道，泰勒可能會想要告訴他冷靜點，緩和他的樂觀情緒。雖然多數人看待溫克沃斯兄弟檔簡直是一模一樣，但事實上他們是鏡像溫克沃斯兄弟（mirror image twins），他們的受精卵分裂的時間比一般來得晚，大約是在受精後第九天，然後才各自發育成兩個獨立的胚胎。異卵溫克沃斯兄弟是雙卵雙生，也就是兩顆卵子分別與兩個精子結合，產生兩顆受精卵；同卵溫克沃斯兄弟則是單卵雙生，即一顆卵子與一個精子結合，產生一顆受精卵，卻分裂成兩個胚胎。鏡像溫克沃斯兄弟的起源類似同卵溫克沃斯兄弟，即一顆卵子與一個精子結合，但受精卵遲遲不分裂。正常的同卵溫克沃斯兄弟會在第二至第五天之間分裂。事實上，可以說鏡像溫克沃斯兄弟根本就是兩個獨立個體，只不過是生理上維持單一實體超過十天。單合子（編按：合子即是受精卵）溫克沃斯兄弟若分裂時間拖太晚，極可能最終會演變成一輩子常相左右的連體嬰。

鏡像溫克沃斯兄弟和同卵溫克沃斯兄弟一樣，都有一副好似同一個模子打造出來的外表，但是他們的身體特徵和行為習慣都截然相反，就好像他們盯著鏡子裡的對方一樣。如果其中一人的左大腿上有胎記，另一人就會在右大腿上找到一模一樣的胎記。

他們也像是一本書的左右兩頁：泰勒是右撇子、慣用左腦、善分析、評估，而且喜歡策略思考；卡麥隆是左撇子、慣用右腦、精於戰術、實務思考、有點傻氣、藝術家性格，而且有時候比較善解人意、比較樂觀。

通常泰勒重視大架構、不注重小細節；卡麥隆則比較不在乎數據資料，喜歡放任想像力天馬行空漫遊，兩人都不會形容自己是詩人，但泰勒眼中只有黑白之分，卡麥隆卻試圖看到更多灰色和彩色地帶。兩人都以自己的直覺方式表現創造力，而且他們都知道，兩人合體的潛力巨大無比，足以創造偉大成就。

既然他們已經與臉書和解，秒變億萬富翁，多數人都不明白，他們幹嘛還要自找麻煩重新開始。溫克沃斯兄弟這輩子從來不需要掙錢，卻選擇每一天都要幹活。何苦來哉？他們的工作原理是什麼？

溫克沃斯兄弟背後的驅動力是好奇心、探索欲。他們是在挑戰中成長茁壯，而且永遠躍躍欲試自己挑戰極限的能耐。對他們來說，這部分才是讓人興奮、來電的關鍵。自滿不是他們的基因。

在泰勒和卡麥隆的核心思想中，他們就是創建者的代名詞。小時候，他們疊積木；青少年時做網頁；大學時搞社群網站。他們不只是想生而為人，他們與生俱來就是要創造。

無論祖克柏怎麼看待他們倆，即使錯認為頭腦簡單、四肢發達的運動員，但其實他們十三歲時就自學編寫超文字標示語言（HTML）代碼，暑假時應用這項本事幫小企業製作網頁賺錢。當時，他們就讀的高中還沒教授電腦科學課程，所以只好盡可能申請修習每一門進階先修課程。他們原本計畫進了哈佛就要選修電腦科學，但因為奉獻大量時間給划船隊，只能忍痛棄選，所以轉而主修經濟學。祖克柏還真是幸運兒，換成另一個時空的話，泰勒和卡麥隆根本沒有必要找他幫忙寫程式。無論如何，泰勒和卡麥隆不相信，自己僅僅是生而為人，與生俱來就是要創造、要創建。

全天下沒有哪一處比矽谷更適合，不僅是到處有初創家帶著各種點子登門推銷的沃土，矽谷本身就是一具會自主呼吸的有機體。

它自成一套循環系統，代表企業當屬幾家名氣響亮的創投商，它們都挑選樓層偏少的加州牧場式平房建築當辦公室，沿著舊金山灣區的沙丘路（Sand Hill Road）一一進駐：第一家是凱鵬華盈（Kleiner Perkins），一九七二年落腳；自此，遠近馳名的沙丘（Sand Hill）漸漸成為創投圈的大本營，僅舉紅杉（Sequoia）、加速（Accel）、創辦人基金（Founders Fund）、安霍創投（Andreessen Horowitz）等幾個例子。沙丘拿現金挹注初創企業的血脈，協助他們扳開細嫩的手指和腳趾。

矽谷廣納重要機構，超大型企業集團充分汲取維生必需血液，壯大成有孕育能力的強大組織：Google在山景城，命名為Google園區（Googleplex）的企業總部占地遼闊，共有六十棟建築，充斥工程師、軟體開發人員及人工智慧（AI）專家；智慧型手機大廠蘋果在庫比蒂諾（Cupertino），市值是全球數一數二高，已經啟用的新總部外觀像是一艘停靠在地球的超大型宇宙飛船；當然也不能漏掉臉書，最初將辦公室設在距離卡麥隆此刻所站之地僅幾個街區之遙的地點，後來搬到駭客路一號的位址，每個星期都源源不斷產出躋身百萬美元身價的新貴，拉抬當地住宅市場身價躍升至全國冠軍寶座，沙丘附近的郵遞區號含金量因而傲視全國；還有晶片龍頭英特爾（Intel）、電動車之王特斯拉（Tesla）與社群平台推特（Twitter）等，族繁不及備載。每一家對這套體系的重要性猶如肝、腎、肺之於人體。此外，尚有次要機構，好比名聞遐邇的惠普（HP）與蘋果創業車庫，這些都是遊客最愛景點，讓他們腦補自己是站在改變世界之巔的年輕天才工程師。

這個有機體甚至還有自己的大腦：位於帕洛阿圖市（Palo Alto）的史丹佛大學，每年都會順著矽谷神經系統的神經元釋出數十名天資聰穎的年輕電腦科學家與工程師，在各自職涯道路上團結合作、飛躍前行，跨越各式各樣的突觸。

當然，它也有自成一套的消化系統，矽谷的新貴階級呼朋引伴群聚在簡餐店、早餐館與咖啡吧，一邊享用炒蛋、印度香料奶茶與炸薯條，一邊分享各種創新點子。

綠洲附近的林邊市（Woodside）有一家名聞遐邇的巴克餐廳（Buck's Restaurant），這裡可是PayPal第一次展示產品技術、昔日入口網站龍頭雅虎（Yahoo!）向風投商賣力自我推銷的舞台。綠洲可能無法與巴克相提並論，但是這家混搭漢堡與啤酒花園的小酒館就位在臉書初期辦公室同一條街的邊角上，幾十年來一向扮演接待創業家、投資金主和天真單純、精神飽滿的矽谷夢想家角色。一九三三年底禁酒令一撤銷，這家以休閒著稱的餐廳立馬開張營業，正是卡麥隆與泰勒最中意的開會地點。事實上，他們的雙親曾經住過帕洛阿圖市，直到父親將第一家自創公司賣給當時全世界前幾大的保險經紀商強森與哈金斯（Johnson & Higgins）。這個年輕的家庭一舉搬到東岸之前，這裡一直是夫妻倆最鍾愛的去處。雖說找一家祖克柏帝國附近的餐廳開會，一開始他們真覺得有些彆扭，但隨後清楚意識到，矽谷這裡每個人都因為少年執行長祖克柏的緣故連帶認得他們了，所以沒必要再試圖遮遮掩掩。此外，綠洲的漢堡好吃到不行。

泰勒先走到門口，但是側身讓卡麥隆先進餐廳。卡麥隆一聞到炸薯條、烤肉和滿溢香氣的啤酒就驚呆了，即使早就過了下午兩點，這裡依舊高朋滿座。每個人看起來不可思議的年輕，卡麥隆猜測，至少有一半都還是史丹佛大學的學生，其他一半則是剛剛畢業。他不由自主想知道，他一路擦身而過的餐桌有幾張座上賓其實是臉書員工。他和泰勒穿過人群時，食客都盯著他們指指點點，然後又故作沒事地望向別處。這一幕其實已經很稀鬆平常，他們所到之處就是會被周遭的人雙眼直瞪、比手畫腳；即使二〇一〇年《社群網戰》上映前，或是溫克沃斯兄弟進入哈佛就學前，也總是會吸引旁人目光，不過這次大不相同。

卡麥隆開始感覺到，用以武裝外表的樂觀情緒稍稍被影響了，不只是泰勒一貫的謹慎反照在他心中，更是某種打從紐約機場起飛、落地後直驅餐廳這一大段時間裡，他一直要自己從腦中刪除的情緒。雖然他們幾個月前就創辦溫克沃斯資本，也把有意投資年輕科技初創商的風聲放出去，但至今不曾做成任何交易。雖然泰勒手中的資料夾又厚又重，但是塞在裡面的公司卻都已經從潛在候選人變成失之交臂的機會。

因為全公司就只有他們兩名員工，所以一旦他們看上某件事便可以迅速行動，並安排電話討論；要是有好點子吸引他們的興趣，幾乎彈指之間就可以立馬決定搭機從東岸飛到西岸。但是一次又一次剛好都是時機不湊巧，總在他們即將開支票前夕接到對方通知，說是很遺憾，融資計畫剛剛截止，或是已經「超額認購」了。在一個單單一天下午就能籌集幾百萬美元，而且還有淹腳目的資金四處追逐下一件大事的世界裡，這種倒楣事不完全算是異常，但真的是會讓人沮喪到不行。他們雙手捧錢四處找賣家，但就是有錢沒地方花。

卡麥隆拒絕樂觀情緒退潮，但隨著他跟在泰勒身後穿過人群，越過一張張被大啤酒壺、堆積如山的薯條、烤得焦香的漢堡與熱狗壓得下沉的餐桌，他心中納悶，所有投射在他身上的眼光是否意味著什麼新鮮事。

他從兄弟的肩膀上方向前望去，看到一個長相古怪的小屁孩：長著雀斑、身形瘦削；亂蓬蓬的紅髮下是一張好似匕首的臉龐；身穿鮮綠色T恤，獨自一人霸坐圓桌；放在面前的大啤酒壺只剩一半，裝進三只啤酒杯裡。這時，他關上絮絮叨叨的內心小劇場。

泰勒先走到桌邊，一秒後這名小屁孩幾乎半個人跌出椅面。他的神情緊張、滿頭大汗，抓著他們的雙手用力握甩，好似他正試圖從井裡抽水。他滿臉堆笑，但卡麥隆根本還沒在泰勒身旁坐下來就察覺事情走味了。他滑進一張污痕斑斑的木製雅座椅面，椅身到處是以前的客人雕刻留念的簽名。即使在這裡，創業家也要爭取永生、永遠被銘記的機會。在矽谷正中央之地，被刻印在木頭上留下幾公分的記憶，總好過零痕跡。

就在大半天前，他們倆才和這名熱血大爆發的小屁孩杰克（Jake）通完電話，然後趕去搭機飛到加州。他從史丹佛畢業兩年，自創的公司剛從行動廣告轉向虛擬實境（VR）領域。杰克會是溫克沃斯資本第一筆名副其實的投資，總額是一百萬美元。

可是，雙方對話開始不到一分鐘，甚至卡麥隆都還沒品嘗擺在眼前的啤酒，杰克就已經話鋒一轉開始連連道歉了，好似一場口語瑜珈運動，七彎八拐地，他們幾乎聽不懂他到底是在為什麼事情道歉。直到最後幾句話才挑明言下之意，再清楚不過。

「老兄，你看，我真的超級想收你們的資金。我自己也以為我有機會可以拿你們的錢。我和董事會討論過不妨提高募資額度好了，」他激動得結結巴巴，「可是他們說我們真的已經超額認購，所以，我們真的只能婉拒兩位的美意。」

卡麥隆可以看到他的孿生兄弟的臉漸漸轉成豬肝色，立馬決定搶在他發飆前率先開口，或許還能找出辦法挽救頹勢。

「可是稍早我們在電話上聊的時候還沒有超額認購，算起來也才過八個小時而已。你想要把我們的資金放進你的資本結構表中，我們也已經說好，一旦你到紐約拓點，可以提供免費的辦公室空間。你現在是告訴我們，在飛機上這幾個鐘頭裡事情有了大轉彎嗎？」

小屁孩舉手耙過亂髮。

「對啊，嗯，沒錯。我們就是超額認購了。」

「你還是說實話吧。我們大老遠飛來這裡簽署股權收購協定。光是這一點就值得你回報一點誠意。坦白告訴我們發生什麼事了。」

小屁孩頓了一下，然後左顧右盼幾張鄰桌。所有人都睜大眼睛等著看好戲，但似乎沒有人坐得夠近可以聽到內容。然後他傾身向前，壓低音量。

「這是我們之間的秘密。我真的很想收你們的資金，可是我不能這麼做。老兄，我們已經超額認購了。我差不多該走了。」

他開始從椅子上站起身。泰勒看起來好像想要伸出手攫住小屁孩，但卡麥隆盡力保持聲調冷靜。

「等等，杰克，再給我們一分鐘。真的是超額認購嗎？我們的資金和別人的資金價值一樣高。拜託，請告訴我們發生什麼事了。我們至少有權知道實情。」

泰勒平靜地補充：「這是一趟辛苦的長途飛行。」

小屁孩再度環視四周，然後放低身子坐回之前的座位上。他拿起自己的啤酒杯，沒有大口牛飲，僅僅啜飲一口，然後聳了聳肩。

「你知道我們置身何處，對嗎？臉書的第一家總部位址。你要是從這裡扔出一副硬碟，它會直接摔在它的門口。它的新總部從這裡過去也只要八公里。」

卡麥隆覺得自己重重沉入雅座椅中。他終於搞懂，將來整件事會往什麼方向發展了。

「你看到那些坐在我們周遭鄰桌的小鬼嗎？」杰克繼續說，「我認識他們，都是史丹佛的同學。他們正在創辦一家搞數位明信片的初創商，你覺得他們最終的盤算是什麼？窩在角落的遊戲機旁那群傢伙又是什麼來頭？他們在研發影音壓縮技術。他們的退場策略是什麼？在他們的初創公司掉下懸崖之前，他們只有六個星期的逃命時間。」

有史以來，企業家精神就是賠率超爛的賽局：絕大多數初創商都慘烈敗陣，這意味著每一名創業家在投入商戰時，還得另外準備B、C、D等備案計畫。矽谷是工程師大本營，這裡的每個人都在思考架構、決策樹和賽局理論。每個人都需金若渴，但選擇性也同樣重要。當事情搞砸了，就和這家餐廳裡的百分之九十九的食客一樣，都會發動一場挽救顏面的收購案或人才收購（acquihire）行動，找一家像臉書一樣的大企業嫁了，這樣才能確保未來會有資金挹注下一道創業點子。

「或許可以考慮光學，」他繼續說，「在充斥夢想家的土地上，光學也很重要。他們可能想要你們的現金，也可能不需要顧慮任何和會你們產生衝突的事情。事實上，他們可能真的會很喜歡你們，但他們卻不會想要切斷自己樹幹長出的所有枝枒。他們也有其他投資人和股東會成員。全天下祖克柏最痛恨的對象莫過於你們兩個，你們以為，這批人會同意他們收下你們的任何一分錢嗎？你們的錢或許和別人的錢價值一樣高，但是被做了記號。」

「這實在太誇張了，」卡麥隆說，「你的話聽起來像是，就算我們跪求別人收我們的錢，也沒有人敢拿。」

小屁孩甚至連嘴角都文風不動。

「這裡沒有人會拿。此時此刻，我們就像是坐在臉書的自助餐廳裡。坐在矽谷每一家餐廳裡的食客開口閉口都在討論臉書，下一個收購目標是哪一家公司？明天它又會創造出幾名百萬富翁？什麼時候會公開上市？你應該慶幸，這裡還有餐廳願意賣你漢堡。」

矽谷或許一向以來就是科技創業家的綠洲，但是對溫克沃斯兄弟來說，即使他們千真萬確置身「綠洲」，整家店卻嚴酷得像是一片荒漠。

小屁孩又啜飲一口啤酒。或許他一開始沒打算講得這麼直白刺耳，但他的話就像一噸重的磚頭似的重擊卡麥隆。原先滿滿的樂觀心態瞬間蒸發得無影無蹤。自從他們與卡內基湖、奧運代表隊分道揚鑣，心中燃起一把救贖之火日益熾烈，他們能夠重新開始、可以重寫故事情節，但重回創業家世界的雄心壯志就此被掠取、扼殺然後丟到一旁等死。

這也是某一種祖克柏剝奪他們的方式。

杰克再次站起身，雙眼滿是慚愧之色。他伸手從口袋裡掏出一張皺巴巴的二十美鈔。

小屁孩銀行帳戶裡的餘額可能根本不夠他買一個體面的皮夾，卡麥隆和他的兄弟就這樣望著他把皺巴巴的紙鈔放在他們眼前的桌面上。

正是因為在這裡，追逐夢想的年輕創業家害怕被周遭食客看到，他竟敢讓溫克沃斯兄弟買啤酒請他喝。

4 泡沫乍現

二〇一二年七月，凌晨三點。

位於西班牙東方外海的伊比薩島（Ibiza），一座地中海上專門尋歡作樂的島嶼，距離西班牙海岸一百四十五公里。

如果你們是一對身高一百九十五公分、體重一百公斤的巨人組，根本不可能彎腰蜷起身子就以為別人從此看不見……

泰勒利用寬闊厚實的肩膀幫自己打開一條路，穿過擠得水泄不通的舞池中央。每隔幾分鐘他就得低下頭，閃躲綁在從天花板懸空而下的橡皮繩上扭身款擺的半裸雜技演員。音樂聲轟隆作響，一種像是從地板直往上竄有節奏的震動，幾乎直透泰勒的骨子裡。巨大的霓虹櫻桃和雜技演員一起從他周圍的美麗人群中掠過，每隔幾分鐘他就得閉上雙眼，以免打在狂歡者身上的五彩轉輪雷射燈光太刺激。身邊的人群年輕、輕盈又完美，但泰勒今晚不打算與任何人見面，甚至在沒有閉上眼睛逃避刺激視網膜的雷射光時，也盡全力抵抗與他人眼神接觸。在這一刻，他只想要當個路人甲。說的好像真的一樣。泰勒年屆三十，幾乎從未有機會可以不被認出來。

平心而論，這個享樂主義者專屬的舞池位於全世界最美麗的派對島之一，其實不是你會想要水乳交融的地方。當地最知名的夜店派馳（Pacha）以前只是一大片牧地，搖身一變成為舞廳，現在已是歐洲精英首選的玩樂落腳處，也是好萊塢權貴的頹廢遊樂場。世界各地的年輕人蜂湧搶進這家夜店，全因慕名它有好幾個舞池、價值數百萬美元的音響系統、貴賓室和名人DJ。事實上，那一晚的派對被稱為「我有名、我超屌（F@@k Me I'm Famous）」，泰勒和兄弟一起走向貴賓桌的途中就巧遇超模娜歐蜜．坎貝兒（Naomi Campbell）、凱特．摩絲（Kate Moss）與名媛派瑞絲．希爾頓（Paris Hilton）。即使希爾頓經過身邊時猛盯著他瞧，他也盡全力假裝不曾發現。

「夠了，這實在太瘋狂了。」

泰勒踉蹌地穿過雷射光束與對著聲音來源熱舞的人群，幾乎累垮了。卡麥隆咧嘴一笑，開玩笑地給他一句讚許。卡麥隆圍著一圈可笑的夏威夷式花環，頸子上還綴著鮮紅色的櫻桃。他的頰上殘留一坨稍早在隔壁前一場派對抹上的泡沫。泰勒假定，那場派對裡，舞池地板周圍每隔一段時就會灑滿泡沫。他心想，太棒了，我本來還以為會更糟。要是被泡沫淹沒，我可能會覺得奇慘無比。

現在他和卡麥隆在一起，泰勒覺得他們甚至更顯眼了，當你是一對看起來一模一樣的溫克沃斯兄弟時，當然會引人注目。高中時，多數眾人眼光都是無傷大雅的好奇心。不僅是因為他們看起來一模一樣，更是因為他們打從高中一年級以來就是一起受訓的划船運動員，而且幾乎每一名康乃狄克州格林威治市民都認得他們。在哈佛，情況大致相同：他們是校園裡的風雲人物，也是校隊運動員兼陶瓷幫的傑出成員。陶瓷幫的成員都是精英中的精英，因為它是專門培養總統和國王的搖籃。

當卡麥隆忙著調查身邊的群眾時，泰勒終於開口：「我們到底來這裡做什麼？」

「我想大概是找樂子吧。」

一顆在黑暗中會發光的沙灘球正好落在卡麥隆的頭部附近危險彈跳，然後重拾在人群頭上梭巡之旅。

「我看起來像是玩得很開心嗎？」

「你可以試試那個泡沫派對，」卡麥隆說，「但千萬不要吞下任何東西。我很確定，不小心吞到的話就會得退伍軍人病。」

泰勒指著大廳遠端一處酒吧，幾名女性肩上斜披著發光的試管狀酒杯。雖說在這處感官超標的地方酒精似乎已嫌多餘，但泰勒心想，這倒是他們結束這一晚的適切方式。

這種在度假的感覺，很奇怪。溫克沃斯兄弟這一生都不曾來一場貨真價實的度假。通常空檔就意味著訓練。他們大學畢業後，每天訓練六小時、每週六天、每年五十週，唯有在訓練季後可以充電兩週。

但現在一切都結束了，他們再也不是划船選手；同樣地，他們顯然也不再是投資金主。自從他們在綠洲開過會以後，杰克脫稿演出告訴他們，在追尋夢想成為矽谷風投家這條路上不會取得任何進展的真正原因後，兄弟倆就鳴金收兵回到紐約。整件事看起來荒謬到不行，沒有人敢收下他們的資金，因為每個人的最終夢想都一樣。臉書已經成為一具超大吸塵器，吸走矽谷每一名創業家的夢想，這意味著，泰勒和卡麥隆已經是人人避之唯恐不及的毒藥，無論初創家有多麼需金孔急，誰也不敢和他們的名字沾上邊。溫克沃斯家的資金就是死亡之吻。

泰勒曾經以為他們的人生已經跌至谷底了，但事實上他們繼續往下沉淪。於是他們回到紐約仔細思考未來人生，試圖釐清下一步該做什麼。

但是，無論和解金多少，就這樣同意和解然後就此走開，不是可能選項。或許被臉書遺棄的艾德華多．沙佛林辦得到，他不僅成功和解，而且金額據稱是數十億美元，遠多於泰勒和卡麥隆，當然可以瀟灑揮揮衣袖。但是他們倆就是辦不到，這種行事風格不是他們的DNA。傳言說沙佛林移民新加坡過著豪奢的生活，不過泰勒和兄弟覺得，他們就是不同掛。

即使如此，他們還是得面對現實。他們拒絕放棄，但也許需要充個電、打個氣，然後找到一條新的出路。來到伊比薩島找點事做就是卡麥隆出的主意，泰勒倒是從一坐上飛機便做出這項決定的那一刻起就悔不當初。他們依舊單身、年輕，能在派對裡玩得盡興，但他們總是做好周全計畫。人生此時此刻，泰勒一整個適應不良。

他正在走向酒吧途中，眼睛盯著那些看起來很邪惡的試管，心裡一邊盤算著要跳上最早的那班飛機飛回美國。此時，一名陌生人攫住他的手臂讓他停下腳步。對方咧嘴笑，一開口就是濃重的布魯克林區口音。

「喂，你是雙溫之一嗎？」

雙溫之一是他們的綽號，打從高中時代就如影隨形，後來更隨著電影《社群網站》變成他們倆的正字標記。媒體就愛這一味。

「事實上我們要離開了，」泰勒試圖脫身，但這傢伙看起來不會輕易放棄。泰勒正眼盯著他，很年輕，可能三十出頭，肌肉發達、緊實，厚厚的胸膛緊貼著一件敞開領口的短袖襯衫。他有一雙狂野的眼睛，頭髮剃得極短，但笑容看起來還滿友善的。

「我得和你商量一件事。很重要的事。可以說是一場革命，不蓋你。」

卡麥隆已經趕到身邊，看到這個傢伙像是帶著攻擊性的舉動，他的表情似乎比泰勒更興味盎然。卡麥隆有時候就會有這種反應。泰勒沒耐性和蠢蛋瞎攪和，但有時候卡麥隆反而會覺得傻子才是最適合一起找樂子的對象。在伊比薩島，這一點恐怕比在其他地方都更貼切。

「我們已經加入革命了，對我們來說不怎麼行得通。但無論如何，謝謝你。」

「你是指臉書嗎？」對方回應，「臉書早就不是什麼革命了。臉書算是既有體制。」

這番話聽起來像是瘋言瘋語，但泰勒知道他所言不假。臉書最初是一道革命性想法，將人們在現實生活中的社群網路化為虛擬人脈，顛覆人們相互認識、交流和分享的方式；它曾經如此新穎、獨立又反叛。但是近幾年來，即使是在綠洲開過那場會議以來的幾個月裡，臉書已經主宰網際網路，吸取矽谷的氧氣，搜集大量數據資料並將資訊貨幣化，它往往看起來更像極權老大哥，而非俠盜羅賓漢。

「這麼說來，你有什麼想法？」泰勒問，「另一套社群網路？」

對方又笑開了，下一秒的動作卻讓人看得一頭霧水。他將手伸進口袋拿出一美元紙鈔。

「好吧，沒錯，夥計。這就是地球上最古老的社群網路。」

5 地下室

查理．施瑞姆（Charlie Shrem）蹬著狹窄的樓板一步兩階往下走，直到樓梯最底部的地下室指揮中心，一隻手順勢滑過身體右側那片樸實的煤渣砌牆。這裡是他的作戰總部、他的公司寶座所在地，也是他的蝙蝠洞。

電子舞曲震耳欲聾，穿透他的塑料耳機強力灌進耳中，他瘦弱的一百六十五公分身軀裡每一根神經都激動回應。自從一名已經在華爾街的投資機構找到工作的大學朋友帶查理出門，慶祝他即將宣布成立的初創企業，他泡在電子舞曲的狂熱感已經整整兩週了。查理的朋友帶他進了一家曼哈頓大橋附近的夜店。半夜兩點時分，看什麼都朦朧不真切，所以細節也殘缺不全，不過他覺得應該是在雀兒喜區（Chelsea）。他記得的情景是，那個地方鼓聲大作、樂聲大響，到處是穿著平口小可愛、熱褲與高跟鞋的時尚城市女子。然後，查理很確定自己實際上沒有和那些女孩聊上半句，畢竟這裡可是紐約，十之八九都比他高出一個頭；此外，他的夥伴在角落一張桌上堆滿伏特加烈酒，但不是查理習慣喝的便宜貨。任職投資銀行確實有很多好處，好比有一張企業信用卡可以用。截至目前為止，塑膠現金依舊是王道。

查理跳下最後一階，然後猛地一蹬，躍過兩個裝滿故障鍵盤和無線路由器的紙箱。這類紙箱左一個、右一個地堆疊在左右兩側，都是以前某一次創業時留下來的殘物，實際來說是高中時代。正當其他平木猶太學校（Yeshiva of Flatbush）附近的同輩都忙著研究《律法書》（Torah），查理已將燭台、祈禱書和圓頂小帽裝進其中幾個紙箱裡，但他只要一得空就會偷偷摸摸溜出這座位於城區的校園，打遍社區裡家家戶戶的室內電話，搜集各種故障的電子設備、電腦、路由器、DVD播放機，甚至卡匣錄音機，把它們帶回他的蝙蝠洞修復。

因此，這些擺置在布魯克林區地下室的箱子層層堆疊，讓金字塔裡這面煤渣砌牆顯得如此高聳，可能連埃及法老拉美西斯（Ramses）都要驕傲起來。除了紙箱之外，還有一些波浪紋面的金屬板架，填塞一堆以前那門生意用到的吃飯工具：電焊棒、電路板、鉗子、鋼絲鉗與接向各個方向的延長線，看起來像是某種生物。

查理穿過一整團亂堆的雜物，終於走到桌前。這是一張木製工作桌，似乎不夠大到足以擺設他的各種生財工具：一台電腦、三座並立的螢幕和鍵盤。他不在乎這是初中時期用到現在的同一張桌子，不僅陪他走過平木猶太學校，還包括大學時代往返布魯克林區學院

（Brooklyn College）。

他知道終有一天，這個小窩會登上雜誌封面，或許還可能被小心翼翼地裁切後送到史密森尼學會（Smithsonian Institution），和第一任總統喬治・華盛頓（George Washington）的牙齒、史帝夫・賈伯斯的第一台麥克電腦（Mac）並排。

其實呢，他不太確定賈伯斯的 Mac 是否保存在史密森尼，不過最好應該是有，這樣查理的小木桌就可以擺在它旁邊了。在加州，他們發動的革命都始於車庫：賈伯斯與沃茲尼克是在洛斯阿圖市（Los Altos）在一座擺滿口袋型扳手的車庫裡組裝出個人電腦；惠普電腦雙人組比爾・休利特（Bill Hewitt）、大衛・帕卡德（Dave Packard）是在帕洛阿圖市一座穀倉似的車庫裡搞出震盪器；拉里・佩奇和塞吉・布林還是史丹佛碩士生時，窩在蘇珊・沃西基（Susan Wojcicki）位於門洛公園市的家中車庫發明 Google。但是布魯克林區沒有多餘空間可以蓋車庫，只有地下室堪用。在查理長大的布魯克林區一角，地下室總是又擠又黑，通常還飄散著一股肉味。

若是往下鳥瞰，這一塊城市社區的狹窄街道從第一大道橫跨第五大道、諾斯特蘭大道（Nostrand）與西六街，可能看起來就和其他任何行政區無異，但事實上查理的老家坐落在整個擁有七萬五千名敘利亞正統派猶太教（Syrian Orthodox Jewish）教友的猶太教社區正中央。這支教派具有自成一格的民族、宗教和文化意識。雖然他們自稱為「敘利亞人（SY）」，但並未像其他正統猶太教徒一樣穿上黑色服飾，他們做出這道選擇，一部分原因是可以在涵蓋其他猶太教派、非猶太人的廣大企業界、金融界大展身手，因為幾個世代以來，敘利亞正統派猶太教都被嚴格的傳統與規範緊緊團結在一起。多數嚴苛的禮教習俗源自一套被稱為《詔書（Edict）》的律法，是一九三五年由一群敘利亞拉比（rabbi；編按：猶太教的領袖和經師，通常是智者的象徵）所制定，旨在確保自家教派與世隔絕：「在我們的社區裡，沒有任何男性或女性有權可與非猶太人通婚，即使改變信仰亦然，我們認為這種做法虛偽不實、毫無價值。」儘管如此，目光偏狹的拉比策略締造最成功的傳奇，一邊保持敘利亞猶太社群的完好無損，好比幾個世代以來，所有查理的表兄弟、叔伯姨嬸，祖父母輩與遠親都住在距離僅幾百公尺內的鄰近街區，而且都牢牢紮根在布魯克林區，這些「敘利亞人」也同步在金融帝國中擴展勢力，包括房產、零售與電子，現在則以科技為主流。

查理走到桌邊，一屁股坐下，猛地掏出耳機，並且把手機擺在鍵盤邊。然後他打開主機電源，直接點擊即時通話軟體 Skype 帳號。

不到一分鐘，他的商業夥伴就出現在左下角，畫面縮得小小的，好讓查理可以同時監控螢幕，畫面上的電腦代碼好似流水一般上下沖刷。

「你遲到了，」商業夥伴的沙啞嗓音透過查理電腦的內嵌麥克風傳送過來，「這會變成你的習慣嗎？」

查理持續盯著在螢幕上流動的電腦代碼。他已經很習慣葛瑞斯．尼爾森（Gareth Nelson）的談話風格：他通常不鳥什麼社交習俗、喜歡突然改變聲音模式，當然他還有一口濃重的威爾斯口音，經常使得他說出口的話有一半讓人有聽沒有懂。這一點很大程度上足以解釋，為什麼他們倆大部分的互動過程都得透過電郵或即時通訊，事實上，總的來說，查理相信，自從兩人認識以來，他與商業夥伴開口談話的時間加起來不超過十七分鐘。葛瑞斯打字傳訊可免去口音阻礙溝通的局面，而且他的亞斯柏格症這時反倒是天大的優勢。這傢伙絕不浪費時間多說一個字，而且一開口字字句句都是生意經，這項特點讓他成為完美夥伴，與查理取得適當平衡。

「這次看起來真的很完美，」查理邊說邊擷取電腦代碼，「交易將會順利進行。主機看起來是可以處理一大批客戶。這次一開始就做得很順利。」

他的腦子一邊計算，身體也動個不停。雖然他很小隻，但從來沒有停下來的一刻，這種特性使他常常看起來占據超過身體所需的超大空間。他也有說話快得像機關槍的傾向；實際上，他做什麼都像是急驚風似的，他的雙腿、嘴巴與頭腦都很快。甚至身上的毛囊也長個不停，臉頰、下巴四周的鬍鬚永遠都來不及修整，就算是清晨五點才剃乾淨，過了七個小時到中午十二點又是一片鬍渣了。

他動腦筋的速度飛快，可能正是大學期間注意力從修補電子設備轉向電腦編碼的動力，最終還自學成為世界級的駭客。搞硬體曠日廢時，而且要一絲不苟；一旦你開始寫程式或駭進他人電腦，就是乘著電子速度馳騁。當然，駭客攻擊也有風險，要是不夠小心，肯定招惹天大的麻煩。

有一次，查理入侵非洲的迦納大學（University of Ghana），實際上之後還發送對方一份私密簡報，詳述它們系統的安全漏洞。這種禮貌行為在資安界被稱為「盡責披露」。他也長驅直入德國一座機場的資安系統，在駭客專屬論壇化名洋基佬（Yankee），算是向生長地紐約致敬。在這裡他養出一批粉絲。

查理不是那種懷抱惡意，一心只想挖錢的黑帽（black hat）駭客，反而比較像是白帽（white hat）駭客，圖的是成功解謎、找出資安漏洞並贏得挑戰的成就感。實際上，正是走上駭客這條路才讓他與帶有濃重威爾斯口音的葛瑞斯找到一門即將發表的新生意。兩人素未謀面，但查理認為，這門生意代表科技史上千真萬確的革命性時刻。

他最新的這趟冒險已經展開差不多三年，一開始他還只是大四生。在一個平淡無奇的日子裡，查理穿梭在各家駭客論壇發表評論，突然看到一封發送到加密郵件列表的奇怪小郵件。這封電郵發自名為中本聰（Satoshi Nakamoto）的傢伙，他在信中說明，自己已經開發出一種全新的加密貨幣，並在另一封附帶的白皮書裡詳述細節。

一開始，查理認為這封電郵只是一場笑話，而且還對自己說，根本是蠢蛋在胡說八道。畢竟這個中本聰到底算是哪根蔥呀？查理在駭客論壇到處搜尋中本聰的背景資料卻一無所獲；更奇怪的是，中本聰雖自稱是三十多歲日本人，他的電郵內文卻是完美、道地的英語。然而，直到查理開始閱讀白皮書才知道，顯而易見這個中本聰根本就是極為博學、跨學科的天才，堪稱精通密碼學、數學、電腦科學、點對點網路甚至經濟學等領域的專家。這個傢伙怎麼可能絕頂聰明、成就斐然，卻又是十足是個在網路上來無影、去無蹤的幽靈？怎麼可能查理完全沒聽過這號人物？

或者，這個中本聰其實是個她。

搞不好其實是他們。

要不是因為查理打著洋基佬的名號開始仔細研究各處的加密討論看板與論壇，才有機會在網路上結識自閉症威爾斯人葛瑞斯．尼爾森，進而激發出一股結交新朋友的熱情，不然他原本是打算把這封電郵和白皮書拋往腦後，繼續過他的生活。查理從他們倆的大量交流研判，葛瑞斯不是那種容易嗨起來的人，老實說，在這個中本聰和他的白皮書冒出來之前，查理根本就不認為，這名新朋友的生理結構可能有興奮這種能力。

但是葛瑞斯現在肯定是超級興奮：這可是一件非常重大、要緊的頭條大事呢革命家。

接下來幾年裡，查理漸漸明白，這名威爾斯人說對了。正當最後幾行程式碼向上流動時，他將臉湊近電腦螢幕。雖然他的整張臉完全落在螢幕邊框裡，但幾乎還是聽不到葛瑞斯在他的Skype角落發表的評論，因為查理的手機仍在播放電子舞曲，樂聲從躺在桌上的耳塞中流洩出來，而且他的媽媽在地下室上方的空間處理牛肉，她在地板上來回走動的腳步聲不斷迴響。

查理讀完這個中本聰所發表的白皮書差不多三年了，現在他確信：它終將改變一切。

查理正乘著這道變革順勢從母親的地下室破繭而出，進而名留青史。

6 絕處尋愛

「金錢即社群網路。這個嘛，肯定是很有意思的實驗。」泰勒一隻手肘撐住身體重量，不太雅觀地在蛋殼白的沙發床上大喇喇伸展開來。他穿著一件涼爽的白色亞麻衫、色彩鮮艷的法國頂級男性泳褲品牌曲軸（Vilebrequin），以及草編遮陽帽。卡麥隆躺在他左邊一張類似的沙發椅上，打著赤膊，下身同樣是色彩鮮豔的泳褲。一張頂篷提供些許緩解烈日曝曬的涼蔭，一陣地中海微風拂過海面，冷卻熱到發燙的海灘。

「你懂關於社群媒體的一、兩道面向，但我懂錢。有錢能使人相連。這是一種溝通形式。現在差不多是它真正走向虛擬的時機了。」

前一天晚上他們在派馳遇到的肌肉男坐在他們的正對面。原來這位仁兄是來自布魯克林區的創業家大衛．艾薩（David Azar），經營一系列票券變現業務。這時，他身上的白襯衫敞開露出胸骨，雙腳盤坐在一張家具上，看起像是一種介於懶骨頭沙發椅與沒有扶手、靠背的沙發椅凳。沙發床旁邊是一張經過陽光洗禮的木質餐桌，上頭擺著幾支粉紅酒的酒瓶、玻璃香檳酒杯與裝滿水果的托盤。

這三名大漢就懶洋洋地躺在全世界最遠近馳名的大咖海灘俱樂部伊比薩藍槍魚（Blue Marlin Ibiza）正中央。這家店算是一處混搭風格的天堂，既是貴森森的餐廳，也是歐洲日間派對的好去處。在這裡的沙發床躺一個下午要價就高達四百歐元，但你要是指定DJ後方的寶座區，價格得再乘以三倍。星期天下午，沒有人會在這裡與同事聊工作，大家來都是為了追逐陽光、高檔酒品與重節拍音樂，而且這也最適合觀察各種形形色色路人、捕捉來自歐、亞、非等東半球的名人。

這裡的人潮，無論八字形平躺在成對相配的沙發床上、在附屬的五星級餐廳用餐，或是穿著沙龍裙、踩著麻編平底涼鞋在粗繩相隔的舞池中款擺腰肢，幾乎清一色是歐洲人，絕大多數都是人間極品。女客穿著布料少得可憐的比基尼，看起來閃閃發光，有時候上衣甚至會搞失蹤；男客若非打著赤膊，就是披著白色薄衣或亞麻衫，但個個輪廓分明、小麥膚色。模特兒到處可見，在溫克沃斯兄弟眼中，有些叫得出名號，臉孔也算是檯面上常見。他們是前幾天搭西班牙航空（Iberia Airlines）從巴塞隆納往南飛到這座島嶼，現在，與他們隔兩張床的那個辣妹就是機上雜誌裡的模特兒。或許，她是一路走過漫長的時尚伸展台才抵達藍槍魚，好似從一條木質走道直直指向通往大海的海灘俱樂部中央位置。在這裡，小艇、水上摩托車穿梭在人潮熱點，以及停泊在遠處保護區的超大豪華遊艇之間往返接駁遊客。每一張新面孔保證都有耳語如影隨形，但不會有人拿出手機當狗仔。在藍槍魚，即使是全球最老少皆知的名人都只是充當背景的路人甲。

泰勒一邊說：「不管你賣的是什麼貨，要是它可以讓我們的錢穿越大西洋，直通我們租來的別墅房東手中，我絕對洗耳恭聽。」一邊把眼睛從木質伸展台轉回來。剛剛有一組義大利IG明星穿著不可思議的恨天高蘭步婷（Christian Louboutin）漫步而過。

事實上，他們匯款別墅保證金的過程烏龍百出。他們的度假之旅都已經過兩天了，資金卻到現在還沒進帳。這就是二〇一二年傳統貨幣運作或怠工的方式。你可以連上臉書，聯繫全世界任何角落的任何對象；也可以打開Skype，與全世界任何地方的任何人交談；更可以寄發電郵，與全世界任何地方的任何人溝通。全都零成本。但是，倘若你想匯錢給對方，那就只能祝你好運了，因為即使是二〇一二年，全球匯款並沒有比一九七三年派馳開張第一天來得更容易。你還是得採用網路時代之前便已經行之有年的做法，但這套分裂不穩定的傳統銀行業務系統裡散布著經紀商、尋租人（rent-seeker；編按：利用政治資源獲得特權、賺取收益，卻損害他人利益者。好比賄賂、黑市等）。而且，唯有這套網絡的中央監管當局放行，你的錢才能蝸速從A點移到B點。事實上，就算是在二〇一二年，如果你想要從紐約把錢送到伊比薩島，最快速、最可靠的做法就是拎著裝滿現金的袋子從甘迺迪機場飛過去。

結果溫克沃斯兄弟反而比他們的承租別墅的保證金早一步抵達伊比薩島。所幸，他們的房東一清二楚國際經濟的運作方式，那就是常常出包。這位總是笑臉常開的老兄從義大利移居此地。在他們度假這段時間，顯然他將充當兩人的專屬司機，開著一輛花枝招展的休旅車到機場接機，雙手各持一支智慧型手機，還有一副藍芽耳機夾雜在頭髮中。

「我所說的產品，」艾薩邊說邊啜飲杯中物，「是全然新奇的事物、是貨真價實的分散式數位貨幣。它的交易方式就像電郵往返一樣，沒有任何經紀商、主管機構。資金採取電流速度在網路上移動。這套解放資金的運作系統就好比當年的點對點音樂分享平台Napster解放音樂。」

泰勒回頭瞄一眼DJ控制台，只見一名年輕的法國人在他的電腦設備後方蹦蹦跳跳，舞池裡的人群也和他一起律動，輕盈的身體彼此緊貼，實在很難看得出來誰伸展手腳，誰又收回。

不到十年前，DJ得把幾百張黑膠唱片塞進金屬箱裡，然後吃力地拖著它跑遍每個場子；現在，他只要把存滿音樂檔案的隨身碟放進口袋就行了。要是音樂可以就這樣從實體黑膠唱片轉成數位檔案，有什麼道理紙鈔辦不到？

事實上，從很多方面來看，貨幣早已數位化了。就說你走進銀行存款一百美元好了，櫃員不會把它真的存進藏在某處的金庫，等著哪一天你再去取回。這筆一百美元存款馬上就變成存簿裡的一組數字。實際上，銀行幾乎不儲存任何實質的金錢，因為聯邦銀行法案規定，美國的銀行只需要準備實際可流動儲蓄金額的一成就夠了。意思是，如果你在某一家銀行存入一百美元，它只會將十美元存進藏在某處的金庫。那剩下的九十美元上哪去了？數位化了，和其他的零頭金額一起存在電腦硬碟中或上傳雲端。

任何人真正擁有的唯一實物金錢就在他或她的錢包，其他部分則是在中間人收取保管費用後轉成數據資料。

艾薩所說的新形態資金則是跳過中間人收費這道環節，直接就是數據資料。

數位化、去中心化、零權力。這是一種銷售話術，而且毫無疑問的，艾薩化身引人注目的業務員之姿現身。事實上，他的說話方式、他的滿腔熱情，在在看似從布魯克林區的汽車經銷商門市走出來，只不過，他就像那名法國DJ，一出手就精準敲中音符。

就眼前實況而言，資金得流經一套包括幾名強力仲裁者掌控的體系：信用卡商威士（Visa）、萬事達（MasterCard）、西聯環球商業滙款（Western Union）和全球各國政府。這套體系或許看起來很獨斷，但事實上處處有明顯缺陷，好比滯後時間、莫名奇妙的費用以及官僚主義的僵化環節。

泰勒和兄弟才剛被其他形式的獨斷體系惡搞，因此這時才會置身伊比薩島。一開始是加州聯邦法院，中央當局是名為詹姆斯・韋爾（James Ware）的法官，他判決溫克沃斯兄弟不能上訴臉書的案子。（就別提多年來韋爾一直謊稱有個弟弟在民權運動期間枉淪種族謀殺的受害者。這是一種導致司法懲戒的假話。）然後，他們的案子被轉到加州的第九巡迴上訴法院，這回主事者是艾力克斯・寇辛斯基（Alex Kozinski），他維持韋爾法官的裁決。（更別提多年來寇辛斯基一直被指控性騷擾女性下屬：當她們走進他的辦公室，他就點開存在電腦裡面的色情照片，硬生生擺在她們眼前。據稱，之前還會特別保留一具主機，裡面存有大批色情圖片，包括一名全裸女姓趴在地上，全身畫得像一隻乳牛。）

數位化、去中心化、零獨斷權力。

無論這一幕是精心設計或是機緣巧合，泰勒都被這名布魯克林區業務員的話術收服了。

「就像Napster，」艾薩繼續滔滔不絕，「是一種點對點的運作型態，而且一切都在檯面上進行。沒有內部消息、沒有內線資訊，完全開源、民主。還有，這套全新的資金體系奠基數學原理，不是人類治理。」

艾薩伸手從橫放在他們中間的桌上拿起一瓶酒，裝滿自己的杯子。「它的名字是比特幣（Bitcoin），」他介紹完畢，然後對著太陽舉杯，「它是一種加密貨幣。」

「加密貨幣，」卡麥隆躺在沙發床上跟著唸：「聽起來有犯法嫌疑。它合法嗎？」

「我覺得這個詞彙用得不對。加密是比特幣之所以卓越出眾的部分原因。它無須政府批准即可自行運作；沒有營運總部可以突擊檢查；除非癱瘓網路，不然沒有什麼外力可以阻止它流通。」

癱瘓網路？泰勒聽得出來，這名肌肉發達的業務員正在對他們畫唬爛，因為他看起來不是科技高手；或者，他除了講得天花亂墜之外，其實也不是真正明白自己在賣什麼貨。可是，正如他所說，他懂錢。不只是懂在華爾街流通的錢，而是碰巧經營一系列票券變現業務換來的錢，從布魯克林區的敘利亞正統派猶太教一路延伸出去。他理解貨幣的情感連結，像是那些試圖變現，卻總被傳統銀行體系拒於門外的族群心中的絕望。他知道所有關於速度和流動性的知識。

「傳統現金完全講求信任，」艾薩又繼續講下去，「你得對系統的機制運作有信心，還得相信中間人。但你使用比特幣完全不用相信任－何－人。因為，就像我剛剛一直強調的重點，它奠基數學原理。」

泰勒瞥了一眼他的兄弟，後者看似全神貫注聽取業務員和他的推銷話術。這玩意兒他們不僅前所未聞，送到他們眼前的初創企業簡報資料裡也從來沒有哪一家提過，甚至在矽谷召開的所有會議沒出現過，更別提在綠洲或沙丘路上的任何一家創投。目前還不清楚這一切究竟是怎麼一回事……像是這個加密貨幣究竟怎麼使用？或是其中的數學原理怎麼運作？不過，一套系統既不需要倚賴信任，也不受監管機關干涉，未免也太完美了，實在很難讓人信以為真。

「泰勒！快點過來！我就覺得昨天晚上我在派馳看到你們幾個傢伙！趕快過來和我們喝一杯！」

泰勒的視線穿過艾薩，望向聲音來源，認出四張沙發床外有一群美國佬正在向他揮手。他至少認出其中兩名來自紐約的傢伙：一個名叫賈許（Josh）還是傑森（Jason）的高個兒藝術控。泰勒相信，這傢伙在市中心自營一家藝廊，裡面全是一九七〇年代早期塗鴉大師的畫作；另一個則是深褐髮色的女子，穿著一套像是綴飾流蘇花邊的比基尼。其他幾個同伴看起來都是走嘻哈風，全是不超過二十五歲的小屁孩，但也都是這座派對島的熟客，離開他們出生長大的地方環遊世界。他們這些有錢的千禧世代都在大銀行開戶，還有十幾張信用卡可以刷，毫無疑問，正是這群「影響者」只要動動手指就能協助打造出臉書。泰勒確信，這群小屁孩全部都沒有聽說過比特幣。他們最熟悉的金錢就是那種代代相傳，套在手指、頸項甚至腳趾的型態。

泰勒回應他們：「等一下就過去。」卡麥隆已經從他的沙發椅上站起來，手指鉤住一瓶粉紅酒。泰勒仔細想想，或許卡麥隆已經在紐約和深褐髮色的女子約會過了？泰勒無法確定，但他樂意打賭，卡麥隆倒酒給這名漂亮女孩之前不會試圖解釋加密貨幣。

「他們是你們的朋友嗎？」艾薩問，「我知道了。你們正在度假。但是你們回到紐約時，我很樂意再重拾話題。」

泰勒指向卡麥隆手中的瓶子。

「那一瓶價值多少比特幣？」

「你是問現價嗎？我不太確定，得查查手機才知道。今天早上，一枚比特幣差不多可以兌換七美元。目前，它真的波動很大，因為還沒有很多人知道這玩意兒，而且現在你也不能拿它買任何東西。它就像是人人都還沒有開設帳戶前的臉書。」

毫無疑問，艾薩希望拿臉書當例子，好建立雙方的情感連結。而且，當然這一招很管用。泰勒的心思確實馬上飄回臉書了，也飄回一開始讓他們遁逃伊比薩島的困境。泰勒和卡麥隆把他們的信任押注在司法體系，卻只換來摔得鼻青臉腫。一套依賴人類互信的系統讓他們徹底失望了。

有一套系統依賴數學，而非信任，這一招真的非常吸引人。數學建立在規則之上，沒有人可以打破規則，即使祖克柏也不例外。

雖然泰勒知道，他們還只是觸及問題的表象，除了艾薩的滿口話術之外，他對這種新式貨幣依舊一無所知，像是背後的技術究竟為何，或是它可能代表什麼，不過他已經想出一道結論：這個比特幣要不是天大的謊言，就是天大的財富。比特幣是一種看似橫空出世的新式貨幣，若不是毫無價值，就是終有一天會值得天價。

「就說我們想要參一腳好了，」泰勒邊說邊從他的沙發床站起身子，赤腳立即感受到從DJ控制台傳來的節奏，「我們該怎麼做？買進一些比特幣嗎？」

「你可以這麼做。或是也可以再更進一步。正如我所說，目前比特幣波動很大，買進比特幣就像下賭注。大家都知道，賭鬼是不可能多富有。」

「但你若是賭場的話，」他放送一個布魯克林區汽車業務員的招牌露齒笑容繼續講，「就會有錢到爆。」

7 二〇一二年八月三十日

這個比喻不太貼切，因為他們比較像是銀行，不像是賭場；或者，把他們比喻成賭場、帳房都更恰當。

「卡仔，小心看路。要是我們一頭撞上電話線桿的話，當什麼賭場、銀行都別想了。」卡麥隆將休旅車轉進慢車道時放鬆油門踏板。泰勒是對的。卡麥隆一直被那一通視訊會議電話搞得心神不寧，以至於他們開上長島高速公路（LIE）四十分鐘以來，他根本就是放任反射作用開車。意思是，參加國際汽車大獎賽似的高速駕駛，但競賽對象是腦子裡的瘋狂想法。

「我不認為長島高速公路還有任何電話線桿，」他說，大拇指懸在汽車喇叭控制台的靜音鍵鈕上。

到底誰還需要什麼鬼電話線桿呢？躺在副駕駛座上的智慧型手機藉藍芽功能連接到車

載電腦上，兩者是靠距離最近的行動通信基地台無形連接。他與泰勒每次只要是想花點時間消化從線路另一頭傳過來的空茫語音，就會取消靜音功能。此刻，一旦他按下鍵鈕，他說出口的每一個字就會被轉化成數位資訊，這些〇與一合成的電子數據封包就會透過行動通信基地台被附載加入更龐大的數據流，然後直接傳向太空，從衛星群反彈到幾公里以外的行動通信基地台，隨後再彈跳到另一支躺在曼哈頓市中心下城區西二十三街辦公室的智慧型手機裡。這個地址就是他們今天早上駕車前往的目的地。

這個目的地離他們還在興建中的溫克沃斯資本總部辦公室只有一街之隔，當然，直到他們抵達目的地並啟動會議之前，可能應該更小心謹慎地耐心等待才是，不過，打從他們在伊比薩島的假期結束，回到紐約重新與艾薩接頭以來，卡麥隆就一直表現得心急如焚。

艾薩早一步追蹤到卡麥隆的推特帳號。卡麥隆不記得在藍槍魚時是否曾經提供對方他的電郵帳號，畢竟大白天就躺在沙灘上開喝，身邊還圍繞著一票模特兒，很容易放空；要是你短租的別墅還配設一座私人泳池，那更是幫倒忙而已。所幸，艾薩十分神通廣大。他在推特上發的第一則直接訊息讓卡麥隆失聲大笑：

我不太確定在伊比薩島的藍槍魚是和你或是你的孿生兄弟討論過加密貨幣。我們回紐約後再碰個面吧……

所謂碰面很快就帶出更多正式討論，最後則演變成一場面對面的會議。雖然卡麥隆和泰勒都在紐約市擁有閣樓公寓，但暑假期間大都在父母位於漢普頓的房子度過。儘管漢普頓地區本身就是派對的代名詞，但不能和伊比薩島那種狂歡式的玩法相提並論；它比較像是設有高檔餐廳、知名曼哈頓夜店的暑假前哨點。溫克沃斯兄弟大部分時間都放鬆地躺在沙灘上，狼吞虎嚥地閱讀所有他們找得到的比特幣相關研究。當時，市面上還沒有任何一本以比特幣為主題的專書，但是他們倆深入挖掘網路上所有資源，還是可以找到一些部落客、鄉民論壇 Reddit 與其他早期採用者所發表的文章，這批人統稱為「比幣控（Bitcoiners）」；他們也挖出中本聰發表的原始版本白皮書。他們拿過哈佛、牛津大學的企管碩士學位，因此也寄發電郵給已退休的教授，希望得知更多關於這種全新加密貨幣的學術意見。

儘管他們聯繫的教授堪稱精英中的精英，但是竟然沒半個人聽過比特幣。當溫克沃斯兄弟解釋自己至今所聽來的知識，有些人不假思索就脫口而出，直稱比特幣是一種詐騙手法或是龐氏騙局（Ponzi scheme；編按：欺騙他人投資虛設的企業，拿晚期投資人的錢當作盈利支付初期投資者，以便誘使更多人上當。類似台灣的老鼠會說法）。不過，當卡麥隆進一步追問深入觀點時，教授們都無法明確闡述騙局本身如何運作，或者為何它可能是一場龐氏騙局。

卡麥隆將休旅車的速度壓到速限以下，按下取消靜音功能的鍵鈕，對話流瀉而出。

「派對才剛開始，」一道聲音脫口而出，每個字都像機關槍一樣連珠炮射出，「整個比特幣經濟的市值大約只有一億四千萬美元。聽清楚了，單位是千萬；黃金則是七兆美元。不過黃金實在沒什麼用處。你試著手捧黃金走進小七門市買一條口香糖看看。」

當你在開視訊會議時，有時候光是分辨誰在講話就已經很困難，要是你又正好置身一輛時速超過九十六公里的車中，那更是難上加難；何況還有一輛救護車發出響亮刺耳的鳴笛聲，從分隔車道的安全島另一側疾駛而過。但是卡麥隆不費工夫就能辨認出查理．施瑞姆的聲音。稍後他們整支團隊就要碰面了，這傢伙是全隊裡面最年輕的成員。不只是因為查理習慣快言快語，也因為他蓄積的能量和年紀成正比。這名小夥子才二十二歲，卡麥隆從雙方互通有無的電郵中搜集到的資訊得知，他還住在媽媽家的地下室，位於布魯克林區一個敘利亞正統派猶太教社區的深處地帶。不過他顯然是天才神童，艾薩試圖糾團投資他所創辦的公司，正是因為它已經在比特幣社群中掀起波瀾。

但是，他們倆在決定是否投資比特幣公司之前，一開始就得更進一步釐清，比特幣到底是什麼玩意兒。何以說它是可用、有價的貨幣？何以說它比黃金更值錢？到底貨幣又是什麼？

「就算是這樣，但黃金還是有一些內在價值啊，」泰勒說，「可以用在珠寶和電晶體。」

「但現金呢？」查理回應，「自從一九七〇年代以來就與黃金脫鉤，不再具有對等關係。政府愛怎麼印鈔票就怎麼印鈔票。你說龐氏騙局是吧，根本就沒有內在價值。」

「現金有內在價值，」卡麥隆回應，「如果你在山頂上冷到快凍僵了，手上只有一大堆現金，你可以燒錢取暖。」

「啊，你講的是《巔峰戰士（Cliffhanger）》的劇情，」艾薩的聲音從汽車內裝喇叭傳來，「我喜歡那部電影。」

另一道聲音冒出來：「黃金的內在價值被高估了。」

卡麥隆瞥了泰勒一眼。這道陌生聲音的主人是查理的行銷部門主管艾瑞克・沃希斯（Erik Voorhees），他只比查理大幾歲，說話輕聲細語，但顯然非常敏銳，而且精通比特幣。沃希斯出生於科羅拉多州，是一名心意堅決的自由主義者，在加入自由州計畫（Free State Project）因而定居新漢普夏之前曾旅行全世界。自由州計畫是一場政治運動，目標是打造一個基於自由主義理想的社群。最近沃希斯才在紐約加入查理麾下，協助他管理這家剛起步的公司。他信奉經濟學中的奧地利學派，同時也是哲學家、激進派份子，一直非常傾心比特幣的理念，部分原因正是源於它的獨特貨幣型態：不依賴任何國家行為者，而且是不折不扣的無國界。

「如果你遭遇海難被海浪沖上一座島嶼，我想黃金對你沒有任何用處，」卡麥隆回應沃希斯，「但是每一天你都可以捧著一條黃金或是成堆的現金買到食物或水。」

「在那種情況下，」沃希斯說，「比特幣的內在價值與黃金或現金非常相似；但不同之處在於，倘使你被困在島上，同時持有現金、黃金和比特幣，而且剛好帶著智慧型手機，你還是可以花用比特幣。因為比特幣具有技術性的內在價值。比特幣具有徹底改變賽局的潛力。」

三十分鐘前，卡麥隆和泰勒還沒開上高速公路，他們先停在一家小七的附設加油站。重新上路後開了八公里泰勒才突然意識到，自己竟然把皮包放在加油機台上，所以他們只得回頭去找。就和他們的伊比薩島別墅租金被延宕一樣，活生生又是另一道實體貨幣固有缺陷的提醒，也再次引出這題大哉問：說到底，貨幣究竟是什麼？

它是一張綠色紙鈔，紙面上印著已故總統和名人的照片，然後被放進躺在長島高速公路路邊加油機台上的皮包裡？

還是說，它是某一種閃閃發亮的塊狀物，被人類從地底掘出，然後鑄成條狀或錢幣，之後卻又再度埋藏在地下室某處？

或者，它也可能化為其他型態，某種可以和日新月異的世界並駕齊驅的玩意兒？

某種全新型態的科技，就像卡麥隆身邊的副駕駛座上那支智慧型手機所採用的實用、蔚為流行的科技一樣，已經在世間迸發出巨大聲量而且也已經收到回聲？

「各位先生，歡迎光臨『麵包店』。要是這幾面牆可以開口說話的話，它們的聲音聽起來會很恐怖。這間房裡瀰漫著二手菸，卻又是最適合我們思考的地方。今天且讓我們點亮神經元細胞，共創美好明天。」

查理．施瑞姆肯定符合卡麥隆和泰勒在心中打造的神奇少年執行長形象，身材迷你、蓄一點鬍鬚，鬈曲的頭髮貼在小腦袋瓜上，還塗著一層厚厚的髮膠。不過，儘管他很小隻，甚至小到適合當溫克沃斯兄弟划船比賽的舵手，他的存在感卻強烈到足以主導創立才八個月的初創企業辦公室。自從他在位於二十三街的大門外與他們倆碰面以來，就一直扮演馬戲團主持人的角色，先是大張雙臂，滿臉堆笑，嘴角幾乎都要咧到耳根子了；然後笨拙地分別給他們倆一記當下最流行的熊抱。卡麥隆不由自主地察覺到這個小鬼正釋出緊張的能量（確實，查理當下緊張到發抖），或是聞到大麻氣味正從他的短袖格子襯衫與仿舊卡其褲滲出。

他的能量就此源源不絕噴發。查理引領他們倆穿過大辦公室時，到處可見一大堆書桌、電腦與整球像是義大利麵捲成一團的電線，他整個人幾乎要從Converse的Chuck Taylors運動鞋裡彈跳出來。查理在一面內嵌著平面螢幕的磚牆前方停下腳步，向他們倆展示比特幣的最新價格，當天是一枚比特幣兌換七．四三美元。接著他開始評論自己如何早早就下場玩，幾乎和比特幣問世同步吧。然後他又帶著他們倆直接走進自己稱為麵包店的小房間。一看就知道這道暱稱的由來再明顯不過，甚至不用他開口扯什麼說話牆的冷笑話。

矮小、狹窄，有幾面窗眺望出去就是第二十三街，各種看似查理最喜歡的隨身配件在每個角落與架子上都看得到。卡麥隆算了一下，至少有三只抽大麻用的菸斗，還有幾個陶瓷菸灰缸散置電腦設備與打開的文件夾之中。他還看到一種從沒見過的裝置，最終，查理將會解釋，這個玩意兒被稱為魔術盒（Magic Box），還是一種很陽春的原型產品，後來被正式命名為如今眾所周知的霧化器（vaporizer）。基本上，它是一個鑲有一根外凸玻璃管的小木箱，你可以把大麻放進去燃燒化成蒸汽。這是一種新發明，他很有把握這玩意兒一、兩年內就會大流行，最多不超過三年。卡麥隆跟著泰勒與查理走進房間，接著瘦削、中等身高，紅髮日益稀疏、五官稜角分明的沃希斯也加入，最後則是他們在伊比薩島認識的老朋友艾薩。卡麥隆看到一對小型金屬容器，看起來像是迷你油桶，他再湊近一點看個仔細，卻只注意到這幾只罐子是西里爾（Cyrillic）字母寫成，所以這些單字他一個也不認得。不過，他在哈佛時修過語言學分，足以知道這種字母用在俄文。

「喔，對了，這些真的酷斃了，」查理說，隨手抓起其中一個罐子然後遞給卡麥隆，「這是裝在迷你油桶的伏特加。看看罐身另一面寫些什麼。」

「『石油，我們支持比特幣經濟』。」卡麥隆大聲唸出來。

「你可以掃描罐身後方的條碼，然後用比特幣購買。真是超屌的。」

對卡麥隆來說，某一方面，這種認識查理和他的公司的方式是挺好玩的，但另一方面心裡會嘀咕著「搞什麼鬼呀！」這名小屁孩就像外星人，顯然天賦異稟、鬥志旺盛，卻又十足像個旋轉的苦行僧（whirling dervish；編按：伊斯蘭教蘇菲教派的重要宗教儀式，舞者不停地旋轉，藉此達到天人合一的冥想境界），自顧自地講個不停。只有一件事很肯定，這家企業不是矽谷的初創商，只會向沙丘路上穿著打褶卡其褲結黨營私的幫派獻殷勤索討種子基金。這一點大不相同。

「比特幣，數位貨幣，小寫b，」沃希斯指著迷你油桶說，「正如查理所指，你從數位錢包發送小寫b開頭的比特幣到罐身上QR code內嵌的這個網址。就這麼簡單。但這一步只是宏偉計畫的小小一步而已。」

卡麥隆從他的研究中得知，史上第一筆比特幣正式用於購物的文字紀錄是在二〇一〇年五月二十二日。在這個歷史性的一天，名為萊斯洛．漢涅茲（Laszlo Hanyecz）的佛羅里達程式設計師想吃披薩，決定花一點自己攢來的比特幣解饞。但是有個大問題：當時沒有任何商家接受比特幣付款。漢涅茲沒有因此氣餒，反而登錄比特幣論壇（Bitcointalk）貼文發問：「拿披薩換比特幣？」以下是當時主要的討論串：

> 我願意拿一萬枚比特幣換取約莫兩張大披薩，這樣我還可以留幾片隔天吃。我喜歡刻意留幾片之後慢慢啃。你可以手做披薩然後送到我家，也可以幫我在外送門市訂好披薩再快遞過來，但我的重點是，我不需要自己動手訂購或準備，就可以享受到比特幣換來的外送食物。有點像是在飯店或其他地方訂購「早餐拼盤」，他們就是會為你準備吃的，讓你開心！

取名為jercos的網友決定接受這筆交易。他的真實身分是十八歲年輕小夥子傑洛米．史特迪文（Jeremy Sturdivant）。雙方在多人線上即時交談系統網站敲定好細節，之後漢涅茲就撥出一萬枚比特幣給jercos，時價約三十美元，然後他收到約翰老爸（Papa John）的兩片披薩。漢涅茲在比特幣論壇證實這起交易：

> 我只想在此報告，我成功花了一萬枚比特幣買到披薩。謝謝jercos！

那一天將留名青史，並定為「比特幣披薩日（Bitcoin Pizza Day）」以示紀念。自此，比幣控接二連三在推特帳戶成立諸如 @bitcoin_pizza 帳號，開始追蹤漢涅茲買的這兩片披薩兌換美元價格。截至筆者撰稿之際，這兩片披薩約值三千六百六十萬美元。

查理說：「但是，大寫B開頭的比特幣才實際促成行動。」

開口說話似乎是壓抑小屁孩噴發能量的唯一做法。在一次更早期的談話中，艾薩曾對溫克沃斯兄弟聊起查理的背景，這個可謂社交囧星人的小鬼來自布魯克林區敘利亞猶太教社群，和他自己一樣。他們的原生家庭距離彼此才幾條街。查理一向就有玩電腦的天賦，現在這名從來不曾被點名下場玩躲避球的小鬼突然成了眾所矚目的焦點，因此順理成章地充分享受這一刻。他這種人格類型溫克沃斯兄弟檔其實並不陌生。

「大寫B開頭的『比特幣』指的是協定，換句話說，就是整套比特幣網絡，」沃希斯說，他的語調比較小心謹慎，和查理開口閉口就是光明未來形成鮮明對比，「小寫b開頭的『比特幣』指的是漫遊整套比特幣網絡的數位資產。」

查理插話：「同一個字彙、兩道不同涵義，視情況而定。」

「協定可說是網際網路的數位管道系統，」沃希斯繼續說，「也就是你發送的電郵行經的管道，它們帶著你的聲音通向半個地球以外的受話方。這套比特幣協定讓比特幣從A點移動到B點，也讓你買到迷你油桶尺寸的俄羅斯石油伏特加。」

「這種類比聽起來很危險，」卡麥隆說，「如果說大寫B開頭的『比特幣』是管道，那小寫b開頭的『比特幣』不就只是數位污水？」

沃希斯笑了。「讓黃金變得有價值的相同特性也會使比特幣變得有價值。」

卡麥隆和兄弟或許只是剛剛才要起步攀爬全新數位貨幣的學習曲線，但他們可是哈佛大學經濟系畢業的高材生，十分熟稔老派的實體貨幣世界。在哈佛，他們師承美國前總統羅納德・雷根（Ronald Reagan）的首席經濟顧問馬丁・費德斯坦（Martin Feldstein）；在現實生活中，卡通影集《辛普森家庭（The Simpsons）》中那位反派核電廠老闆郭董（Mr. Burns）就是活生生的啟發。兄弟倆還精通英國的亞當・斯密（Adam Smith）、約翰・梅納德・凱因斯（John Maynard Keynes）與美國的密爾頓・傅利曼（Milton Friedman）三位經濟學家研究著作。他們明瞭，黃金就是具有讓人們掏腰包搶購的價值，因為它體現典型的市場供需理論；他們也知道，驅動需求的力量為何，亦即讓黃金變成「可用」貨幣的道理。他們甚至曾經製作投影片簡報這項主題。

最初，黃金的化學特性便讓它成為一道自然的選擇。你若是循著元素週期表所列項目一一分析個別屬性，打一開始你就會先從氣體下手。由於任何物質若被設定用來當作貨幣使用，就不能反應太活潑，不然很可能會在你手中爆炸；但也不能有腐蝕性，不然就會生鏽，光是這一點就把另一批共三十八種元素剔除在外。由於金錢必須具備稀有性，但又不能太稀有，好比銅這種金屬比比皆是，但鋨卻又是鳳毛麟角，只存在隕石中。就這一點而言，又有二十六種元素不合格。

篩選幾輪後，八種貴重金屬中只剩下五種可以考慮，即銠、鈀、鉑、銀、金。銠與鈀都是直到一八八〇年代才被世人發現，但那時貨幣都已經流通幾千年了；鉑的熔點對工業化之前的熔爐來說實在太高。你若用消去法處理，最後只會剩下銀和金兩名候選人。銀很容易失去光澤，而且工業價值更高，反而是用途太廣，所以不適合當貨幣使用。於是最後就只剩下黃金夠資格。泰勒說：「黃金之所以具有價值，正是因為具有先天內生的特性：稀缺、耐久、便攜性、可分割、可替代、難偽造、易鑑定。」

「一點也沒錯，」沃希斯回應，「比特幣也擁有所有這些屬性——」

查理馬上打斷：「但是若將比特幣當黃金用，會比黃金更好用。」

「沒錯。比特幣不僅像黃金一樣稀缺，供給更是限量定額，」沃希斯說，「根據中本聰在原始白皮書設計的構想，二千一百萬枚比特幣是終極數字，但黃金產量卻會隨著新礦床問世而增加。比特幣的可分割性更遠高於黃金，每一枚比特幣可以切割成一億個超級小單位，你可以只擁有〇．〇〇〇〇〇〇〇一枚比特幣，而且你可以像是寄發電郵一樣即時發送給某人。你試試看能不能夾帶一條黃金寄發電郵。」

查理說：「它就像是有翅膀的黃金。黃金2.0！」

泰勒補充：「所有比特幣都是電腦原始碼強制執行。」

查理似乎非常樂見事情熱烈發展，於是決定抓起一大管大麻用菸斗犒賞自己。

「原始碼就是定律，」沃希斯說，「數學定律。」

「什麼原因會阻止我發送兩次同一枚比特幣？」卡麥隆問，「要是我可以在電郵中夾帶同一張圖檔寄給超過一名收件者，有何原因比特幣不能比照辦理？」

沃希斯說：「這是雙重支出問題。」

這是僅見於數位貨幣的獨特議題，不存在於實體的現金世界。如果你掏出一張二十美元紙鈔給某人，就不可能轉過身再把同一張鈔票給第二人。但是數位世界就只有〇與一，沒有這類實體限制。回顧歷史，這道問題永遠得援引好比聯準會、威士與萬事達這些中央權威機構出面解決，它們的作用就是監控交易，並確保相同的數位化的美元不會被同一個人花費兩次。不過，比特幣沒有權力中心、沒有裁判，因此在電腦科學界裡被稱為「拜占庭將軍的問題（Byzantine Generals'roblem；編按：意指各方尋求共識的機制）」，而且公認無解：你如何在一套完全去中心化的系統中創造共識？

「這就是真正酷到不行的地方，」查理從他的大麻菸管中抬起頭來，「中本聰已經在他的白皮書裡解決這道問題，因此才能啟動這一切。他提出的解方讓整套比特幣系統得以運作：挖礦（mining）。」

卡麥隆只花幾小時閱讀網路上的文章，並試圖在腦中型塑出所謂的「挖礦」系統。這道概念正是比特幣生態的引擎。他還是無法完全理解挖礦如何運作，但目前所學的知識就已經讓他心神嚮往了。沃希斯解釋，比特幣「礦工（miner）」得在電腦裡安裝專用軟體，每當有交易發生時，系統會自主生成複雜的數學題目，礦工們得成功解答，以便驗證、審核交易的有效性。一旦其中一名礦工搞定交易鏈中某一個新區塊（block）的數學難題，這個區塊就會被歸類在比特幣「區塊鏈（blockchain）」裡。這一串長鏈就像是通行全球的公用帳本，用以記錄從第一筆比特幣交易成立以來的所有交易。系統為了獎賞礦工答題所花費的努力，於是回報一枚全新的比特幣。這就是所謂的區塊獎勵（block reward）。任何礦工只要有能力不斷強化硬體運算效能，成功解答數學難題並贏得區塊獎勵的機率就越高。也就是說，你越努力挖礦，獲勝的可能性就越大。

「或者，用更技術性的語言來說，」沃希斯說，「礦工的算力（hashrate）越高，他們的贏面就越大。」

卡麥隆在幾年前修習的電腦科學課程中學到這個詞彙。顧名思義，算力就是計算電腦效能的測量法：每秒可以計算（如雜亂信號）的湊值數目。礦工彼此之間激烈競爭解答用以驗證當前比特幣交易區塊的數學難題，他們投入升級硬體的資源越多，好比增添效能更快的運算晶片組，或是為高效運作而發熱的電腦群打造具有冷卻作用的數據中心等，他們搶贏全新比特幣獎勵的機會就越高。整起競賽就是在這套規則下反覆上演。

卡麥隆在試圖理解整道過程時，實際上也發想出自己的一套簡單類比，他決定與房內的與會者分享：

他開口問：「還記得《巧克力冒險工廠（Charlie and the Chocolate Factory）》這部電影嗎？」

查理在接話之前先頓了一下，打了個飽嗝，吐出一團煙霧。

「絕對不要看那部電影搞自嗨。工廠的奧帕倫帕人（Oompa Loompa）會把你嚇到剉屎。」

「電影裡那名小男孩查理，」卡麥隆繼續說，努力不讓身邊這位活生生的查理哈爾而越來越亢奮導致他分心，「正在糖果堆裡尋找金獎券。他就像是礦工，放行讓他參觀威利．旺卡（Willy Wonka）巧克力工廠的金獎券就是區塊獎勵。現在，假設查理在尋找這張金獎券的同時也成功驗證購買糖果棒的交易結果，並把它們記錄在工廠的財務帳本裡，也是就是威利．旺卡專用區塊鏈。然後，再進一步假設全世界有成千上萬個查理，他們都在做尋找這張金獎券這件事。他們一撕開旺卡巧克力棒，就是在驗證旺卡區塊鏈，並互相檢查工作成果。威利．旺卡的競賽奇蹟般地激勵全世界孩童全都投入驗證和記錄旺卡巧克力棒交易的工作，協助威利持續追蹤哪些人付錢買了什麼產品，這樣就能保護他的利潤，還能確保他的工廠得以立足業界，繼續為所有人生產巧克力。」

沃希斯笑了。

「說得太好了。完美闡述比特幣的神奇之處。完全不需要經由中間人或守門人，一群礦工可以公開競爭，每個人都為了贏得激勵，積極驗證交易。沒有銀行或政府居中判斷交易結果，也不會從市場大餅中瓜分一大塊。中間人被數學取代，或是套用你的例子來看，是被一整群查理．畢奇（Charlie Bucket）取代。」

「還有比特幣世界裡威利．旺卡，」泰勒說，「也就是策劃這一切的首腦：中本聰。」

卡麥隆在閱讀的過程中得知，比特幣的創造者搞神秘的功夫比起他舉例的書中主角有過之而無不及。二〇〇八年十月三十一日，中本聰發函密碼學郵件列表（The Cryptography Mailing List）這個低雜訊信件區管理人郵寄目錄組織，成立宗旨是致力推展加密技術與政治影響力，藉此發布轟動一時的白皮書《比特幣：一種點對點的電子現金系統（Bitcoin: A Peer-to-Peer Electronic Cash System）》，文中闡釋「一套完全通過點對點技術實現的全新電子現金系統，中間無須經過任何可資信賴的第三方。」白皮書中詳盡介紹比特幣的具體特點：

- 利用一套點對點網絡機制防範雙重支出。
- 沒有鑄幣廠或其他可資信賴的第三方。
- 參與者可以匿名。
- 新幣將由雜湊現金（Hashcash）風格的工作量證明（proof-of-work）製成。
- 生成新幣的工作量證明也為網絡本身提供動力，以防雙重支出。

三個月後，初版比特幣軟體在全球大放送，中本聰在三萬一千行程式碼中實現前所未有的成就：打消市場需要可資信賴的中央單位之必要性。二〇〇九年一月三日，中本聰驗證第一顆比特幣區塊，也就是代號為〇的「創世區塊（Genesis Block）」，裡面還內嵌一行英國《倫敦時報（London Times）》當天報紙的標題：

財政大臣站上第二次紓困銀行的邊緣

這句標題本身就是一道發人深省的警語，提醒世人容易犯錯，因而嚴重衝擊金融系統。不久之後，中本聰人間蒸發，再也沒有發表一字半句。

多年來，不計其數的記者試圖肉搜這位神出鬼沒的創始人，不過幾無斬獲。中本聰看來是個化名，英文名中的 Satoshi 直譯成日語就是聰，意譯則為「清晰思考」或「明智」；Naka 直譯成日語就是「中」，意譯則可指涉「關係」；最後的 Moto 常用來描述「本源」或是「底子」。三個日文單字結合在一起，就可以將這個虛構的名字翻譯成「深入本源中聰明思考」。所以這是一道線索嗎？或者其實是真言？

中本聰人間蒸發之前，白皮書、程式碼、部落格文章加上他與比特幣核心開發者往返的電郵，總共留下八萬字紀錄，大約是一本小說的字數了。儘管如此，他還是幾乎沒有留下與個人有關的蛛絲馬跡。倘若他是個日本人，卻能書寫道地、完美的英語，而且美式、英式拼法交替。他的書寫時間戳記並未顯示特定時區，好些調查記者已經指名道姓，至少十五位人士可能是這位神秘發明家的分身，包括特斯拉億萬身價創辦人伊隆．馬斯克（Elon Musk），以及遊戲設計師兼密碼學家哈爾．芬尼（Hal Finney），他在二〇〇九年收到中本聰送出的第一筆比特幣交易，不過所有繪聲繪影的線索最後都不了了之。

「對我而言，」沃希斯說，「圍繞中本聰的神秘傳說算是比特幣的一大特徵，而非缺陷。比特幣之美就在於它不是圍繞著中本聰打造，而且也不圍繞任何人打造。你若想深入了解比特幣，就只需要了解比特幣本身。」

查理整個人被一團煙霧籠罩。他咳了幾聲，然後咧嘴一笑。

「你信的是艾薩克．牛頓（Isaac Newton），不是信萬有引力本身。」

十分鐘後，這群人離開「麵包店」，回到這家小小初創企業的前台辦公室，好讓查理繼續完成導覽。

他對他們展示正在一組桌上型電腦中執行的軟體，「我們這家比特快（BitInstant）可說是比特幣經濟的重要組成部分。具體來說，我們推行的業務就是協助客戶採用簡單的方式購買比特幣。我們收走他們的現金，將這筆錢轉成比特幣，然後即時發送給他們。」

沃希斯馬上從卡麥隆和泰勒身後出聲澄清：「但會收取一小筆費用。」

「你們看，」查理繼續說，「如果你在一處交易所購買比特幣，就目前來說，現在只有一處交易所承辦絕大多數的比特幣業務，幾乎有九成之高。你得跑完煩死人的流程，從開戶、填寫文書作業，再匯款到國外等手續，然後花幾星期等候通知帳戶開通，再花幾天等待匯款入帳。這一整道流程就是繁雜的工作。在比特快，我們會為你包辦所有工作，你給錢，我們辦事。」

「你就是帳房，」卡麥隆說，「你處理換錢的工作。」

「賓果！我們將現金直接換成比特幣。你給錢，我們可以在三十分鐘內把比特幣轉到你的虛擬錢包裡。」

「你說的這些『虛擬錢包』安全嗎？是駭客製作的嗎？要是你不小心搞丟手機，或是電腦被惡搞了——。」

「那就會像是你的銀行金庫被搬走一樣，蠻荒西部時代的典型作風，」查理說，「你說的沒錯，比特幣會引爆不同以往的安全問題。關於比特幣這玩意兒，它既是數位型態，但也有實體意義。」

查理舉起左手，卡麥隆在這名年輕初創家的小指腹看到一圈銀光。查理小心翼翼地取下戒指，推到溫克沃斯兄弟面前，這樣他們才看得到，沿著戒指內部蝕刻著數百個超小字母符號。

「那就是你的私鑰嗎？」卡麥隆問。他指的是讓你掌控比特幣的「密碼」。每一支比特幣私鑰都是一組包含二百五十六個位元的數字，可以是一和〇的任意組合，總共有二的二五六次方種可能性。從正面的角度來看，二的二五六次方種可能性多於宇宙中可觀察到的原子數量，而且任何人可以猜出一支私鑰密碼的機率是十的七十五次方之一。

「差不多，除了最後五個字母符號外，其他都存在我腦海裡。」

「是你自己把私鑰嵌在戒指上的嗎？」

「其實是我老爸刻的。他就在珠寶這一行，所以請他幫我雕刻上去。我把二〇％左右比特幣套在手指上。這就是我們這個圈子稱的『冷儲存（cold storage）。』」

「這種做法真的管用嗎？」泰勒問，「難道不能存在隨身碟，然後藏在某個保險箱嗎？」

「當然可以啊。把一小部分存在隨身碟、一小部分存在密碼保護的電子錢包裡，收入電腦某個資料匣，然後在把其他一小部分刻在戒指上，再不然也可以刺青在手臂上。但重點是，我們又不是真的在乎別人怎麼處理手上的比特幣，我們只想幫他們輕鬆、快捷地得到它們。一旦他們得到他們的比特幣，就可以隨心所欲拿它做任何事。」

沃希斯點頭表示同意，卡麥隆知道他們現在正觸及哲學層面。人人都應該可以拿自己的錢做任何想做的事，而且不受任何政府監督，這道理念正是自由主義意識形態的基石，進一步推動各界對比特幣產生莫大興趣。早期的比幣控主要是沃希斯這類自由主義份子組成，他們深信，個人選擇行動的方式只要不傷害任何人，他人無權對此說三道四。這是一種可能朝向危險方向蔓延的哲學觀。

「儲存是一回事，」卡麥隆說，「商業化又是另一回事。人們不會拿比特幣只為了買伏特加和披薩。」

他掃視房間一眼，瞥了一眼工業用大麻菸斗。查理笑出來。

「你說的是絲路（Silk Road）。」

在比特幣世界裡，絲路不完全是房間裡的大象（elephant in the room；編按：意指明明房間裡有一頭大象，所有人卻都假裝沒看到；比喻眾人故意忽視眼前的大麻煩），根本就是房間本身。絲路是一處臭名昭彰的線上市集，讓用戶在此買、賣違法產品與服務。它已經與加密貨幣共生共榮，如今壯大成一門產值幾百萬美元的生意，堪稱非法毒品界的亞馬遜；對那些聽過任何一種說法的人而言，它們已密不可分地緊密交織了。

「我們核查過絲路，」泰勒說，「但不是你猜想的典型審查程序。不只毒品，還有槍枝，甚至可以花錢買殺手。確實是暗黑世界。」

深入絲路不是動動手指在電腦輸入網址就可以登錄這麼簡單的動作。卡麥隆和泰勒得先從網路下載一套名為洋蔥路由器（The Onion Router' Tor）的特殊匿名軟體，才能隱藏他們的電腦；但就算他們只是瀏覽線上市集幾張網頁，也還是擔心得很。他們親眼所見的畫面簡直是難以置信，一頁又一頁的內容幾乎都在叫賣附有完整照片的毒品。你可以搜尋到古柯鹼、海洛因與大麻；當你找到想買的貨色，這時比特幣就派上用場了，因為這裡只收比特幣。交易完成後毒品直接送貨到府。

雖然沃希斯是個徹頭徹尾的自由主義死硬派，單單視絲路為任何人都可以不受政府干涉的購物天堂，泰勒和卡麥隆卻抱持相反看法，這裡顯然是犯罪大本營。即使是專有名詞「暗網（dark web）」這個廣納絲路一類網站的線上隱藏版空間都讓他們毛骨悚然。假若比特幣正在起飛，絲路身為第一樁加密貨幣應用案例的事實反倒令人深感不安，而且還可能是一道巨大的在障礙，可能會讓它在創新萌芽之前就先夭折了。

查理說：「他們其實也有賣不錯吃的布朗尼蛋糕。」

「絲路只是一道概念獲得證實的例子，」沃希斯說，「你可以用比特幣買、賣現實世界的商品。我們比特快的工作就是一步就到位：協助客戶買到比特幣，不多做也不少做。」

卡麥隆已經在網路上汲取大量沃希斯的觀點，因此知道他的看法遠比上述說法更激進：他堅決反對毒品是犯罪行為，也反對任何用以控制人們行為方式的政府法規。事實上，當查理雇用他成為比特快員編一號的員工時，他剛好隨著自由州計畫搬到新漢普夏。自由州計畫是一場政治運動，號召全國各地信奉自由主義的人士起身對抗霸道的政府。沃希斯似乎反對大多數形式的稅收、大多數形式的軍事行動，以及許多金融法律。他僅僅比查理年長幾歲，不過看起來更像是務實、思慮周到的生意人。

「我們借道自家的系統每月已經移動約兩百萬美元，」沃希斯繼續說，「所有比特幣交易數量中，有十分之三枚是通過我們取得，而且這個數字還在往上爬。」

「我們無法保持領先，」查理說，「我總共聘請十名員工，但我得再追加一倍或兩倍，最終才能成為比特幣界的蘋果公司。」

卡麥隆之前參加過好幾場銷售話術會議，所以對浮誇言詞熟得很，不過他分辨得出來，查理不是在裝腔作勢，這個小屁孩真的相信自己抓到天上掉下來的大好機會。是說，有何理由他不該如此相信嗎？他就靠著鮮少開口的陌生網友葛瑞斯．尼爾森協助，在母親家地下室創業。這位老兄顯然是自閉兒，持續在辦公室之外某處打理這門生意的技術面需求。事實上他人在海外。查理一開始還得向母親商借一萬美元，最終創造出科技界時有所聞的麻雀變鳳凰大翻身故事。

比特快的運作模式很簡單，而且就像查理所深信，它很可能真的是一艘火箭船。卡麥隆與兄弟希望在矽谷可以找到這麼一架火箭船，但矽谷不給他們好臉色看。

查理反而張開雙臂熱情歡迎他們。這次會面是透過在封閉社區裡同一條街長大的艾薩穿針引線談成，此刻他熱烈渴望籌組一支投資團隊資助查理的公司。不，具體來說，唯二團隊成員就是口袋深不見底的溫克沃斯兄弟。

卡麥隆環視四周。要是比特快真的已經聘雇十名員工，他們可能會需要分坐辦公桌甚至是座椅。到目前為止，查理．施瑞姆已經募集十三萬美元資金，其中一萬是母親出資，其他的錢則全部來自一張支票，那是他在紐約一場會議完成網上直播後，結識一位風趣的金主慷慨解囊。查理不斷對線上觀眾放送比特快的狀況，坦言他接觸過的所有金主一聽到比特幣全部都有聽沒有懂，所以沒有半個人願意掏錢資助他，但他真的只需要一點零頭就能推動計畫成行。等他做完節目，過了四小時後接到一通 Skype 電話，對方是名聲響亮的比特幣鐵粉羅傑．費爾（Roger Ver）。

在比特幣圈子裡，費爾素有「比特幣耶穌」之名，因為他非常熱衷改變他人的信仰，而且在這一行裡到處投資。他打來 Skype 電話，劈頭就問查理需要多少錢。當查理拋出一筆金額，費爾幾乎不加思索立馬同意。就這樣，素未謀面的兩人在電話中敲定交易。費爾匯了十二萬美元給查理，換取一五%比特快股權。

卡麥隆從網路上讀來的資料得知，費爾抱持類似沃希斯的哲學信仰，但激進程度似乎有過之而無不及，更像基本主義教派份子。費爾曾以自由意志黨（Libertarian Party）候選人身分角逐加州眾議院席次，但二〇〇六年在網上非法販售炸藥被逮，關入聯邦監獄服刑十個月，出獄後立即移民日本。

費爾打從比特幣問世初期就開始買進，並注資十多家像比特快一樣羽翼未豐的初創商。

卡麥隆和泰勒從未與費爾打過照面，僅在幾封費爾與他人往返的電郵中被列在副本收件人欄位。眼下看來，沒人知道他還是不是個默不作聲的天使投資人，或者是隨著比特快一路茁壯而變得更勇於發言。

沃希斯和費爾都受到意識形態驅動行事，但他們也都是精通此道的專家；查理不受意識形態驅動，反而是出於滿腔熱忱，而且可能還帶有一點人來瘋的味道：這些是所有頂尖初創家都具備的特質。他們三人都是福音傳教士，開口閉口就是想要改變全世界，而且他們是真心想這麼做。

儘管卡麥隆仍有一些明顯疑慮，但他知道，每一樁前期初創商的交易都有瑕疵。此刻，他心中有一道聲音對他說，投資比特快，以便在比特幣世界裡邊實踐邊學習，這是正確行動，無誤。查理．施瑞姆這名小屁孩雖然虛張聲勢、狂妄自大，而且還帶有一絲失心瘋的天真況味，卻很有可能就是他們尋覓已久的火箭船，即使資金桌上的金主只有他們倆、比特幣耶穌和查理的母親。

在早些時候的對話中，艾薩曾提到比特快其實另有追求者，說白了，就是加密領域的老鳥投資人，他們正千方百計地思考如何拿到查理的投資條件書。要是溫克沃斯資本想要競奪比特快，就要快馬加鞭。

卡麥隆知道下一步該怎麼做。到現在他還沒敲定任何一樁風險投資協定，但此刻他們不在矽谷，而是在紐約熨斗區，這座大城市的餐廳和夜店即使是當著矽谷科技明星的臉甩上大門也沒在客氣的。這裡是曼哈頓市中心，根本就是溫克沃斯兄弟檔的主場。

他腦筋一動，想到一個在查理．施瑞姆這個小屁孩心中留下深刻印象的絕妙點子。

8 查理

有時候，你會到處找、四處問，就為了求一道跡象、一絲前方道路該往左還是該往右的暗示；或是一道劃破天際的閃電，為你照亮前方路況。但你什麼也沒得到，別說是靈光乍現，就連一隻幽微發光的螢火蟲都沒個影；甚至有時候你只會得到一叢著火的荊棘。

不如這樣吧，查理一邊走進一扇超大的對開雙門，接著進入一間整片超大厚玻璃窗環繞的客廳；正對面是一座寬敞的陽台，足以栽種活生生、結實累累的蘋果樹，而不是從宜家家居（IKEA）或陶瓷穀倉（Pottery Barn）設計的家具孔洞中伸出藤蔓的盆栽植物，一邊對自己說，忘掉著火的荊棘算了，幹嘛不在蘇活區找一間挑高的閣樓小公寓，整間塞滿歐洲時尚模特兒。

話說回來，稱這個地方「閣樓小公寓」可真是字彙庫貧血的明證。要是查理感覺不到沃希斯亦步亦趨跟著他，幾乎是推著他越過門檻，再走幾步踏上鋪滿地毯的主樓板，他其實覺得自己可能早就在搭小黃從熨斗區過來的計程車上昏過去，遁入某種神遊狀態了。像這樣的地方，他除了在小報版面上看過，根本不像存在於真實世界。圍繞在他周遭的每一樣事物都閃閃發亮。

從那幾扇浮誇的窗戶到家具，盡顯現代、圓潤、流線感，頭頂上方是內嵌式燈具，光線從六公尺高的天花板向下投射。還有，真是要命，這裡塞了少說有一百人，但一點也不顯擁擠。這就是社交生活。這就是蘇活區，在這裡就該這麼過日子，和你在旅遊指南相關叢書讀到，或是在精彩（Bravo）有線電視台看到的節目如出一轍。無論男女老少，全都又高又瘦，穿搭時髦，根本無須亮出設計師標籤就能讓身邊的明眼人看出來，一身行頭全是出自你可以一邊啜飲香檳、一邊手刀搶貨的精品店。

沃希斯走向前一步，非常努力才聽懂查理說：「現在，我們來到一場派對了。」

「顯然是。」

查理可以感覺得出來，沃希斯想拉住他稍微後退幾步。說真的，沃希斯一直都在阻止他暴衝。他就是這麼聰明。儘管才比查理大五歲，卻已經是貨真價實的生意人、嶄露天份的演說家與業務員。羅傑．費爾在匯款保住公司命脈的六位數資金後，沒多久便介紹沃希斯給他，當初的說法是他認識一個超完美的人才，可以介紹查理聘用。查理第一次這樣回他：「我不打算隨便雇用從新漢普夏來的傢伙！」但打從兩人在紐約一場科技盛會認識的第一分鐘起，查理就完全埋單了。沃希斯深諳宏觀議題，堪稱查理這輩子認識最絕頂聰明的經濟理論家之一，而且如果遇到需要展現專業的情境，他也可以雄辯滔滔、強硬有力。

沃希斯看待世界的視角永遠不會和查理一樣，但這一點可能是好事；他的出身也和查理不同，離新漢普夏十萬八千里遠。總該有人壓著他們倆接地氣，因為截至目前為止，查理一路暴衝，痛快得很。

沃希斯指向人群說：「那幾位是我們的主人。」

那幾位看似仙氣飄飄，活脫脫是從希臘神話走出來的人物。其中一位走到全員待命的吧台旁和另一個留著山羊鬍、雷鬼頭的傢伙說話；幾公尺外，不知是泰勒或卡麥隆正坐在皮革長椅上，旁邊是深褐髮色的女士，穿著一件從大腿中段開叉到底的正式晚禮服。她的皮膚如此白皙、透亮，宛若陶瓷娃娃，仙女到不行，根本像是掙脫身上綁線的人型木偶。

但隨後卡麥隆，管他是泰勒還是卡麥隆，便舉手對著查理揮了幾下，附在女士耳邊說幾句話，她露出微笑，是那種真心的笑容。然後她輕拍身邊的座位，看起來是很認真地想和查理聊幾句。

他抬腳穿過地毯，盡力不要撞上任何突然冒出來的障礙。有一張形狀像手掌完全對著他張開的龐大塑膠椅似乎有意絆倒他；一對穿著像是法國女僕黑白色系制服的女服務生，緊身皮革胸衣之間還垂吊著墜飾，查理邊走邊看，幾乎興奮得喘不過氣來；一名常上有線電視節目的B咖明星拿出一支外觀搞笑的香菸，招呼他停下來、止步、踩煞車。

老實說，查理已經醉到分不清東西南北了。黃湯下肚飄飄然的感覺幾個小時以前就已經消褪，大概在距離比特快辦公室幾分鐘路程，也就是他和溫克沃斯兄弟碰面的地點，第二次將迷你油桶的伏特加圍成一圈，乾杯預祝泰勒和卡麥隆那座還在施工中的總部早日落成。溫克沃斯兄弟已經帶他們繞一圈參觀過了。雖然現在那個地方進出都還要戴上工地安全帽，一處由石膏牆板、橫木和灰泥粉塵搭建的開放式攀爬架，但它的宏偉規模相當懾人。對查理來說，一百四十坪的建坪聽起來就像是泰姬瑪哈陵那麼大，畢竟他多半是在張開雙臂就能碰到兩面牆的斗室長大。毫無疑問，溫克沃斯資本有意想讓他人大開眼界。你大可說說自己對溫克沃斯兄弟有何期望，但最重要的是，泰勒和卡麥隆想要讓他人印象深刻。

「查理，」不知道是溫克沃斯兄弟之一的誰正坐在一張長條形沙發座椅上，傾身靠向一張時髦的北歐設計風餐桌，拿了兩只香檳酒杯，「過來認識安雅。她來自保加利亞，希望進一步了解比特幣。」

查理結結巴巴地問候對方，然後喝下一大口香檳。

「這是未來的貨幣，」他終於成功了，對面的女孩笑開來。然後她開始講起最近一次在巴黎時裝週的親身經歷。當時她很想買一雙鞋，但是身上只有母國貨幣。不過管他的，誰會去斤斤計較保加利亞幣和歐元之間的匯率換算。難道查理想要改變這種情況嗎？然後她再次笑起來，這時查理才意識到，對面的女人事實上是對他有意思。

查理說：「這實在是難以置信。」他再度發現時機太晚了。因為腦中一片空白，找不出話可以說。溫克沃斯兄弟笑了起來。

「不會，現在是週六夜。真正帶勁好玩的派對都在週間舉辦。不過我覺得我們可以做點什麼事彌補今晚。現在甚至還不到十一點，所以我們還可以再趕幾攤。」

他走回造型優美的餐桌旁，抓起一瓶香檳王（Dom Pérignon），然後先往查理的玻璃杯斟滿，再為夾在兩人中間的保加利亞美女服務。

「各位，上緊發條。今晚才要開始而已。」

三小時後，查理靠在東村（East Village）一處地下酒吧的後方牆壁上站穩身子，盯著不知何故握在自己手中斟滿蘭姆酒的烈酒杯。身邊是卡麥隆，這次他很確定就是他，因為站在投幣式自助點唱機旁邊那位應該是泰勒，他正和近來新交上的女友聊天。但這名美若天仙的金髮尤物又好像是前女友或即將成為女友的對象。泰勒正眉飛色舞地說著在北京奧運村發生的故事，好像是和南美划船隊、俄羅斯拳擊手和食物中毒事件有關。不過查理光是想要努力保持清醒就很吃力了。不只是因為自從他們由裝卸碼頭後方的小門摸進這家地下酒吧以來，手上這杯烈酒已經至少是他的第三巡，更因為那位保加利亞模特兒還如影隨形地跟在身邊，此刻正在幾公尺遠的舞池中和其他兩名朋友熱舞。她在巴黎肖想美鞋時正和他們在一起。只要她沒有將身子壓向其中一名朋友，時不時就會轉頭對查理放送微笑。

沃希斯一定難以置信，事情竟然進展如此順利。沃希斯在一小時前就累掛了，離場前把查理拉到角落低語，千萬不要急著做決定，一定要等到星期一大家進了辦公室再商量。查理知道，沃希斯對於是否接受溫克沃斯兄弟的資金有所保留，但他們倆讓他印象深刻，而且他喜歡他們的程度遠勝過矽谷那些大老。不過至少截至目前為止，他們還不是比幣控。傳授他們關於比特幣的知識，還鼓勵他們投資生態系統是一回事，但是收他們的錢，雙方緊密合作完全是另一回事。

另一方面，費爾則是更加堅定。既然艾薩早一步提出讓溫克沃斯兄弟參一腳的點子，費爾便表明他的保留意見：他告訴查理，溫克沃斯兄弟並不像他自己、查理及沃希斯一樣，抱持願意為比特快奉獻的願景，正如費爾所說，這幫人專愛到處告人，但是從未和他們觀點一致；再者，比特快業務蒸蒸日上，根本就不需要他們的資金。俚語說得好，一屋不容二廚。

費爾最近和溫克沃斯兄弟網路視訊時場面變得火爆，這是查理與他的一號金主之間第一次產生實質歧見。費爾主張，和溫克沃斯兄弟打交道只會把事情搞得更複雜，查理卻打算心一橫，絕不妥協。他站在艾薩這一邊，溫克沃斯兄弟正是當前比特快和比特幣蓄勢待發所需的燃料。說到底，這家公司是查理所有，費爾只能認了，別無選擇。

查理相信，費爾本能反對溫克沃斯兄弟是因為他們的出身顯赫、他們所代表的身分，或是他認為他們所代表的社會地位：權勢階級。但現在查理實際上已經與他們面對面打過交道，花了不少時間混在一起，他不認同費爾只憑一場電影內容就蓋棺論定他們。儘管他們的外表玩世不恭，私下他們可是激昂火熱、堅定不移，不然還有什麼其他動力能驅使他們邁向奧運取得所有成就？無論他們是以什麼樣的形象現身，總是能拿得出證據對自己、對全世界表明自身實力。

費爾對自己的看法從來不打折扣，只要一與任何人或任何事發生衝突，幾乎可說是勇猛好鬥；艾瑞克．沃希斯或許會提出異於傳統的觀點，但費爾緊咬著自由主義不放的程度卻已經升格到另一種層面了。查理認為它的出處良善，亦即費爾真心誠意相信，自由市場才能為最多數人類帶來最高標的生活水準、最極致的幸福，但這種心態會讓他與不那麼激進的沃希斯視政府、州際單位、邊界和監管法規為鬥爭標的。就費爾來說，「哈佛人」溫克沃斯兄弟就是權勢階級殘留的夢遺。

查理不是唱高調的理論家，只是試圖走出母親家的地下室闖出一片天。他尊重費爾和沃希斯的思想，但更相信，意識形態是你已經有所成就以後才搞的玩意兒，而非在那之前。

他對著保加利亞模特兒微笑。可惡，她一定比他高出十五公分，而且她的皮膚那麼美麗，波浪捲的秀髮那麼豐盈、烏黑發亮，再加上身上那件銀色禮服緊緊服貼每一吋身體，就像某種神奇的魚鱗一樣……該死，他在發酒瘋了。有夠醉、超級醉、無敵醉。

突然之間他開始走起路來，直直地越過卡麥隆（還是泰勒？），接著是泰勒（或者是卡麥隆？），然後穿過一條狹長的走廊，直通一扇釘著一幅墨西哥帽圖片的木門。當他張嘴嘔吐時，差點對不準小便池，直接倒灌在他的運動鞋上。

當他終於真的穩住自己，恢復到足以走到小便池正對面的金屬材質洗臉台時，他發現自己正咧嘴大笑。他醉得一蹋糊塗，卻是這輩子以來最痛快開懷的一刻。沃希斯想要保留就多保留好了，費爾也可以大喇喇地出聲反對，但查理知道自己已經做成決定。

他把臉湊到水龍頭下方，讓沖刷臉頰的冷水把他帶回現實。雖然他剛剛才狂吐在自己的鞋子上，但可不會讓這件事耽誤到他。

9 超完美小鎮

「到現在我還記得，當時那裡只有一艘船。四周全是蔚藍湖水，只有一艘坐著兩個玩瘋的小孩用力划槳。每次我一想起這一幕總是忍不住微笑。」

霍華．溫克沃斯倚在白色木製柵欄，手肘撐在扶杆。微風輕拂他日漸稀疏的醒目白髮，鼻樑上那副飛行員式眼鏡遮去上午十點多的艷陽強光。雖然泰勒比父親高出一個頭，但年屆六十九歲的父親在他心中仍極具分量，他們在他面前永遠像是十五歲的小屁孩。此刻他正俯瞰長島海灣蜿蜒的海岸線在他們置身的這座公園交會。

站在陶德岬角（Tod's Point，正式名稱是格林威治岬角公園）遠望，有一片不規則延展的泥土小徑、野餐區與公園用地，交織成一片四．二公里的網絡。此處也是康乃狄克州小鎮格林威治（Greenwich）的發源地，最早是在一六四〇年，出手闊綽地拿出二十五件皮大衣從西諾威（Sinoway）印地安人手上買來，處處風景如畫，好似畫家的筆刷沾染調色盤之前還沒糊成一片的天然色調。黃色、綠色、藍色都鮮豔如昔：明亮沙礫、青蔥草地、晶澈河水。泰勒可以看到至少有七艘小船破水而過，白色對比藍色，船裡的年輕男、女都成了動作同步的模糊身影。

泰勒說：「看到這麼多艘船還是會覺得很不真實。」

划船運動在格林威治欣欣向榮，而且蓬勃發展，每年都有幾百人在這些河道划船。對泰勒和他的家人來說，這項事實有其意義，因為這就是他們從無到有打拚出來的成就。他與卡麥隆經常把船隊視為他們投入的第一家初創企業，這些年輕人可以在河道上划船正是因為多年前他們兄弟倆決定放手冒險。

「從這裡看過去，一切都顯得很容易，不是嗎？」他的父親繼續說，「暗藏在平靜表面下的所有複雜性、艱難過程、痛苦、肉體極限和所有的美麗。」

泰勒的嘴角漾開。他望向卡麥隆，知道對方也在想同一件事：這就是他們的父親向來的世界觀。每一件事的背後原理都說得出一套數學理論。霍華．溫克沃斯不會只看見漂浮在河面上的船隻，他會看到機械、轉力矩、槓桿、推力與阻力還有摩擦力等機械重心，結合這一切才得以創造平衡與和諧。永遠試圖將現實轉化成可以解決的數學問題，這就是他的思維運作方式。將混亂導向秩序，堪稱一種反無序狀態的手法。

霍華．溫克沃斯並不是出身在康乃狄克州格林威治小鎮這類地方，反之，他是如假包換的美國夢代言人。他不僅憑藉優異的數學天賦自力更生，也從旁協助整個溫克沃斯家族力爭上游，進而躋身上流階級。

霍華．溫克沃斯的曾祖父奧古斯特．溫克沃斯（August Winklevoss），也就是溫克沃斯兄弟的曾曾祖父，是個煤礦工，年輕時從德國漢諾威移民美國，落腳賓州荷蘭村，沒多久就死於黑肺病。奧古斯特的兒子，也就是溫克沃斯兄弟的曾祖父，才八歲就下坑挖煤，截至撒手人寰的這一生裡，由於終年佝僂著腰在坑道與礦井採煤，還得將沉重鐵鎬扛在肩上，最後壓出L型腰背。他的兄弟，也就是溫克沃斯兄弟的曾叔父，在一場採礦事故中一條腿被礦車壓得血肉模糊，結果被一名鄉下醫師在家中廚房的餐桌上活生生鋸掉了。

溫克沃斯兄弟的祖父，也就是老霍華．溫克沃斯，最初也是下礦坑掙飯吃，但最終卻不是靠採礦發達。他自學成為機械技工，並與父母及其他六男、五女共十一名手足住在賓州梅瑟（Mercer）鎮。有一次，一名富豪的汽車剛好就在他家的自耕農場附近路上拋錨，他機緣湊巧幫對方修好汽車。當天這位富豪便賞他一大筆報酬，讓他動心起念想要脫離礦工生涯，當個全職修車師傅。最終，他拿出採礦攢下的收入，連同這位富豪提供的資金，湊齊一筆錢和兄弟合蓋一座臨時車庫，還因此得到「穀倉車庫兄弟檔」稱號。老霍華．溫克沃斯的父親，也就是溫克沃斯兄弟的曾祖父，當時氣得七竅生煙，因為他認定騎馬遠勝於開車，馬兒很可靠，不會故障拋錨，而且車子開到野外就動不了了。不過最終老霍華．溫克沃斯卻奠基於此開展多元業務，包括一家雜貨店。

溫克沃斯兄弟的父親小霍華和父親一樣熱愛汽車，也遺傳到他的企業家精神，還因為幾乎把所有閒暇時間都用來憑空打造一輛福特汽車 Model A，高中差點被死當畢不了業。每天放學後他都往父親的雜貨店跑幫忙幹活，晚餐後就去敲敲打打自己的手作汽車，直到深夜方休。周遭每個人都說他簡直是腦子灌水，根本不可能通過賓州的檢查法規，但他還是從垃圾場、車庫兜售和郵購目錄到處搜集零件和物件，滿腦子只想打造完美的 Model A，就連一顆螺絲釘、小螺栓都不放過。

他在兩年內拼湊出一輛車，而且還設法通過州政府檢驗，可以合法上路；另一方面，他僅僅勉強通過高中考試。儘管如此，他還是開著自己又拆又換的改裝車到賓州州立大學（Pennsylvania State University），走進行政辦公室試圖找個學系棲身。坐在辦公桌後方的大嬸看了一眼成績單就把他打發出去。他不死心，轉向葛洛夫城市學院（Grove City College），當場讓招生主任親眼目睹他的成就，留下深刻印象。

他在葛洛夫城市學院求學期間發生兩件人生大事：繼續發揮從父親身上學到的種種創業技巧、遇到真命天女凱若．李歐納（Carol Leonard）。

一九六一年，在霍華的大一新生週，他與父母正好站在凱若與她的雙親前方排隊註冊。凱若的母親蜜德芮（Mildred）開玩笑地指著前方這名年輕帥氣小夥子要凱若留意。霍華的父母當時也不認識凱若，但他們回頭指著後方這位金髮美女要霍華留意。一個月後，當霍華與凱若打電話回家，雙雙劈頭就對自己的父母說：「你們絕對猜不到……。」

自此以後，在戰後的一九六〇年代，霍華和凱若成了一對有如畫作一般的完美夢幻校隊。凱若是紐約警察局警探、長島新海德公園（New Hyde Park）教師之女，也是含蓄自持的高中畢業舞會皇后，樂於從命勝於逾矩。她學習速度快，擁有一種普世真理的智慧，那是你在足與《聖經》相提並論的《箴言書（Book of Proverbs）》才能讀到的學問，她的母親經常從中引經據典。霍華則是英俊的運動型暴紅新貴，因此幾乎有點接近自大。他喜歡冒險、自定有創意的規則。他們堪稱完美的天作之合。

當霍華沒有和凱若或兄弟會成員在一起時，就是在花時間發想創業大計。他挨家挨戶兜售鍋碗瓢盆付清自己的學費，很快地他就雇用起兄弟會成員，經營迷你廚具帝國。畢業之際，霍華下定決心，他要學習從商，自我改進。當他知道加州聖荷西州立大學（San Jose State in California）每個學分只收四十九．五美元，而且幾乎沒有入學門檻，他便毅然飛往西岸。在聖荷西州大，企業管理碩士學分班已經額滿，所以霍華改修保險碩士學位，並打算隔年再加入企管碩士課程。

霍華在聖荷西州大，甚至之後轉戰奧勒岡大學（University of Oregon）攻讀博士學位時，對機械領域的熱愛轉移到早期的電腦運算新科學領域。當時他註冊一套研究養老金的夏季課程，算是一門應用複雜數學理論的商業領域，由於太艱澀冷僻，他是唯一登記選修的學生。這道抉擇改變他的人生方向。他開發一套創新的電腦模擬，用以比較計算養老金的各種方式，因而獲得賓州大學（University of Pennsylvania）華頓商學院（Wharton School）的教授職位，也順勢出版一本開創性的著作《養老金算法：算給你看（Pension Mathematics: With Numerical Illustrations）》。與此同時，凱若也在賓州大學拿到教育的碩士與博士學位，並於這段期間繼續在小學教書。

最終，霍華離開華頓，自創一家諮詢公司。他聘雇幾名最絕頂聰明的學生，他們都不曾花時間手作汽車、兜售鍋碗瓢盆。

即使霍華的公司溫克沃斯諮詢（Winklevoss Consultants）在費城設有辦公室，但他一天到晚在全國奔波，到處推銷業務並與客戶互動，以至於他幾乎是走到哪裡就睡到哪裡，只要下榻之處距離機場夠近就好。他與凱若在費城生活超過十三年，兩人都想要改變，於是決定轉赴加州帕洛阿圖市展開年輕的家庭生活。

當時，帕洛阿圖市還沒有被廣義泛稱為矽谷，這裡天氣溫煦，而且許多霍華的親朋好友都已經從沉悶的賓州移居此處，重新展開自己的家庭生活，這一事實讓這座城市成為理想的居住地。他們倆組成的小家庭充分享受住在美麗小鎮、宜人公園，而且距離史丹佛大學僅咫尺之遙的興奮感中。卡麥隆與泰勒成天只想往他們住家街道盡頭的遊樂場跑，不管陰晴圓缺，他們都會將玩具堆在貨車裡，然後拖著它們上街一路走到遊樂場。

霍華要不是在自家車庫上方的辦公室工作，就是上路去拓展他的帝國，但凱若僅專注養育幼小的溫克沃斯兄弟，同時在當地社區擔任志工。霍華三不五時就會對兒子說，他這一生的成就全虧背後有老婆這雙手，照顧家庭這方面尤為如此。

過了幾年，霍華把公司賣給全世界前幾大的紐約保險經紀商強森與哈金斯，他和凱若就帶著一對溫克沃斯兄弟移居附近郊區，即康乃狄克州小鎮格林威治。霍華在強森與哈金斯擔任資深副總裁兩年，在紐約與格林威治之間通勤，不過最後他決定自己骨子裡根本就是創業家，所以一九八七年正值四十四歲壯年的他決定重起爐灶，創辦名為溫克沃斯科技（Winklevoss Technologies）的新公司。

這家公司將和上一家截然不同。霍華和他的團隊不是以顧問商的身分受聘，進行複雜的養老金研究後再交付最終產品，而是打造可以自行處理這類研究的必要軟體，然後賣給企業客戶，好讓它們自己去開發研究。溫克沃斯科技將是軟體供應商，而非被限制只能以小時計費的顧問。在當時，桌上型電腦還算是全新的概念，因此霍華的新公司將是押注新興的個人電腦科技即將迅猛成長、升級，而且需求會猛烈成漲。要不是凱若堅定不移地從旁鼓勵與支持，這將是一道他根本不敢輕冒的巨大風險。

溫克沃斯兄弟放學後經常溜進父親的辦公室做功課，在這段時間裡，他們會探險尋奇、找軟體工程師聊天、閱讀散落四周的電腦雜誌、打開電腦玩遊戲，並從內部觀察一家科技公司如何運作。卡麥隆和泰勒不折不扣是和一家初創公司一起長大，直到它終成氣候。

以傳統意義而言，溫克沃斯這一家稱不上運動世家。雖然每個人都很活躍參與各種運動項目，但全家共進晚餐時極少聊起運動，就連職棒紐約洋基隊賽事都上不了餐桌；反之，霍華超喜歡討論自己傾注熱情的領域，像是商業、科技、電腦、數學、財務市場等，而凱若則是繞著文學、電影、人文興趣、文化和藝術等話題帶動聊天話題。霍華與凱若各以自己的獨特方式成為知識界要角，但兩者合而為一時幾乎是廣納知識與智慧百川。卡麥隆和泰勒在成長期間所崇拜的偶像不是運動巨星，反而是史帝夫・賈伯斯、比爾・蓋茲這些企業家，他們經常在父親辦公室裡的商業雜誌內頁讀到這些名人的新聞，而且這些人就像他們的老爸，致力發展科技改變全世界。

一邊是霍華盡力傳授溫克沃斯兄弟他所熟知的商業知識，另一邊則是凱若確保他們倆在生活中接受良好教育。她決心提供他們機會發掘自己的熱情，無論可能落在什麼領域。

雖然泰勒和他的兄弟成長於富裕之家，但雙親從不容許他們倆稍有或忘家族歷史，不僅是先祖輩的煤礦生涯。凱若的先祖也是德國移民，他們在十九世紀踏上美國土地，身上除了美國夢別無他物。凱若的祖父是紐約洛克威海灘（Rockaway Beach）的消防員兼旅館老闆；叔父在美國海軍服役，在第二次世界大戰的太平洋戰區打過仗；她的父親則是兇殺組警探。凱若的家庭就和霍華的家庭一樣，體現良善的基督教道德，相信每個人言出必有意。霍華和凱若在成長期間都相信，只要誠實、證明努力工作的能力就能換得全世界尊重；獲勝不是重點：最重要的是，你傾盡最大努力、付出最高誠信和最佳人格。正如老霍華總是耳提面命兒子：「我不管有多少人跟著我的足跡走，我只想成為第一個在雪地裡製造足跡的人。」

「我記得，當你和卡麥隆第一次出發時，」泰勒的父親說，「每個人都瞪著你們看到快要鬥雞眼了。竟然為了划船離開校園消失在林中。」

泰勒笑起來。他和兄弟並非成長在煤鄉時代，事實上差得可遠了，不過並未因此妨礙他們找到自己的出路，或是試圖在抽象的雪地世界中踏出自己的第一道足跡。在一間帶有寓言小說《蒼蠅王》（Lord of the Flies；編按：描述一群兒童落難受困荒島，在求生過程中逐漸因利益衝突引發人性罪惡面）氛圍的高中校園裡，這對身高過人、長相一致的溫克沃斯兄弟顯得鶴立雞群，並非總是帶來正面觀感。他們倆狂愛拉丁語、電腦與架設網頁，並沒有實質協助；深究古典鋼琴十二年、自學HTML編碼亦然。這段時期的溫克沃斯兄弟距離進入哈佛後祖克柏認定的校隊運動員兼陶瓷幫傑出成員可謂天差地遠。不過，他們的地理學怪癖卻引出心中的熱情，還主宰他們早年的人生，改變他們在當地以運動為中心的社區裡所處的地位。

這一切都始自住在隔壁名為伊森．艾爾（Ethan Ayer）的大哥哥。他身高二百零五公分，比溫克沃斯兄弟大十歲。他在安多福（Andover）念寄宿學校，當地的划船培訓居全國屬一屬二頂尖地位。他之後會先進哈佛並加入划船隊，之後轉赴英國劍橋大學求學。每逢他放假返家，就會說起划船、破水前進，以及與全球各地划船好手激烈競爭的各種故事。泰勒和卡麥隆總是聽得很入迷，於是他們的母親就開始翻閱當地的黃頁，這才知道格林威治根本沒有划船培訓課程。就算此地是水鄉澤國，成人居民也都划船穿梭在寄宿學校和大學之間，但就是沒有在地的划船培訓課程可以讓泰勒和卡麥隆報名參加。他們的母親打遍每一座碼頭的電話，只得到對方回覆：他們唯一會划船的時刻就是當汽艇沒油了。

儘管如此，她不死心繼續找，終於在康乃狄克州西港找到一家划船俱樂部。離家大約四十八公里遠。一九九六年八月某個夏日，她把溫克沃斯兄弟塞進車裡，載他們到俱樂部，結果下車只見一座破爛木材建築。原來它的前身是西港火車站，裡面附設一家划船俱樂部。這家簡陋的俱樂部坐落在索格塔河（Saugatuck River）岸邊，幾年前由愛爾蘭人詹姆斯．曼根（James Mangan）成立。

溫克沃斯兄弟走進狹長的木建船屋，卻沒看到半個人。於是他們再往裡面走，一路上雜草蔓生的小徑直通河道。他們走到一半就遇到曼根了。當他定睛打量這對鏡像溫克沃斯兄弟，雖然才十五歲，卻已經一百八十三公分，而且還在繼續長高，開心得咧嘴大笑。他一開口就是濃濃的愛爾蘭口音，喃喃說著他們倆憑空出現在前廊，只能說是天意之類的評論：一個慣用右手、一個是左撇子；兩人不僅長得一模一樣，還每天都生活在一起。他當下同意訓練他們。

當他們剛開始受訓時，不太確定自己是進入什麼狀況。這座破爛火車站既沒有自來水、沒有電，也沒有火，而且還要留意踩下去的每一步，否則包準跌個狗吃屎。最近的更衣室是對街的流動洗手間。

他們第一天下水是坐進一具老舊、結構歪斜的練習小艇，船身有些部位還得用膠帶黏合才行。泰勒和他的兄弟只能勉力搖槳十一回。整個過程中曼根都咧嘴笑得開懷，之後他告訴他們倆，終有一天他們光是一次練習就要搖上幾百回，有時候搞不好會超過千回；他還告訴他們倆，別在意船身上的膠帶或是吱吱嘎嘎的船體：這項運動的重點不在船隻好不好，而是船員行不行；最重要的是，船隻本身根本不在乎你是什麼咖、哪裡來，口袋有多深，只在乎你付出的努力。

「當你們倆說不打算參加任何校隊，當下我們都覺得你們倆真是發神經，」霍華說，「當你們的媽媽要我在閣樓放一具肌力計，我也以為她跟著發神經。」

泰勒皺了一下眉頭，想起當年嚴苛的訓練裝置其實更像是中世紀折磨犯人的酷刑道具，還有自己在閣樓上度過多少個冷冽寒冬，用力拉扯肌力機械設備的鏈條。不過，正是這具肌力計引領他們划進奧運代表隊。每個月，來自全國各地的青少年都會將他們完成二十分鐘肌力測驗的結果呈交美國划船隊（US Rowing），讓它將數值張貼在官網上。當泰勒和卡麥隆發現自己的分數竟然擠進全國同年齡層前十名，這才領悟到，自己有可能早就已經超越一般水準了。

之後，他們決定遊說自己就學的私立學校校長開辦一套校隊划船培訓計畫，首開格林威治先例。在父親協助下，他們在長島海灣附近的一座碼頭找到一處據點，也說服幾名同學報名參加。溫克沃斯兄弟原本是對這項運動一無所知的孩子，原本是花部分時間關在閣樓自我訓練、噴汗練習的孩子，直到技術純熟足以在國家級比賽與對手一爭長短，加入美國青少年國家划船隊，並在一九九九年赴保加利亞的青少年世界錦標賽（Junior World Championships）登場競技。幾年後，他們從無到有創辦出生平第一家初創企業，即高中划船校隊。這家初創企業有助他們通過哈佛早期審查提前入校，因為溫克沃斯兄弟不僅僅是運動員，更是符合「學霸運動員（scholar athletes）」的定義，意指他們已經證明自己是會念書也會運動的博學高材生；成立自己的初創企業則讓他們踏上一條進入另一個世界的陌生道路，在此他們一樣是靠自己的雙手打出一片天。

對他們來說，扮演船員角色這門藝術確實是創業生涯的一道縮影，教會他們如何融入團隊共同奮鬥、承擔壓力並取得成功；在這個競技場中，輸贏可能僅是一線之隔。卡麥隆經常說，他這一生中學到的最重要課程是在船屋這段期間的寶貴經驗，和划船這項運動幾乎沒有任何關係。

泰勒將話鋒一轉，切入他與兄弟邀請父親到陶德岬角的原因：「十五歲時，我們等於是一頭栽進划船世界，但現在我們比當時更了解比特幣。當年的決定是個重大決定，現在這個決定也不相上下。」

泰勒一向倚賴父親提供的商業建議和指導，不僅因為他是正規的數學天才，隻手打造一家成功的諮詢公司，就和高中時期從無到有拼湊出一輛福特 Model A 如出一轍，更因為他自始至終都認定，父親是自己所認識的人之中道德感最強、最有誠信的代表。或許這個男人心中永遠與煤鄉同在，但他也是那位教誨他們是非對錯事關重大的人生導師，諄諄告誡他們，把手言歡遠比任何律師草擬的合約更重要。當他們與祖克柏之間的關係第一次劣化，他們的父親比他們倆都震驚，年輕的臉書執行長吃相竟然如此難看。他絕非天真之輩，但無法理解為何有人竟敢大言不慚地說謊，而且還這麼不把別人看在眼裡。他支持泰勒和卡麥隆盡最大努力矯正錯誤，即使知道他們拒收現金，寧可換成臉書股票亦然。對他們倆來說，就算全天下律師都說他們蠢到家了也無妨，他們的父親在背後撐腰就足以提供他們信心，明白自己做出正確的決定。

泰勒說：「最早是卡麥隆這樣說：『它要不是詐騙，就是下一件大事（next big thing；科技界很常用以比喻重要的新市場）。』」

他的父親望著水面點點頭。早先他們已經在電話中充分討論比特幣，當天早上又接續同樣話題。他的父親立即看見隱藏在這個誕生才三年的加密貨幣背後的數學之美。區塊鏈就像是一本開放、去中心化的帳本，交易紀錄永遠留存，這種與生俱來的優雅在他看來合情合理；比特幣本身則是一種數學與密碼學打底的貨幣，非得電腦解答複雜的方程式之後才定量供應，其間的精妙之處肯定能燃起他的數學魂。不過他跟泰勒和卡麥隆分享他個人對絲路的擔憂，以及比特幣世界的暗黑面。

「我覺得比特幣值得深入研究，比特快反而是比較棘手的問題。查理這個大男孩將是個難纏傢伙。」

「不單是只有他一個人就能搞得出比特快，」泰勒說，「他還有行銷部門主管，也有種子投資人。」

「一個是自由派哲學家，另一個是無政府主義份子。」

「我不覺得羅傑．費爾是無政府主義份子，反倒覺得他會自稱是個人主義者。」

「我在大學時，安・蘭德（Ayn Rand；編按：美國當代力倡個人主義的作家兼哲學家）的著作該讀的我都讀了。不過總得有人腳踏實地做主、穩住陣腳，並確保整件事不至於走歪；總得有人應該處理法遵事宜、聘雇員工，並做好日常營運；他還要應對風險，打點法務層面。現在，所有一切工作都落在查理這個小鬼身上。這個傢伙才是你們花錢的真正刀口，不是營運計畫書或什麼哲學觀：可以說他是一個唱獨角戲的小屁孩。」

泰勒知道他的父親說對了，他們不會只是投資這道想法，而是這名對象、這位創業家。這就是所謂風險資本家代表的意義。

卡麥隆說：「他很聰明、雄心萬丈。他想證明自己的能力。」

目前他們算是先跑先贏，但是查理似乎也頗受沃希斯的哲學影響，同時更深受費爾鮮明的意識形態所吸引。他曾說過一句話讓人聽了有點擔心：我們又不是真的在乎別人怎麼處理手上的比特幣。這句話聽起來似乎是信口而發的評論，卻困擾他們兄弟倆。從商業角度來看，這種心態無可厚非。比特快可說是交易的附加物，只不過是一種協助人們獲得比特幣的方式。但是從哲學的角度來看，這句話卻是一道相當危險論述。自由主義者或個人主義者會認為，人們應該享有花用自家資產做任何想做之事的自由。但是在現實生活中，沒有人真的可以享有花用自家資產做任何想做之事的自由。因為這是個法治、規範與刑事法規的社會。

比特幣才剛問世，而且截至作者執筆當下，都還不受監管。不過，好景不會太長，最終全球政府都會十分關注人們拿手上的比特幣做什麼。

他們真的會看在比特快的份上押賭查理。雖說它是一場風險，不過，這不就是他們一頭栽入商業世界做生意的真實面貌嗎？冒風險？那不就是他們想要的生活嗎？不就是一個大好機會，讓他們可以冒險押賭某一樁具備巨大潛力的投資嗎？不就是再一次讓他們成為革命的一份子，只不過這一次已經沒有馬克．祖克柏作對了？

甚至他們的數學腦父親也不得不同意：第二次行動是看上比特幣的巨大潛力，感覺似乎值得冒險。一般情況下，你所得到的第二次機會都是特別困難或不太可能成功的點子。

一小時後，泰勒坐上休旅車的副駕駛座，一旁的卡麥隆正在滑手機尋找聯絡人。泰勒把身側的窗戶搖下來，這樣就能感受微風正輕拂臉頰。他們的父親還留在小徑的盡頭，傾身俯視陶德岬角，看著河上船隻來來去去。他與他們的母親經常走訪陶德岬角，不只是為了回憶溫克沃斯兄弟和他們的划船英姿而已。

陶德岬角一向是泰勒和卡麥隆已故胞姐雅曼達（Amanda）最鍾愛的去處。她在很多方面都搶先將溫克沃斯兄弟最優秀的特質展露無遺：從小就是天資聰穎的學霸、運動健將、天生戲精，而且精力無窮。他們倆幾乎是在她的耀眼光芒下黯淡成長。但最重要的一點是，她是恩典的化身。她以明日新星之姿赴麻州的威廉斯學院（Williams College）就讀，突然之間卻被憂鬱症纏身，全家人都為她的身心健康擔心得要命，也試圖釐清究竟發生了什麼事。隨後兩年的心理復健之旅有如行經煉獄一般辛苦，全家幾乎是瞬間落入一個連科學也無以名狀的世界，當時診斷與療法雙管齊下，就像是一邊繞著大峽谷（Grand Canyon）前進，同時還蒙上眼睛試圖擊中「劈又打」（piñata；編按：一種墨西哥獨有的陶土或紙製星星等容器，逢年過節時裝滿糖果、小玩具懸掛家門前，讓小孩子蒙眼揮打，只要敲破，象徵幸運的糖果、玩具就會掉在大家身上）。當年那也是一段全家深陷糾結掙扎的時期，除了他們自己，沒有人知道這一家人到底出了什麼事，而且多數人也都無法理解，畢竟憂鬱症不像斷手斷腳這種外傷，可以明確指出傷處，很快就能處理；反倒是充斥羞辱感的未知黑洞。有時候，她在康復的道路上會尋求毒品安慰，減輕身心痛苦，這種做法最終也在二〇〇二年六月時奪走她的生命。當時她才二十三歲，從來就沒有機會嘗試特別困難或不太可能成功的點子。

因為這場悲劇發生在公共場所，那是下著雨的六月十四日晚上，她癱倒在一條街上，當時正好在拍攝一部即將上映的電影，領銜主角是知名巨星勞勃．狄尼洛（Robert De

Niro），於是《紐約郵報（New York Post）》立刻大做文章，胡謅幾則新聞，將悲劇刊在低俗小報的版面。這是一場殘酷的私人鬥爭，完全錯誤描繪他們經歷的這場奮鬥，更重要的是詆毀他們的女兒，她是年紀輕輕就香消玉殞的天生巨星，如今安息主懷。

> 我就在繁星中的一顆上生活。我會站在其中的一顆星星上微笑。當你在夜間仰望天際時，彷彿每一顆星星都在笑。
>
> 王子語錄，出自聖修伯里所著《小王子》

這段語錄摘自她最喜歡的書，如今鐫刻在她的墓碑上。泰勒和卡麥隆那時也還很年輕，才是二十歲的大學生、旭日東昇的大三生，整天不是泡在船上練習就是窩在宿舍裡發夢商業點子。對他們和雙親來說，那一天都是極具毀滅性的時刻，雅曼達是全世界除了父母以外從來不曾搞混他們倆的唯一明眼人，永遠都能完美無暇地區分誰是泰勒、誰是卡麥隆。當他們划進奧運賽，便以她之名為他們的船隻命名以示紀念。他們參加北京奧運時一路過關斬將，生平首次在國際船賽擠進總決賽。這項紀錄幾乎是聞所未聞的壯舉，雅曼達的精神常與他們同在。就在她撒手人寰短短兩年內，溫克沃斯兄弟就像是被推著躋身一連串充滿痛苦的曲折事件中，每一步都引領他們走到今天的景況。

卡麥隆一邊還在手機螢幕上下滑動，一邊開口問：「你當真想放手一搏嗎？」

泰勒點點頭。對外在世界來說，他們就像是要什麼、有什麼的天之驕子，但泰勒知道，實情遠非如此。他們的父親和他走過的人生，加上全家人吃過的苦頭都已經教會他們，最終，無關事情難易，而是你如何正面迎擊。要是你被擊倒，一定要再站起來。

要是你有機會幹一番大事業，那就抓住機會。

卡麥隆觸點一個手機號碼。

「考慮得怎樣？」大衛．艾薩的布魯克林腔在車裡迴盪，「我們要放手去做嗎？」

泰勒回答：「擬合約吧。」艾薩不知道的是，比起泰勒和卡麥隆打算投資比特快的金額，原先談定即將投入的八十萬美元根本不值一哂。

「老兄，超屌的！我已經為我們的投資集團想好完美的名號。準備好要聽了嗎？麥高瑞投資（Maguire Investments；編按：電影《征服情海[Jerry Maguire]》男主角的姓氏）。你們有聽懂我的意思嗎？就是那個說出『錢拿來！（Show me the money!）』的傑利．麥高瑞啊。」

卡麥隆按下靜音鍵，抬眼看著泰勒。

他說：「我們還來得及改變主意。」

泰勒笑出來。

在他心中，他們早已經扣下扳機。

10 買方市場

查理將手機放在桌面上，往後靠向椅背。辦公室空調又故障了，導致室內空氣感覺凝重、潮濕。他之前已經答應沃希斯、軟體工程師主管艾拉．米勒（Ira Miller）會找大樓經理修理，不過，管他的，現在沒空搞這件事，過一陣子再說。米勒是個紅髮小子，編寫程式碼的功力無人能及。這一刻，查理的腦筋動個不停，整張臉漲得赤紅，但和接近尾聲的夏天沒有關係。

那天下午，他已經和卡麥隆講了三通電話；若從早上起算的話就是八通；過去這個星期以來則是十五通。他從談話中可以感覺得到，溫克沃斯兄弟根本還不打算結束這種高頻通話。光是想到這點就覺得他們真是十足的瘋子。倘若一個月前有人告訴查理，不久後他就會坐在自己的辦公室裡，代表溫克沃斯兄弟買進比特幣，而且金額高得嚇人，他一定會捧腹大笑，然後把對方趕出辦公室。

因為整件事聽起來太瘋狂，瘋狂到不可思議。不只是查理開始為溫克沃斯兄弟買進比特幣，他和沃希斯實際上也幫他們安裝比特幣錢包，還擔綱他們的「指導教授」，傳授他們比特幣經濟運作之道。溫克沃斯兄弟在多管齊下的入門課程中漸漸理解比特快的運作原理，也進一步明白查理打算如何改變這個鳥世界。

截至目前為止，比特幣依舊遠遠處於邊緣地帶，雖然也許查理當初在麵包店對著他們自吹自擂時絕不會承認這一點，不過大多數的一小群持有者不是毒販就是毒蟲，再來就是早期採用者這類怪咖，好比自由主義份子費爾與沃希斯，他們都是透過網路留言板認識比特幣。除非主流美國人都得下場玩這場加密貨幣遊戲，比特幣才有可能大行其道，比特快也才可能和蘋果平起平坐。為此，比特幣需要大使。

除了這對長得一模一樣的溫克沃斯兄弟，氣場強大到好似從精品休閒服飾品牌 Polo 型錄中走出來的超模，還有誰更適合擔綱大使？

但是溫克沃斯兄弟並不單單滿足於花八十萬美元投資比特快，換取二十二％股權而已，他們差不多敲定整起交易時就要求查理幫他們買進一些比特幣，於是查理就帶頭引領他們倆踏出第一步，也就是生平第一回首購。

打從一開始，溫克沃斯兄弟就高度注重安全，查理覺得他們實在有點偏執，因為大多數玩家就只是下載一組數位錢包，很少人再三長考。不過這是他們的錢，有權要求小心謹慎。

他們上3C零售通路百思買（Best Buy）競標，買到兩台「乾淨」的筆記型電腦，一台當作「熱（hot）錢包」，另一台就是「冷（cold）錢包」，外加十幾支隨身碟。然後查理幫他們安裝數位錢包，這一步驟涉及必須將比特幣軟體下載到客戶端當作熱錢包使用的筆電裡面。熱錢包在使用的過程中必須保持連線，之後再利用隨身碟轉存到完全不需要連線的冷錢包筆電中。一旦軟體內載在冷錢包筆電裡，就會自動生成一組數位錢包與他們的私鑰。接下來私鑰的副本會被傳送到個別的隨身碟裡，好讓溫克沃斯兄弟可以安全儲存它們。

卡麥隆嘗試透過這套服務買進價值一百美元的比特幣，當作初步調查比特快的程序。

查理將他的第一筆一百美元比特快存款單印出來，卡麥隆立即帶著這張存款單跑去離辦公室最近的連鎖藥妝店沃爾格林（Walgreens）。與此同時，比特快已經與國際小額匯款服務商速匯金（MoneyGram）、行動銷售時點情報系統軟付（SoftPay）達成協定，意思是，它們之間將形成一套網絡，內含一萬家可以互做生意的商店。任何人只要帶著一張比特快網站生成的存款單，走進沃爾格林與旗下子品牌端禮（Duane Reade）、另一家全國級連鎖藥妝門市CVS或小七，遞給櫃員，就可以購買比特幣。事實上，這種做法已經成為加密社群之間的笑話了：假設你是打「紅色電話」買進生平第一枚比特幣，那你肯定就是鐵錚錚的「骨灰級（original gangster；OG）」。紅色電話指的是速匯金無處不在的紅色電話亭。

當卡麥隆抵達沃爾格林，拿起話筒告訴另一端的接線生比特快存款單上的代碼。對方隨即確認交易。然後卡麥隆再走到櫃台，遞給收銀員一張簇新的百元美鈔。接下來他持著收據走到店門外打電話給查理，後者告訴他，價值一百美元的比特幣剛剛才轉入卡麥隆和泰勒的數位錢包中某一個比特幣的網址中。

這幾枚第一批比特幣來自比特快的準備金。這是一樁簡易、快捷的交易：比特快的概念獲得實際證明。不過卡麥隆和他的兄弟不打算這樣就算了，根本就是反著幹。

當天下午，他們告訴查理，打算從溫克沃斯資本的銀行帳戶中撥出十萬美元，希望他買進更多比特幣。

十萬美元。這可是一大筆錢。查理每天服務許多買進、賣出的客戶，他們通常最多也都只買個幾百美元。當然一定還是會有幾位大咖玩家，但沒有人一口氣拿出十萬美元。

不過，查理萬萬沒想到，這一筆匯款只不過是起頭而已。

匯款要求源源不絕。溫克沃斯兄弟瘋了似的想要買進比特幣，事實上，顯然他們終究會需要略過查理與比特快，直接找上源頭交易所購買。

至於他們正在商量的金額，那個數字大到他們應該直接與位於日本東京的全球比特幣交易所龍頭 Mt. Gox（編按：二〇一四年破產倒閉）做生意。

當查理告訴卡麥隆和泰勒眼前的狀況——實際上他們的比特幣交易高達八〇%都是在加密貨幣交易世界中的大長老 Mt. Gox 發生時，他們倆臉上的表情查理到現在還歷歷在目。這個怪裡怪氣的名字有一個更可笑的起源。Mt. Gox 的大老闆馬克．卡伯列（Mark Karpeles）是從被迫移居東京澀谷的二十八歲法國人，自稱「比特幣之王」，近幾年幾乎都在拍攝喵星人影片，然後上傳 YouTube 平台。他從一名創業家手上買下這家公司，當初創辦人打造這座網站是當作集換式卡牌遊戲《魔法風雲會（Magic: The Gathering）》的線上卡牌交易中心，因此擷取每個英文字的第一個字母當作公司名稱（Magic: The Gathering Online eXchange）。這裡的交易系統龐大、笨拙又完全不受控，雖然每天都有價值幾百萬美元的比特幣在此交易，但沒有任何監管機制；更糟的是，平均來說，你的資金在此進出平均要等超過六天才能結清。

儘管如此，隨著溫克沃斯兄弟打算用以主導比特幣的資金越來越高，Mt. Gox 也就順理成章成為唯一選擇。查理已經幫卡麥隆與泰勒投入七十五萬美元買進比特幣，但他們倆對加密貨幣的渴望卻沒有冷卻，真要說有什麼不一樣的話，反而是更飢渴了。

溫克沃斯兄弟勢必得直接前往總部設在日本的交易所開設自有帳戶，成為它的客戶。但這一步會帶來全新的問題，因為他們若想匯款 Mt. Gox，過程中有幾道關卡必須打通。首先，他們得掃描護照，並國際郵寄實體法定文件到日本；實際上是寄到東京澀谷的一個郵政信箱。一旦他們的資訊飛越太平洋後落地了，接下來就是花幾個星期等待流程跑完，因為排隊等候開通帳戶的人潮早就塞爆系統。所幸，由於比特快是 Mt. Gox 交易量最龐大的客戶之一，查理又和這位法裔企業家有點私交，得以幫溫克沃斯兄弟趕件。

卡伯列是個肥胖、難搞的超級大怪咖，動不動就會人間蒸發一陣子；但同時又是個控制狂執行長，什麼小事都要管。在他的事業範圍內，就連最瑣碎無聊的小事都不容任何人出手幫忙。他依舊是個貓奴，嗜看漫畫。查理的辦公室有一張他在某個深夜拍下的圖像，東京街頭的霓虹燈穿透他身後拉下來的遮光簾隱隱閃亮。他的膝蓋上棲著一隻貓，看似正一臉滿足地發出呼嚕聲；他的一隻肥手抓著羊角可頌。不過查理不曾真正見過對方，都只有在網路即時聊天室（Internet Relay Chat）交談。

一等到溫克沃斯兄弟的帳戶開通，他們就可以直接匯款 Mt. Gox，開始自己買進比特幣。目前就查理所知，他們已經像是不要命似地拚命砸錢買進，一星期高達五十萬美元，搞不好還更多。他們不停追加超大量買單，已經有動搖比特幣價格的能力，要是近期沒有隨著時間拉長跟著大幅變動的話，每一枚單價盤旋在十至二十美元之間。毫無疑問，他們是全世界最大的比特幣買家。溫克沃斯兄弟真是活見鬼的巨鯨。

查理盯著桌上的手機，一張臉還是漲得通紅，而且現在熱涔涔的汗水淌下後背。他現在最想做的事就是趕快回到「麵包店」，點燃臨時湊合著用的霧化器哈兩口，這是他可以冷靜頭腦的手段。幾分鐘前，卡麥隆終於才讓他知道，他們兄弟倆在打什麼算盤。他們投資查理和比特快的資金，甚至包括第一次透過 Mt. Gox 完成的交易，都只是想先試試看能不能一箭上垛（但他們是兩個人，這樣想的話應該就是兩箭上垛）。不過，現在他們決定要萬箭齊發了。

11 反向搶劫

請移除任何筆記型電腦、大型電子裝置、金屬、液體、鞋子、夾克……。

卡麥隆從肩上卸下黑色背包時，輸送機另一側的美國運輸安全管理局（Transportation Security Administration）代理裝置無人機幾乎掃描不到任何物件。當然，運輸安全管理局的指令根本就是多此一舉，因為打從他還在學步時就開始坐飛機了，對他來說，應付九一一恐怖攻擊事件之後安排的機場安全檢查早已是老習慣了。他的筆記型電腦正送往X光掃描儀、高筒鞋在下一只置物籃子裡，上面還疊著皮包和鑰匙。除此之外就只剩下背包。

卡麥隆把第三只置物籃從輸送帶出口的高台上取回，伸手想提取某樣東西時覺得似乎有千斤重。但事實上，這玩意兒超輕的，當它要通過X光掃描儀時，所有運輸安全管理局代表看到的只是幾本雜誌、一把梳子和一本平裝書；要是他們真的仔細檢視可能會看到十幾個一般大小的防水、防火、防竄改塑膠信封，就夾雜在近幾期的《經濟學人（The

Economist）》、《浮華世界（Vanity Fair）》雜誌裡；倘若運輸安全管理局代表真的那麼小心謹慎，決定打開信封檢查，就會看到每一個信封裡面都有一張紙，也會看到每一張紙上頭都列印著電腦輸出亂碼一般的隨機字母和亂七八糟的數字。

然而，就算這些運輸安全管理局代表會拿出這些塑膠信封的機率低到不行，卡麥隆還是一整個緊張到骨子裡發冷；更糟的是，光是想到這幾部X光掃描儀就足以讓他幾乎要恐慌症發作了。這些機器實際上有能耐捕捉到十二只塑膠信封中的十二張紙上頭清晰的圖像嗎？它們會儲存掃描過的物件嗎？要是會的話，會存在哪裡？是存在當地的硬碟還是雲端？誰有權限可以檢查這些掃描檔案？

卡麥隆小心翼翼地放下背包，轉身走向排隊等著通過身體掃描儀的人龍。這些旅客都是要繼續往前走向拉瓜地亞（LaGuardia）機場的達美（Delta）航空站，這時他才發現自己全身微微發顫。他壓根沒有什麼好害怕的，又沒有走私槍枝、毒品或現金，只不過是有一堆裝在塑膠信封裡的紙張。

他目送一名年輕女性走進掃描儀，抬起雙臂高舉過頭，一副要跳水的姿勢。在她之後還有兩名乘客。其中之一最多不超過十九歲，穿著破洞牛仔褲和印有金屬樂團麥加帝斯（Megadeth）的黑色T恤；另一名是中年商業大叔，身上的西裝褲看起來有點太短，反倒像是落在小腿肚中段的七分褲，開口下方是菱形花紋襪。很快就要輪到卡麥隆，然後就等著安全通過走到另一端拿回背包了。或許到了那時他終於可以好好呼吸。

那名年輕女性走出掃描儀，換成穿著麥加帝斯的小屁孩走進去。卡麥隆納悶著，泰勒是不是也和他一樣經歷精神折磨。泰勒比卡麥隆提前幾個小時離開他們的辦公室，所以現在他可能已經降落底特律，朝向轉機航班了。此刻搞不好背包已經安全地擱在肩上，遠離任何運輸安全管理局代表窺伺的雙眼。

穿著麥加帝斯的小屁孩也走過掃描儀，接下來就換中年生意大叔張臂做出跳水姿勢。然後輪到卡麥隆走進去，他打開手臂，一邊想像無數細小的微波在他的皮膚、骨骼和器官周遭飛舞。終於，他也通過檢查，可以走回輸送帶。他強迫自己先去取回鞋子和筆記型電腦，再來才是拿回背包。一等他手掌抓緊背包，這才終於開始正常呼吸。不過，他的心跳一直在走向登機門途中才開始穩定下來。

他心想，這整趟為期三天的行程是不是都會像今天這樣。他每到一座機場、站在每一名運輸安全管理局代表面前都會緊張得要命，直到所有十二張紙最終安全抵達目的地？他在登機門檢查資訊時喝叱自己大驚小怪。他要飛去密爾瓦基市的班機還是準點，意思是每件事仍按照計畫進行。他和麥迪遜那邊的聯繫過程暢通無礙，到了那裡，從機場到第一家銀行的車程不花二十分鐘，等他辦完事再回到機場，只要再花二十分鐘就好。假設航空公司沒有讓他失望（但永遠都有可能），他很快就可以飛向下一站。

泰勒早就計畫好這一切：班機、接機，甚至是兩處據點之間的計程車都打點好了。慣用左腦的泰勒善於策劃，打從十幾歲開始就一直負責為全家安排度假行程。

卡麥隆走向登機門檢查哨，拿出手機讓她查看電子機票的條碼，這時他才領悟到一樁再簡單不過的事實：去他的，他們兄弟倆天生就是要幹這種事業：高壓、高賭注。對卡麥隆來說，往後七十二小時將成為他生命中最漫長的一段時間，但比起等在奧運比賽的起跑線來說，這不過是簡單的公園漫步。

「溫克沃斯先生，我想閣下將對我們的服務十分滿意。我們可能看起來不像你習慣往來的銀行，但我們深感自豪自己具備專業精神。我們相信，將能滿足你在當地所有的銀行業務需求。」

這名客戶服務代表梳了一個大包頭，她一邊走髮髻一邊微微彈跳。她每走一步，灰色長褲套裝就會咻一聲地揮過空中，腳下那雙厚底鞋踩在瓷磚地板上則會發出劈啪聲，兩者一唱一和。這位四十多歲的女士頗討人喜歡，一副圓形眼鏡端正地架在鼻樑上，臉上戴著和髮型有著異曲同工之妙的活潑笑容。和她個性有關的一切看起來都充滿活力，這一點真是太好了，因為卡麥隆迫切需要注入能量。她是當天行程的第三家銀行經理，稍晚離開這裡以後還有兩家要跑，然後還有好幾班飛機要搭。

卡麥隆隨著她走向長廊，行經西北信託銀行（Northwest Bank and Trust）位於愛荷華州戴文波特市分行的櫃員窗口，途中不得不放慢腳步、收斂紐約人的步態，以免一不小心就超車。不過，此刻他正在抵抗要人命的疲累感，因此反倒感謝這種平靜、中西部的悠哉步伐。他驅車抵達這家戴文波特市分行的過程不像麥迪遜、明尼亞波利斯這麼容易，後兩者比起紐約市算是袖珍型的小城市，但比起人口總數不到十萬人的戴文波特市，它們感覺起來很大。

「此刻，」卡麥隆說，當他們到達金庫大門時，女經理正拿著一把鑰匙盡職地開門，「我的需求很低。」

當她終於推開金庫大門時，抬頭向他微笑，然後引領他進入一間密室，其中有兩面牆架著從地板疊到天花板的保險箱。

「你永遠都不會知道未來會怎樣。今天可能只是需要一個保險箱，但明天搞不好會需要個人退休帳戶？溫克沃斯先生，我們永遠為你服務。」

她肯定很喜歡一再唸他的姓名。卡麥隆不確定這位女士是否認得他，但她不同於先前他造訪過的其他幾家銀行，至今不曾過問有關電影或臉書的任何問題。他認定這是很友善的跡象。他沒有戴上棒球帽並將帽緣壓到低於雙眼，也沒有畫假鬍子或是染髮，但是當然會試圖盡可能保持低調。他在愛荷華州中部的小鎮銀行租一個保險箱本身並無可疑之處，也許他有家人住在這一區，或者是他在出差途中遇到真命天女，希望就近找個地方寄放訂婚戒指，也有可能他正考慮在附近的密西西比河畔開辦一間船屋。人人都會出於各種原因租用保險箱。

但是，的確，要是這名女士看到他的整趟行程，而且要是她知道，就在此時此刻，他的雙胞胎兄弟正好在兩個州以外的某一座城市，也正在租用一個大小相近的保險箱，她可能就會意識到有問題了。

即使這些她統統無知好了，但倘若真的認得卡麥隆的姓氏，她或銀行的風險官對於和他做生意這件事可能就會改持保留態度。之前溫克沃斯兄弟只是打電話詢問好幾家銀行開戶、租賃保險箱事宜就被當場拒絕，而且它們的規模甚至更小，因此對於和他們倆打交道甚感不安，就是因為擔心，無論溫克沃斯兄弟打算在它們這裡存放什麼天價寶物，都會讓它們成為銀行搶劫犯和其他壞心眼人士看上的大肥羊。

大多數的小型銀行分行都不會在金庫中保留大量現金，有些可能一次只放兩萬美元，這家分行可能甚至沒那麼多。何以如此？任何人只要存入一筆錢，當下就變成紙上財富。那幹嘛還要費事聘雇好幾名警衛，找人為他們作保，然後再打造核心安全系統，結果到頭來只是保護微軟的試算表檔案？不過保險箱就不一樣了，收藏某種彌足珍貴的物品，不僅止於影響個人層面，也具有流動性與可替代性，遠遠超乎潛在的租賃費用。

只不過，就算這名行事特別的銀行經理心存疑慮，她也沒有表現出來。要是她稍微施壓，卡麥隆就會刻意一邊將手伸進背包裡，一邊說他存放在幾紙塑膠信封裡的玩意兒只不過是哈佛的文憑、成績單或是家族的先祖輩肖像等，試圖安撫她；倘使她更進一步要求，他就會真的拿出信封裡的紙張，解釋上頭的密碼其實是還在哈佛就學時完成的電腦程式智慧財產權，或者其他類似的作品等。他一直等到她把他帶到東面高牆中間位置的長方形保險箱面前，然後遞給他鑰匙，她都沒提問。非得等她循著原路走出金庫大門，然後上鎖，他才打開背包。

他取出其中一紙塑膠信封，輕手輕腳地把它放在盒子裡。他一邊這麼做時，一邊思忖裡面那張從文具賣場史泰博（Staples）買來的辦公用紙，上頭印著隨機字母與數字，一般人看到完全無法辨認，但是電腦高手只要有一套安裝在客戶端的正確軟體，這張印著三分之一長度的比特幣私鑰就可以說是一塊碎片。

這塊碎片被命名為「初端（alpha）」，當它與另外兩塊碎片「喝采（bravo）」和「查理（charlie）」合為一體，便形成一支控制溫克沃斯兄弟所有比特幣資產的私鑰。這意味著，三塊碎片必須彼此分開存放，要是全部放在同一個保險箱裡，無異昭告竊賊，只要偷到保險箱就能控制溫克沃斯兄弟所有的比特幣資產。後果是，單點失效、全盤皆輸。但是，將它們存放在同一家銀行、不同分行的保險箱也不夠盡善盡美，因為要是有個失德員工可以自由進出各家分行的金庫各個擊破，一樣會造成單點失效、全盤皆輸的後果。結果是，初端、喝采和查理必須存放在不同銀行的不同保險箱裡，這樣竊賊非得闖進三家不同銀行，或是賄賂三家不同銀行的員工，或是成功組合某種做法，才能擊敗這種安全設計，控制溫克沃斯兄弟的比特幣資產。無論是哪一種方式，想要一舉囊括合成比特幣私鑰的三塊碎片都將是行動路線的噩夢，《不可能的任務（Mission: Impossible）》中的情節只會出現在芭樂電影裡。

此外，溫克沃斯兄弟也已經在不同地區複製四套模型，以便消除最後一種導致單點失效、全盤皆輸後果的可能性，同時還能提高他們的整體容錯能力。這樣一來，就算突如其來一場超大型龍捲風的自然災害摧毀中西部地區，他們也還有其他一組初端、喝采和查理存放在境內其他地區（好比東北部、大西洋中部、西部等），可以用來合成溫克沃斯兄弟的私鑰。再糟一點的話就是，假設不幸遇到超級大海嘯，或是可惡的怪獸之王哥吉拉（Godzilla）

重創東部海岸，或是流星撞上洛杉磯，溫克沃斯兄弟的私鑰依然安全無虞。

總共有十二個保險箱，分布在三家不同的銀行機構、全美四個不同地區，這樣他們的安全設計才算完滿。在這十二個保險箱裡的十二張紙就是溫克沃斯兄弟在這個世界上絕無僅有的四套副本，別無任何地方找得到其他副本，既不會出現在他們的筆記型電腦上，也不會出現在任何地方。門都沒有。只有遍布全國各地的十二家銀行金庫。卡麥隆和泰勒自製的離線或稱「冷」儲存系統是由紙張和金屬鎖盒構成，將溫克沃斯兄弟的比特幣安全深植在實體世界裡，遠離線上駭客魔掌，極盡諷刺地堪稱最先進手法。

溫克沃斯兄弟的安全系統使得竊賊不可能在實體世界偷取他們的私鑰，但是這些銀行金庫都無法阻止駭客猜出它的數字內容。一支私鑰若是經由正確方式生成，其實不可能猜得到，因為它得重複猜測一百一十五次，而且單位是十的七十五次方。但重點是要正確生成。

溫克沃斯兄弟為了想要安全生成他們的私鑰，必須確保整道過程完全隨機。事實證明，挑選隨機數字並不像聽起來那麼容易，因為我們的大腦並不是特別擅長創造隨機，即使是有意識地決定不嵌入非隨機和序列模式，但先天就是傾向這樣做。電腦在隨機性方面也遭遇挑戰，因為它是一種決定型機器，只要輸入既定的資料便得回饋相應的結果。這一點與隨機相反。你是可以在電腦上使用隨機數字產生器，萬一你使用的算法有瑕疵怎麼辦？也就是說，表面上它似乎是產生一套隨機數字，但實際上只是一組機器可以預測而且可以逆向回推的複雜模式？倘若駭客或政府正在四處查究電腦溢散的電磁場，讀取其中所有訊息，包括生成的數字，那又該怎麼辦？

在加密貨幣世界，偏執狂沒有界限，說到底，唯有偏執狂才能生存。溫克沃斯兄弟對於生存可是毫不妥協。他們為了確保私鑰的安全性，必須從無法攔截或容易逆向回推的隨機、實體來源中獲取隨機性。

最終溫克沃斯兄弟選擇老派做法，擇定一套實體的隨機數字產生器，實際上是一對十六邊形的十六進位骰子。每一顆看起來就像是兩顆微型的八面金字塔黏合底部而成。這些玩意兒就像是穿著黑色風衣的高中生，一起玩幻想式角色扮演桌遊《龍與地下城（Dungeons and Dragons）》時才會派上用場的道具。此外，骰子本身的構造必須均勻平衡，而且桌子也得一片平坦，這樣骰子彈跳時才不會偏向特定的字母或數字，否則便無法實現隨機性。

卡麥隆小心謹慎地將塑膠信封放入保險箱，再將箱子放回原處，接著使用女經理遞給他的金屬鑰匙上鎖。他把保險箱的鑰匙嵌入一個大環圈，就和稍早收到的其他兩支鑰匙掛在一起。然後他將環圈放進背包前方的收納袋裡。

之後他回到通往銀行其他單位的金庫大門。女經理為他開門，態度一如先前輕鬆快活、精神奕奕而且親切友善。

「你確定不需要換一個更大的保險箱嗎？每個月的帳單金額不會高很多，但是你會有更多空間可以安置貴重物品。」

當她一邊關起大門上鎖時，卡麥隆衝著她微笑。

「這個保險箱夠我放東西了。只是一些對我來說很有感情價值的小東西，但對其他任何人都沒有什麼意義。」

這句話也沒錯。對其他人來說，這張紙一點價值沒有，不過就是一堆塑膠骰子選出來的隨機數字。只是說，要是這張紙和他背包中的其他紙張合體，再加上那些已經被他和泰勒安全藏在全國各地銀行保險箱裡的紙張，那又是截然不同的故事了。

這些紙張的價值會突然激增，遠遠超過這家銀行保險庫中的所有現金，甚至可能遠遠超過這些當地銀行所有分行內部所有金庫中的所有現金。卡麥隆無法確定是否真的如此，因為這些紙張代表的價值每天都可能上沖下洗，有時甚至是每分鐘都在千變萬化。他不知道它們到底值多少，只知道他們倆花了多少錢，而且光是這個數字本身就可能壓扁身旁這位女士的大包頭。

卡麥隆的計程車還在外頭大街上等著，準備載他回機場，好準時趕搭下一班飛機。

高效率的泰勒不曾考慮將閒話家常的時間納入行程表中，所以這不是一趟愉快的旅行，所有這一切都是為了生意。他們有任務在身。

飛到下一座城市、下一間銀行、下一具保險箱。

「我們真的要這樣做嗎？」

卡麥隆一邊舉起肩膀上的沉重大錘，一邊咧嘴笑著對孿生兄弟說。他的雙眼隱藏在一付厚厚的塑膠護目鏡後方。他穿著設計師湯姆．福特（Tom Ford）出品的西裝，外層再套一件雨衣，腳上的橫飾禮鞋外層也罩著拋棄式塑膠鞋套。他原本大可換掉昂貴的西裝，換穿汗衫、T恤、牛仔褲，但是當天上午他們與會計師開會以來就一直穿著西裝，而且他決定這身打扮契合當下，畢竟可不是天天都有機會穿著西裝時必須扛著大錘。

「看起來我們當然會這樣做。」

泰勒自己穿著一件配合任務所需的工作服，但把護目鏡推上額頂。他的大錘擱在身後的水泥牆上，龐大的前端立定在硬木地板上，距離他們鋪在電腦設備下方的塑膠防水布末端僅有幾英寸。泰勒正在檢視硬體：五台筆記型電腦已經被撬開了，裡面的硬碟襯著防水布閃閃發亮，旁邊是一堆隨身碟、一對無線路由器，還有開口朝上的印表機，好讓他們找到適合揮下大錘的角度。

「路由器可能是有點過分誇張了，」泰勒說，「印表機也是。沒有人能從印表機得到任何資料。」

卡麥隆轉幾下大錘，以便戴著手套的雙手找到更好使力的握點。手套、工作服、護目鏡、防水布和大錘都是從家居建材連鎖超市家得寶（Home Depot）買來。其中一台電腦和隨身碟是查理買的；印表機是從自己家裡的辦公室搬來，不是他們此刻所在的施工區，也就是溫克沃斯資本的未來總部。

工地現場似乎是處理手上這項任務的理想地點。他們已經畫出一塊陰影區，但其實就算對外開放，也沒有人會對這兩名壯漢在建築工地揮舞大錘時多看第二眼。他們倆高度重視安全，甚至連置身幾個街區外比特快辦公室的查理都不知道實際上他們打算要幹嘛。要是他知道他們倆認真的程度，恐怕會覺得他們簡直是瘋了。當他第一次帶領他們倆完成獲取比特幣的過程時，可沒有提到任何需要用到大錘的事情。

截至目前為止，兩台乾淨的筆記型電腦和十幾支隨身碟就是查理買到的商品。在最初那段時間，他們花了七十五萬美元請查理代表他們購入比特幣，考慮到風險價值，這個額度已經很夠了。

但是當卡麥隆向查理解釋，第一批價值七十五萬美元的比特幣僅僅是開始時，他們的購幣之旅就切換到高速擋，卡麥隆和泰勒已經開始自己透過 Mt. Gox 買進，將更多現金轉換成加密貨幣。他們很快就明白，若想實現計畫，十幾支隨身碟遠遠稱不上安全。

首先，他們不能在 Mt. Gox 留下任何大量的比特幣。這個網站曾經用來交換魔術卡，現在則交給一名瘋瘋癲癲的法國人經營，他的正字標記就是製作喵星人的 Youtube 影片。Mt. Gox 等於就是等著被引爆的超級大災難。

溫克沃斯兄弟必須將比特幣存放在其他地方。隨著他們討論的數字越來越大，最終決定縱容偏執狂那面性格徹底發揮。他們已經聽過其他許多人的數位錢包被盜、被駭，或是隨身碟被偷，或是硬碟莫名奇妙人間蒸發的故事。好比卡麥隆曾經讀過一則新聞，英國有個傢伙真的就花了幾個月徒勞無功地翻遍垃圾場，想找回一顆存放價值一百萬美元比特幣的硬碟。溫克沃斯兄弟無意翻找任何垃圾場，也不打算任由自己被駭客攻擊。偏執狂自有其優點。

於是一個月前，當時他們置身卡麥隆的公寓，將毛巾釘在所有窗戶上，確保沒有人能窺伺並清楚看見他們在做什麼，然後將 iPhone 切換成飛航模式，鎖在遠離他們雙手可及之處。畢竟你永遠不知道誰那麼神通廣大，可以窺探智慧型手機裡的相機或喇叭。然後他們開始丟擲十六進位的骰子，自行打造一支全新的私鑰，不同於他們和查理共同產出的那一支私鑰。

他們為了執行這場打造全新私鑰的儀式，額外購買兩台乾淨的筆記型電腦，而且是不同品牌，一台當作冷錢包，另一台就是熱錢包。他們把絕緣膠帶貼在兩台筆記型電腦的相機和喇叭上，熱錢包電腦用來下載數位錢包軟體，然後藉由隨身碟傳存在冷錢包筆記型電腦裡。溫克沃斯兄弟已經事先移除冷錢包筆記型電腦裡的無線網卡，這樣就不能無線連網。他們將自己丟擲十六進位骰子生成的全新私鑰輸入冷錢包筆記型電腦的數位錢包裡，等到他們在冷錢包筆記型電腦上完成設定數位錢包，就可以產生由他們的全新私鑰控制的比特幣位址，之後他們就可以傳送 Mt. Gox 的資金了；他們也可以透過 USB 連接線連結輕量級印表機，將全新的私鑰拆開，分別印在不同的碎片上，再將初端、喝采和查理這些不全的碎片放進塑膠信封並密封起來。然後他們把信封放在卡麥隆的咖啡桌上，開始整理背包，準備完成眼前的長期任務。

卡麥隆和泰勒分別出發搭機飛向全國各地，自創他們認定是比特幣歷史上最安全的儲存系統。隨身碟和電腦硬碟可能被盜或被駭，你也可以拍下或錄影存放在保險庫中紙張上的私鑰，但是碎片散布在全國各地十幾具不同的保險箱裡面，只有溫克沃斯兄弟才知道所有碎片的位置，或是碎片如何重組在一起。唯有他們可以拿回自己的私鑰，並取得自己所擁有的比特幣。

這場行動就像反向搶劫一家銀行。但他們並沒有搶劫十幾家銀行，而是填滿它們。未來某個時刻，曾經放在卡麥隆家的咖啡桌上，但現在正躺在保險箱裡的那些玩意兒，將可能比這幾家銀行的整體資產負債表更有價值。或許真有這麼一天。

剩下的工作就是輕鬆收尾了，輪到收拾這些讓他們可以完成反向搶劫的硬體，現在正是湮滅證據的好時機。他們擦拭任何類型的數位廢氣、指紋或是可以追蹤私鑰的痕跡，並破壞駭客可以嘗試黏附或以數位方式清篩出DNA的任何表面區域。

卡麥隆將大錘高舉過頭，同時發出原始粗獷的吼聲，然後讓它重重落在其中一台筆記型電腦上。鍵盤碎成千片，標示符號的塑膠碎片向各個方向彈射，劈哩啪啦地擊中水泥牆，他再次舉起大錘瞄準印表機。當大錘擊中時，塑膠殘片反向彈射越過他的肩膀。

這種感覺真是太過癮了。他大腦的理性部分知道，這時的舉動只是在保證他們的投資，使得任何人或任何技術都無法找到或竊取他們的比特幣；但身體其餘部分卻只是感受當下這一刻，過去經歷的所有挫折、他們與祖克柏、律師以及其他的一切過節，都隨著每一次錘擊、每一片塑膠、金屬和玻璃內爆而消散。

逝者已矣。比特幣才是未來。

卡麥隆和他的兄弟已經在這幕未來中嶄露頭角。總而言之，到目前為止，他們已經斥資兩百多萬美元，最終則會投入超過一千一百萬美元以便達成自己的目標。很可能，這個金額是全世界任何人在加密貨幣領域做出的最大一場豪賭。倘若中本聰真的是活生生的地球人，或許唯有他才會擁有比他們倆更多的比特幣。

無論如何，溫克沃斯兄弟都朝著擁有全體比特幣一％的目標前進。

既已存在，未來猶在。

那份藏起來的寶藏、那筆財富，卻將他們置於加密革命的死亡中心。

第二幕

人生就像一場暴風雨，這一刻你在陽光下享受溫暖，下一分鐘可能撞上暗礁粉身碎骨。讓你成為真男人的煉金石就是，暴風雨來襲時你做了什麼。

——大仲馬《基度山恩仇記》

12 火花

二〇一三年三月十六日，清晨剛過七點。

賽普勒斯。一座位於地中海東部的歐洲島嶼，島長僅約二百四十二公里、寬九十七公里，離土耳其海岸八十公里。

位於南方海岸的度假小鎮拉納卡（Larnaca）是賽普勒斯第三大城，一條石塊鋪成的美麗長廊沿著芬尼庫德司海灘（Finikoudes Beach）蜿蜒前行，棕櫚樹左右夾道。這是一處遊客天堂，把海灘咖啡廳、咖啡小店、戶外餐廳和紀念品小攤位擠得水洩不通。即使是濕熱的星期六上午也是車水馬龍，英國旅遊團全都穿著顏色鮮豔的球衣，其中混了幾對十指交扣的法國情侶；美國青少年脫隊轉去買拿鐵，然後踏上沙灘逕行往前走；當然，還有喜歡呼朋引伴的大聲公俄羅斯人，正坐在餐廳裡享用早餐、在羽葉低垂的棕櫚樹下吞雲吐霧。

瑪莉娜．科索科夫（Marina Korsokov）一邊漫步離開長廊步道，轉向通往鎮中心的另一條小街；握著熱騰騰希臘咖啡的手拂過杏仁般的雙眼，趕走最後一抹沉睡的痕跡，另一隻手則提著一袋羊角麵包，應該夠餵飽一家四口了。不過她確信，至少在先生尼基塔（Nikita）或女兒雅蕾莎（Alexa）、兒子麥可（Mikhael）爬出被窩之前，其中有兩個麵包會先消失。昨晚熬夜太晚睡了，左鄰右舍三大家子上門共進晚餐，話匣子一開就停不下來，甚至遠遠超過大人的就寢時間。一如往常，所有話題都圍繞著政治與資金；其實最近賽普勒斯境內的每一場談話似乎都圍繞著政治和金錢打轉。瑪莉娜猜想，當你的國家瀕臨宣布破產邊緣時，這是預料之中的局面。一等瑪莉娜終於沾到枕頭，立即沉沉入睡。

人生有夠操，不僅只是撫養一雙都還不滿九歲的兒女，每天還得處理丈夫的麻煩事。雖然多數賽普勒斯人看待當地的俄羅斯社區是寡頭和幫派掌控的族群，但其實多數居民和科索科夫一家無異，都是勤奮工作代表，一分一文地攢下足夠移民賽普勒斯的費用，因為這裡比莫斯科安全、比俄羅斯溫暖，而且還是歐盟成員國，這代表他們的兒女將會站在比較前方的起跑點，他們將遠離瑪莉娜、尼基塔艱苦成長的一九八〇、一九九〇年代。

儘管她展開新生的國家問題重重，但她相信一切終將否極泰來。這裡又不是俄羅斯，可是現代化的歐洲國家呢，各式各樣的種族、宗教和意識形態匯聚地。可以說是大熔爐，也可以說是濱海的田園美景地。她喜歡把煩惱政治、資金的擔憂丟給丈夫和他的一群朋友去頭痛，她光是安頓一家人生活就忙得不可開交了。

當瑪莉娜走到開始接續長廊的小巷盡頭，正好看到一大群人站在對面街角，這時突然想起了一句俄羅斯古諺：知道越少、睡得越好。

即使隔著一段距離她也看得出來，片刻之間便已群情激憤、人數激增，其中多數是男性，有些是住家附近的熟面孔，有些穿著圍裙，一看就知道是在附近咖啡店上班的員工，還有些是西裝革履的上班族，顯示他們若非坐辦公桌的白領族，就是在林立街邊的銀行據點服務。

第一時間她原想閃過人潮，但後來在其中少數幾名女性中認出俄羅斯同胞娜塔莉雅（Natalya），她和丈夫共同在長廊經營一間小小的服飾精品店，剛好就在瑪莉娜最愛去的麵包店隔壁。她走到對街，揮手吸引娜塔莉雅的眼光，不小心讓咖啡溢出灑在衣袖上。她用母語爆粗口咒罵，然後走到對街朋友停下來等她的地方。

「太超過了，」娜塔莉雅說，「我無法相信他們真的這樣幹。這樣做不對。」

瑪莉娜這才看清楚，人群全都擠在好幾家散布在海濱小鎮的銀行分行門前，她立馬認出境內第二號龍頭大眾銀行（Laika Bank）的鮮紅色商標。整個門面大都是磚造，邊牆是大片落地窗、對開木質大門，靠近人行道的前排設立三台自動櫃員機。瑪莉娜數了一下，至少三十名民眾在自動櫃員機前排隊，雖然沒有你推我擠，但神色明顯惶惶不安。

瑪莉娜問：「這是在幹嘛？」

「這是銀行擠兌前的銀行擠兌。」

瑪莉娜這才明白，前晚或許應該多花點時間聽聽餐桌上馬拉松談話的內容。她知道情況很不妙，賽普勒斯就和歐盟區域內許多經濟遭逢困難的國家一樣負債累累，歐陸的金融首長都齊聚布魯塞爾開會商討因應之道。但除此之外，她不是什麼專家，賽普勒斯雖然國庫虛空，但又不像鄰國希臘那樣一蹶不振，得向歐盟求救，然後被迫接受一套緊縮紓困計畫，好比全面減薪水、砍福利、精簡公務人員、公司停業等，導致憤怒的雅典人上街抗議。賽普勒斯不是希臘，只能算是一個僅有一百萬人口的小社區；此外，賽普勒斯以前也經歷過數回財政困難，甚至還在國土分裂成兩半的內戰中倖存下來，當時南部是由希臘占主導地位，北部則被土耳其統治。

瑪莉娜的丈夫是俄羅斯人，因此有一種習慣，老愛大聲嚷嚷天要塌下來了。不過既然他們早就已經遠離莫斯科，移民文明世界的歐盟成員國。在這個文明世界裡，老天才不會塌下來。對吧？

突然，自動櫃員機附近的人龍突然爆出一聲低吼，而且接下來的話很快就傳到後方的人群耳中。

「已經被提領一空了，」一名穿著奶油色亞麻西裝的男子大喊，「自動櫃員機裡面根本是空的。現在甚至還不到八點。真是天大的災難。」

瑪莉娜問：「你不能嘗試另一處分行嗎？」

對方瞪著她，像是覺得她瘋了似的。

「全都空蕩蕩的。不只是自動櫃員機，連銀行也是。全部都人去樓空了。」

「他講得太誇張了，」另一名男子說，「他們不會全部都清空啦，只會打個折扣。這就是他們的說法。減值。」

「你是大白痴，」第一個男人回喊，「他們已經宣布，銀行星期一就不再開門了，而且還很可能從這個星期開始就關門大吉。從此放公共假期。我們的錢就這樣飛了！」

瑪莉娜聽著這兩名男性對話，內心燃起恐懼。他們家不是有錢人，甚至離有錢遠得很。她的先生為叔叔的陶瓷事業賣命，但公司遠在另一座位於海邊的度假小鎮利馬索（Limassol），當地有很多俄羅斯人，因此有時候這座城市也被稱為利馬索格勒（Limassolgrad；編按：grad 在俄文中表城堡、城市之意）。他們一向善於存錢，這是從小在莫斯科長大的經驗教會他們的，什麼事都可能一夕崩壞，而且通常都是迅雷不及掩耳之勢。他們已經一分一文地將十二萬歐元雞蛋存在同一個籃子裡，而且這一只籃子叫做大眾。

此刻，她有一種往下沉淪的感覺，她伸手抓住娜塔莉雅的胳膊並將她拉近。

她低聲私語：「發生什麼事了？」

「銀行的資產全泡湯了。歐盟不會出手紓困，反而還達成協定，歐盟提供一點資金，但銀行必須自己出資其他部分。它們想打我們的主意。從我們每個人的帳戶拿錢。」

「就這樣拿走？」瑪莉娜說，「它們不能這樣做吧。可以嗎？就這樣拿走你的錢？」

「顯然它們可以。雖然不是全部，但目前也不清楚會拿走多少。現在，如果你有十萬歐元存款，它們說會拿走六%；要是你有更多，就會變成一〇%。我的丈夫說這些數字都是騙人的。他聽說，如果你的錢存在大眾，就會損失五〇%。」

她伸手指向聚集在自動櫃員機前方的人群。

「自動櫃員機裡面全都是空的。它們會一直關著門，所以沒有人可以把錢領出來。它們把這種做法稱為一次性所得稅。」

「但這種行為是竊盜！」

「在布魯塞爾，它們稱為『負擔條約（burden sharing）』。它們都怪罪銀行犯錯。」

瑪莉娜的臉色刷地刷白。她的畢生存款將會有一半就這樣……人間蒸發了嗎？政府就這樣豪奪她的銀行帳戶？它們真的可以這樣蠻幹嗎？賽普勒斯又不是希臘；賽普勒斯又沒有破產；賽普勒斯又不窮，但它確實是……很特別。眾所周知，賽普勒斯的銀行失控了，全體銀行資產的規模是國內生產毛額（GDP）的八倍。她也知道，其中很大一部分是俄羅斯的錢。賽普勒斯已經變成零稅率的避稅天堂，從世界各地吸納資金，因此成為俄羅斯寡頭階級、惡棍尋找安全據點存放不義之財的留戀之處。據說，超過三百億美元的俄羅斯資金已經流入賽普勒斯的銀行，而且存款十萬歐元以上的客戶中有三分之二都是俄羅斯人。

顯然，歐盟已經決定要下點馬威，「修剪」一下俄羅斯、寡頭與惡棍們的資金，結果殃及瑪莉娜和周遭這群站在街道上的無辜民眾。

瑪莉娜倒抽一口氣再問：「怎麼會發生這種事？」

她的雙手還各自抓著羊角麵包與咖啡，所以沒有辦法打開錢包檢查，但暗自納悶裡面的現金有沒有超過五十歐元。在家裡，也許她的丈夫手邊最多還可以湊個一、兩百歐元。但這樣怎麼夠養他們一家四口？

要是有一天你醒來時發現，銀行帳戶中的存款已經人間蒸發，那該怎麼辦？也就是說，你的身家財富只剩下身上所有的現金，到時該怎麼辦？你要怎麼活下去？

瑪莉娜說：「我得趕快回家。」一邊推擠著越過朋友和數量已經膨脹一倍的群眾，一邊又溢出更多咖啡，但她幾乎完全沒注意到。她得趕快回家搖醒丈夫，告訴他，終於有這麼一次他說對了。

天真的塌下來了。

13 邁阿密市中心濱灣公園

一小時後，往西五個時區。飛濺的火花在頭頂上方閃現一道絢爛奪目的弧線，像霓虹燈塗鴉一樣為夜幕上色，照亮海灣和數十艘沿著浮動船塢搶占有利位置的豪華遊艇。一陣陣悸動人心的電子音樂節拍從附近的戶外「競技場」傳來，並迴盪在空中，聲量之大，即使站在主舞台後方的碼頭上，每一個音符聽起來都像是要劃破空氣般響亮。這個「競技場」充其量只是一個超大的露天凹池，此刻擠滿近十萬人，從拔高的舞台前方往四處蔓延。

此刻就看你如何登場了，泰勒這麼想著。他突然從一艘漆著倫敦灰的二十七公尺長超豪華動力遊艇麗娃（Riva）船緣跳下來，然後躍上碼頭。帶著濕氣的微風強力拉扯他的白色休閒褲和襯衫，但他毫不費力地對準短距離跳遠的方向，從水中蹬到路面上。身旁那名高得像竹竿的女孩穿著可怕的恨天高，緊挨著他試圖保持平衡，反倒讓他比較難以行動。當她也雙腳著地時，發出只能被稱為尖叫的聲音，結果泰勒聞之發笑，因為，考慮到此情此景，這句尖叫聲和其他聲音一樣融洽。

泰勒在碼頭上穩住那名女孩，然後朝音樂傳過來的方向前進。除了他的休閒褲和襯衫，他的鞋也是白色，因為這裡是邁阿密，晚間氣溫有三十度，所以幹嘛不穿得涼爽些。中午過後那段時間他都在剛剛跳離的那艘超級遊艇上度過。那艘遊艇真可謂一處漂浮在水面上的王國，內裝有棕褐色的皮革、一組附設洗手台的調酒櫃、一個熱水浴缸，還有辣妹相伴。她的名字是蒂芙尼（Tiffany），就算光著腳丫子少說也有一百八十公分；頭髮挑染紫色夾雜金色，睫毛刷得像是狼蛛的長腿，穿著比基尼上衣和白色牛仔短褲。她看起來活像是模特兒，確實她也真的經常在走伸展台。不過，白天她還在學校念護理，很可能就和泰勒身邊同一個世代的年輕人一樣成功。

卡麥隆已經站在碼頭上了，就在他們前方幾公尺。他也穿著白色，左右兩旁分別是荷蘭籍超級模特兒，但她的姓名沒人會唸；還有她的知名DJ老公。儘管氣溫很高，這一對夫妻卻是一身黑色皮裝。

「站穩了，」泰勒對著兄弟大喊，因為他自己稍早差點被腳下的木槽絆倒，「我可不想扭傷腳踝，結果進不去。」

他們眼前這條蜿蜒通向「競技場」VIP入口處的小徑其實比較像伸展台，不像碼頭。

這一處是由漂浮在海灣水面上的亮藍色浮船塢支撐，環繞著海濱而建，通常被視為邁阿密主要房地產區的邊界，再過去就是金融區，從任何人只要負擔得起就會待下來的南灘（South Beach）出發，駕車過橋大約需要二十分鐘。終點就是這處露天陽台。他們就這樣被推進距離舞台僅咫尺之遙的地方，讓震耳欲聾的音樂謀殺他們的耳朵。

泰勒知道，踏出的每一步都將迎來震天價響的超大聲量與令人難以置信的巨大能量，他已經可以看到舞台的頂部，有半面被挖空的殼狀骨架高高聳立，籠罩在吞噬整片天空的煙火下方。這具縱橫交錯的蜂巢狀金屬龐然大物架滿燈架和喇叭。他不是狂熱的電子舞曲鐵粉，因此認不出舞台上的DJ是何方神聖，不過肯定是個咖。現在，這股節奏如此猛烈的超大聲量音樂鼓動著DJ，也威脅著要把他撞下海灣。他掃視遠處的船客陣容：電音歌手凱文．哈里斯（Calvin Harris）、流行電音推手大衛．庫塔（David Guetta）、電音製作人兼DJ鼠來寶（Deadmau5）、荷蘭籍DJ提雅斯多（Tiësto）、瑞典籍已故百大DJ艾維奇（Avicci）以及電音樂團瑞典浩室黑手黨（Swedish House Mafia）等，數都數不清。真要一一點名的話，在電子舞曲界裡，每一個被喊到的名字都比前一個更有名。

「歡迎來到超世代（Ultra）音樂節，」等泰勒終於趕上他們，卡麥隆身旁的荷蘭籍模特兒轉頭說，「就算你扭傷腳踝，音樂也會讓你熱舞到凌晨五點。」

這就是那種嫁給DJ當老婆的人會說的話，但泰勒懷疑清晨五點他怎麼可能在跳舞，甚至是醒著。他們已經熬過漫長的一個月，但超世代音樂節卻是他和卡麥隆非得親眼瞧瞧不可的場子。無論如何，三月第二個星期他們就是非得來到邁阿密推廣比特幣不可，這裡算是全國東南沿海七城公路之旅的一部分，除了走進這場全球一大頂級音樂盛事看看之外，似乎沒有更好的方法可以結束連續兩天穿著西裝開會的日子。

雖然馬不停蹄開會簡直是累死人，但結果很可能大有可為。自從他們開始大手筆投資加密貨幣，過去幾個月來比特幣的價格已經穩步上漲，目前正徘徊在四十美元左右。這意味著他們一再加碼的投資額現在價值四千萬美元；比特幣整體市值則是從大約一億美元激增至接近五億美元。

每次一聊起比特幣總不難發現，其實每個人都很感興趣。泰勒和他的兄弟想安排與任何人會面也毫無阻礙，大家單單出於好奇就願意與他們坐下來聊聊。不過這不代表他們拜會的商人願意或已經準備好要投資比特幣，因為對那些在傳統銀行、基金公司上班的人士來說，比特幣似乎仍然過於投機。即使是避險基金經理人也不例外，他們已經是狂砸幾千萬美元在現代藝術、特殊大宗商品、黃金或是未開發的第三世界國家中粗糙的採礦裝備也不手軟的老手，卻還是會對神秘的電腦方程式創造的加密貨幣避之唯恐不及。

儘管如此，泰勒仍然認為這一系列的會議算是成功。他的直接目標不是說服任何人購買比特幣，而是扮演自身信仰的大使，簡單地教育他們這種全新的加密貨幣將越來越多，它們就是未來的貨幣。就眼前來看，成功指的就是雙方順利開展對話，並將分散加密貨幣理念的種子植入這些全世界最有影響力的商業領袖心中。

不管怎麼說，這都是一趟簡直累死人的會議之旅，但此時此刻景致卻堪稱完美變化。超世代音樂節正在邁阿密舉辦第十五屆，已經從一九九九年的幾千名參與者壯大成如今超過三十萬名狂熱電子音樂鐵粉。總的來說，超世代音樂節舞台結合從市中心到南攤各處夜以繼日的派對，幾乎是每一家飯店泳池與俱樂部都共襄盛舉，已經匯聚成一場超大型戶外狂歡。泰勒和卡麥隆在柯林斯大道（Collins Avenue）上的德拉諾（Delano）飯店預訂頂樓套房，這家裝飾藝術風格強烈的飯店素以名人的愛店廣為周知。從極簡抽象派的家具、牆壁到燈具，每一樣設備都是白色，像是一整片白浪從一樓大廳沖刷而過，襲向庭院露台草坪上的巨型棋盤，再到端坐在游泳池淺水區旁金屬桌上的蠟燭台。這家飯店聘請DJ駐點，也供應自助式早餐、游泳池和海灘。無論泰勒喜歡與否，他知道，未來幾天他在睡夢中都會不斷聽到這種像是催眠一般，節奏忽上忽下的電子音樂。

他們抵達VIP入口處，正好就停在另一小群人潮後方，他們也是從塞滿水道的類似遊艇走下來。泰勒認出幾張面孔：饒舌歌手史奴比狗狗（Snoop Dogg）、男導演兼監製麥可．貝（Michael Bay）、美式足球明星羅伯．格隆考斯基（Rob Gronkowski）。突然間，亮晶晶的塑膠腕帶啪地一聲圈繞住手腕，他們都被導引走過入口並穿越人群，就像是走在一條隧道裡，兩旁盡是揮舞的手臂、跳動的雙腿和身軀，但全都被鋼鐵路障和保安擋住。他們走向一處與人群隔離的名人專用桌位區，這裡也開放給願意像名人一樣花錢買桌位的土豪。就算泰勒是不需付費的貴賓，但是聽到當晚一張桌子要價就超過兩萬美元時，還是忍不住瞠目結舌；再聽到這群有錢大爺光是花在酒水的費用就超過桌價的五倍，更是目瞪口呆。這裡有女服務生伺候，她們都穿著制服，來回穿梭在這一區與一個隱藏在舞台旁邊的私人酒吧。

當他們走進桌位區，泰勒感覺到腳下的地面正在顫動。音樂節拍已經響亮到難以思考，但不妨礙他注意到襯衫胸前口袋中的微小振動。他知道是來自他的智慧型手機。他伸手取出手機，瞥見卡麥隆在VIP區外緣處停下來，也同樣伸手拿出他的智慧型手機。他們倆在週六晚間六點同一時間接收到一則爆炸性的消息，光是這一點就顯示，事情大條了。

卡麥隆先接起電話，雖然他在兩耳都塞進耳機，試圖在四面音牆圍繞的環境中聽清楚語音留言，但還是很快就放棄了，反而改成盯著手機螢幕。泰勒直接點開手機看螢幕，看到一則又一則簡訊，多數都是發自他們在比特幣世界的熟人，包括查理、好一些他們前幾天做簡報供參的銀行家，甚至還有他們的父親。所有簡訊內容都集中同一道主題，而且有好幾則還以數個驚歎號做結。

值此泰勒先讀完簡訊，然後上網搜尋資料，接著繼續回頭讀簡訊之際，巨大的「競技場」、震耳欲聾的音樂聲，以及周遭的帥哥、辣妹身影全都一一從他身邊淡去。他就像是獨自一人怔怔地站在海灘上。此刻他唯一能思考的主題就是他讀到的訊息。他抬眼牢牢望向卡麥隆。

賽普勒斯。

當下這一刻，他們倆都知道，在周圍三十萬名勁歌熱舞的人群中，恐怕多數人都未曾聽過這個位於世界另一頭的小島國，但它即將改變一切。

有人說，賽普勒斯之名源於豐富的天然銅礦（編按：賽普勒斯英文名是 Cyprus，發音與拼寫都近似銅礦 copper）。這種礦產曾經被羅馬人當成貨幣使用，至今仍被美國製成美分硬幣。不過，此刻銅礦對他們來說毫無安慰作用。賽國的銀行積累大量壞帳，一直潛伏在水中裸泳，如今潮水已然退去。（編按：語出美國股神巴菲特［Warren Buffett］名言：海水退去，就知道誰沒穿褲子。［you'll know who doesn't have pants on when the waters recede］，意指經濟衰退時，那些高度財務槓桿的虛胖企業才會現出原形。）

歐盟各國財政部長是這套體系的中央權力機構，他們都同意提供協助，但有一項前提：歐盟將提供賽普勒斯貸款，但唯有賽國同意直接從人民口袋裡提取一定比率的資金才能成立。這是一套以「紓困（bailout）」為基礎的「自救（bail-in）」方案。隨著政府大筆一揮，賽普勒斯全國各地的銀行客戶中，存款餘額若超過十萬歐元，超出的部分全都被強迫沒收充公，直接送入賽普勒斯銀行（Bank of Cyprus）。換句話說，假設你在賽國的銀行存款有五十萬歐元，就會被抽走四十萬歐元，你只剩下十萬歐元。就這樣，賽普勒斯政府馬上就同意將責任推卸給民眾，幾乎沒有人必須為一開始就將全國財政搞得烏煙瘴氣的惡果負責。

這起事件震驚全世界，不僅在於賽普勒斯政府公然竊取人民資產，而且規模如此龐大，更是因為這種鳥事竟然就真真實實地發生了。不折不扣正是沃希斯、費爾這幫人預言的前景：政府干預的善變奇想。

那名刷著狼蛛腿睫毛的女孩傾身貼近泰勒，她的臉頰閃閃發光，映照著舞台的燈光和手機的微光。

她問：「發生什麼事了？」嘴唇幾乎觸到他的耳朵，非得這樣她的話聲才能蓋過音樂。

泰勒對著卡麥隆揮手。

他大喊：「整個國家都被自己的政府洗劫一空了。」

女孩問：「那種事有可能發生嗎？」

「還真的發生了，就在歐盟，」泰勒說，「但也可能發生在美國。」

他和他的兄弟都在想同一件事。發生在賽普勒斯的鳥事，不難想像也很有可能會發生在這裡。美國政府總是在經濟危機期間插手介入。不到五年前，二〇〇八年金融海嘯爆發，至今美國已經動用納稅人上繳的數十億美元稅金拯救華爾街上的銀行；時間往前推到大蕭條（Great Depression）時期，政府禁止美國公民擁有黃金，一九三三年，小羅斯福（Franklin Roosevelt）總統簽署六一〇二號行政命令，要求公民將黃金換成現金；直到一九七五年，時任總統福特（Gerald Ford）廢除這項命令，美國人才能再度擁有黃金資產，而非僅能持有珠寶或硬幣，但所有銀行存款只能擔保二十五萬美元額度。

「賽普勒斯第二大的大眾銀行奪走兩萬多名存款客戶的一半儲蓄，」泰勒說，「至於最大的賽普勒斯銀行，所有存款餘額超過十萬歐元的客戶，一半以上的資產都被它抽走。」

「他們把這種豪奪稱為一筆稅收或徵稅，」卡麥隆說，「它們關閉所有銀行，以免爆發銀行擠兌。」

「看看這張照片，」泰勒說，「這是其中一家銀行門外的暴民。一群人正在操作一具推土機。看起來他們會試著闖進去。」

「經過這起事件之後，再也沒有人願意把錢存入歐盟的銀行了。再也沒有人會覺得在任何一家銀行存錢是安全做法。就這麼簡單。」

泰勒直視著他。此時，舞台上的DJ敲擊電腦鍵盤，發出一陣轟隆大砲似的合成鼓聲，整座舞台似乎在他的腳下東倒西歪地搖晃著。

要是這種鳥事可能發生在一個歐盟國家，有什麼力量可以阻止它在其他任何地方爆發？這只不過是一道先例。

泰勒太年輕，不記得一九八七年的儲蓄和貸款危機，但他們親身經歷一九九九年的達康泡沫，以及最近這一場信貸危機，也就是四年前的二〇〇八年。他相信，發生在賽普勒斯的鳥事正是所謂金融創傷，也是有助打開世人雙眼，看清自己的資金實際上有多安全或多不安全的好時機。

賽普勒斯將把全世界嚇到腿軟。這種結果正是比特幣所需的助燃劑，可以推動全世界意識到比特幣的存在。

蒂芙尼問：「如果你不把錢存在銀行，還能存在哪裡？」

泰勒感覺到，自己的脈搏跳動頻率正隨著音樂不斷加強而上升，一級接著一級，直到耳中聽到轟然雷聲。

當你眼前有樣東西更好用，而且唾手可得時，幹嘛還要存什麼錢？日後要推廣這樣東西將變得更加容易了

而且，它的價值也會越來越高、越來越重要。

14 再次上路

當漆著墨西哥藍的超跑保時捷九一一以時速九十七公里轉彎時，查理緊緊抓住面前的儀表板。整部車的底盤被用力甩向同一邊，底部輪胎緊挨著瀝青路面向前衝，使得兩名坐在查理大腿上的韓國女孩也飛向乘客那一側車門。她們穿著迷你裙，露出光裸的大腿，上衣則是平口小可愛。當女孩們努力地喬正坐姿，查理觸到皮膚、皮革和指甲。在他的另一側，坐在保時捷方向盤後面的「比特幣耶穌」羅傑．費爾也放聲大笑。

「保持鎮定，各位，」費爾大吼，好壓過保時捷內裝喇叭流瀉而出的韓國流行樂，「我可不想看到有人在抵達餐廳前就犯了什麼法。我已經見識過加州監獄生活了，沒打算再看到另一間。至少不是在查理嚐過韓式雜燴鍋（Omogari）餐廳的『煎肉餅』之前。這樣會在他的幼小心靈留下陰影。」

查理協助兩名女孩恢復坐姿。幸好她們倆都很小隻，甚至比查理瘦小，因為起初費爾告訴他，在前往韓式雜燴鍋餐廳的途中要停下來順便接幾名朋友時，他還以為這傢伙是在開玩笑。保時捷九一一前座根本不可能塞得下四名乘客，但這輛車其實也沒有後座。當他和費爾將車子停在位於聖塔克拉拉（Santa Clara）韓國城外圍女孩們住的公寓樓下時，查理看到兩名女孩可能都不到一百五十公分，這才大大鬆了一口氣。這座韓國城所在街道名為豆腐煲街（Soon Dubu Row），原是國王大道（El Camino Real）公路的延伸，街名正是源於韓國美食豆腐煲，滿街都是韓國餐館、超市、乾洗店和其他韓國企業。她們倆都穿著絲裙、露肚平口小可愛，而且似乎都非常開心，在這段開往聖荷西日本城旁邊這一區的短途車程中可以坐在查理的大腿上。日本城位於市中心，是一處占據八個街口的歷史老區。全美僅剩三座日本城，這裡是其一。她們分坐兩旁，把查理夾在中間，兩隻動彈不得的膝蓋都抵著儀表板，左半邊屁股還緊緊地壓在變速排檔上。

「抱歉啦，」其中一名女孩說，她的聲音粗重，而且帶有韓國口音，顴骨像削平的懸崖，下方是塗得鮮紅的厚厚雙唇，「但願我沒有壓壞任何重要物品。」

「留點口德，」費爾嗆咳著說，「查理是善良的猶太男孩。我根本不應該試著讓他和妳們這樣的女孩攪和在一起。」

女孩們再度笑起來，查理也覺得自己的雙頰脹得通紅。或許是車速太快、或許是女孩們噴太多香水，也可能是光裸的大腿正緊緊貼著他，總之他正經歷一種不尋常的啞口無言狀態。通常他和費爾說話都快得像機關槍掃射一樣。每次他和費爾通電話都像是一場唇槍舌戰，看誰能在最後鈴聲響起前搶先說完最多話。但是今晚查理肯定被踢出比賽了。他確實是害羞到在女人堆裡吃不開，不過這次有點不同，除了這輛車、香水以及所有的肌膚之親，他還可以想到幾點可能原因。

在老家布魯克林區，事情進展不順，這也是為什麼他把握機會飛去西部的聖荷西，參加一系列比特快企業簡報會議的部分原因。這一整趟行程都是溫克沃斯兄弟一手安排，隨後附近還會舉辦比特幣會議，他們都同意參加，連「比特幣耶穌」費爾本人也從現在定居的日本飛來參加這場會議。

雖然當費爾第一次投資比特快時，兩人未曾謀面，但過去幾個月來關係已日益親近，而且也面對面交談過好幾次。他很高興有機會可以敘舊。查理已經開始看待費爾不僅僅是商業同事和投資金主，更是貨真價實的朋友，而且是於公、於私都可以提供諮詢的對象。對查理來說，生活一天比一天要複雜得多。

「關鍵字是『猶太教』，」查理終於能開口說話了，「不是天主教。我們的內疚與性無關。完全與我們的母親有關。」

查理這番笑話的真實性比他自己願意承認的程度更高。在家裡，這幾個月來公司業務正在起飛，查理和母親之間的關係卻每下愈況。他還是住在地下室，但週六已經不再和家人一起去會堂，而且每當他出門，通常是和沃希斯、艾拉或其他同事共進晚餐，也不再事事符合猶太教規。

也許因為他老是和沃希斯一起廝混，要不然就是和費爾通話，也有可能是他越來越常走出地下室，但他已經開始質疑自己在成長過程中認定理所當然的一切。人們看待東正教猶太人其實不像他們看待其他基本主義教派的宗教團體，但是對查理來說，他母親的觀點和他身處的布魯克林社區已經開始讓他一天比一天感到窒息，也越來越像是邪教組織。

他回想起大學時開始將旅行視為一種逃避生活的方式，因為他在網路上與各路英雄打造關係，因此常有機會造訪世界各地，無論何時他去到一座截然不同的城市或國家，就會重新自我改造，成為不受宗教限制的人。但只要他一回到紐約，就會屈服於原生家庭的成長過程。只是，最近這個重新自我改造的查理看起來更像是展現真實面目的查理。

「我們到了，」費爾說，一邊把保時捷停到路邊，然後用力踩下煞車，把女孩們甩下查理的大腿。「你覺得泊車小弟會收比特幣嗎？」

費爾所到之處做每一筆交易之前都會問這道問題：你收比特幣嗎？無論是餐館、超市或小七。截至目前為止，答案幾乎總是如此……沒有耶。

「我只是開玩笑，」費爾打開車門踏上人行道時補充，「這裡根本沒有泊車小弟。這家餐廳真的有夠隨便，竟然讓所有販夫走卒之流登堂入室。我只是喜歡一切從簡，可沒有自命不凡。我會讓那對溫克沃斯兄弟請你上麗思卡爾頓（Ritz）品名酒、吃大餐。」

查理看不到費爾的臉，因為他已經繞過車頭，開車門讓女孩們下車。不過一般來說，當他提到卡麥隆和泰勒時，都會附送一記白眼。

那是查理當天晚上感覺卡卡的第二項原因。那天下午早些時候，他和溫克沃斯兄弟開完最後一場會議，雙方就此分道揚鑣，很明顯地，他們對於他接下來要和費爾一起用餐十分漠然。他們曾經警告查理和費爾走太近了，因為他太相信費爾說的話。他們試圖慎重審視費爾說的話，而且非常明白查理和費爾已經是朋友關係，再加上查理還打從心底敬佩他。不過他們也把話說得很明白，他們開始擔心費爾可能產生的影響力太大，不只是可能動搖比特快，也包括查理本人。

費爾引領一夥人走向餐廳門口時，開始和女孩們用韓語交談。查理跟在後頭，想活動活動鑽出前座之後的四肢，便站在紅色遮陽篷下方拍去身上的灰塵。費爾一開口就是流利韓語，他對此不感驚訝，費爾簡直一聽到亞洲就走火入魔。這個觀察終於在他看到《玩命關頭三：東京甩尾》這部電影時得到印證，當時他步出東京機場，正搭乘短程接駁車在幾個小時裡穿梭各個亞洲小鎮社區之間。

費爾屬於查理認識的人裡面最聰明那一群，搞不好還是第一名，即使他的觀點可能稍嫌極端。

查理不認為溫克沃斯兄弟有什麼好擔心，就算有好了，那天他們三人密會後應該也放心了。查理一直很狀況內，表現優異，甚至出事那一刻，老天還更眷顧他們了。賽普勒斯拉警報以後，一枚比特幣的價格狂飆突破一百美元，硬是讓溫克沃斯兄弟的身價再高出一大截。當比特幣低於十美元時，他們就已經大量買進，這意味著，他們的投資至今已經升值十倍，無論採取什麼標準衡量，這個倍數都可說是超級夢幻。他們在「麵包店」的所有談話如今都不證自明，所有的預測也都美夢成真了。華爾街與多數矽谷圈至今仍懷疑、不屑比特幣，但這項事實反倒讓成功的滋味更甜美。當華爾街與矽谷圈發現溫克沃斯兄弟一直砸大錢押賭新貨幣時，只有上帝知道他們心裡做何感想。溫克沃斯兄弟神不知、鬼不覺地打造自己專屬的全新帝國，肯定每天看到行情就心花開吧，特別是看到查理也眉開眼笑吧……是這樣嗎？

查理隨著費爾和女孩們進入半滿的餐廳，看著他們在窗邊找到一張木桌，可以俯瞰沿途開著日式雜貨店、書報攤與成衣店的街道，這時他突然領悟真正困擾他的點何在，遠多於家人帶來的煩惱。在他的內心深處，期盼卡麥隆和泰勒對他印象深刻。他覺得，看在他們眼中，單單只是和費爾瞎混就low了。

費爾問：「你想喝啤酒、清酒還是威士忌？」一邊把查理帶到女孩們中間的座位。

費爾自己不酒、不毒、不菸。他的運動神經發達，剃個幾近平頭的髮型，精壯地像個摔角選手。事實上他是柔術大師，在東京公寓附近的道場受訓。當你仔細思量，他和溫克沃斯兄弟似乎有很多共同之處，照理說溫克沃斯兄弟應該一見面就喜歡他，但正如查理在二十四小時之前所見，事實卻恰恰相反。

當查理知道，他們同時都在聖荷西時，當下就覺得這是安排卡麥隆和泰勒與費爾見上一面的完美時機，讓溫克沃斯兄弟親眼證實，他不像在網路上的分身表現得那樣激進。

這道想法一出生就夭折：查理才剛開口邀請，立馬就被溫克沃斯兄弟賜死，說是他們得先做完工作，剩下的時間想要好好休息。那時他們倆便明確表達不喜歡他繼續和費爾攪和在一起的想法，即使是他自己主動這麼做。泰勒言簡意賅：「羅傑曾經口出不遜、行事不正。你要小心一點。」

查理沒能讓溫克沃斯兄弟點頭認同，心裡很是難受。他知道這種感覺很蠢，但真的很像是高中生活的噩夢重返。他是個小遜咖，有點鬥雞眼，而且沒有一項運動拿手，徹頭徹尾是個阿宅，只能和其他魯蛇一起窩在體育館的角落互相取暖。

他讓費爾代勞點了一杯威士忌，搖搖頭甩開這些愚蠢的想法。溫克沃斯兄弟不是惡棍，反之，他們精明謹慎。他告訴自己，他們反對他與費爾交好，不是出於狗眼看人低，而是出於關心。溫克沃斯兄弟評估，費爾挾著危險包袱而來，不只是因為他的激進信念，更因為劣跡斑斑的過去。

費爾說故事的方式讓美國政府捏造不實罪名讓他鋃鐺入獄，事實看起來似乎也是這樣。但就算如此，他是真的在網上銷售害蟲防治爆炸品才被逮到，並關進聯邦監獄十個月。光是這項事實就讓人很難相信他的清白，對兩名來自康乃狄克州格林威治市的哈佛大學畢業生來說，尤其無法接受。

費爾起頭：「你何不告訴女孩們，為什麼到你現在還相信天人（sky people；編按：

《聖經》人物，有一說是古代的外星人）？」一等飲料送上桌，他就操起流暢的韓文點餐，「或者，我最終是否已經成功把你拉回現實？」

查理笑起來。幾個月前，幾乎是打從他們倆終於見到面那一刻起，費爾就一直取笑他的宗教信仰。那一輪會議巡迴奧地利各地舉行，他們都獲邀參加一場比特幣高峰會，主辦單位是名為菌絲（Mycelium）的電子錢包開發商，俄羅斯籍創辦人也是一手打造俄羅斯石油伏特加的實業家，在查理位於紐約的比特快辦公室桌上就有這麼一罐迷你油桶。亞歷山大・庫茲明（Alexander Kuzmin）是比特幣世界裡另一個大咖，以前是西伯利亞某個小鎮鎮長，庫茲明現在打算全力衝刺加密事業，因此，盡可能多方學習。

查理接受邀約是因為涉及他熱愛的兩件事：比特幣和旅行。他最終落腳維也納，和費爾、沃希斯共享一間緊鄰維多利亞市場的公寓。他們已經在線上結為好友，但查理親身花時間與費爾一起生活，才真的是以自己始料未及的方式打開眼界。對只有二十二歲的查理來說，費爾看起來似乎已經行遍天下，對這個世界瞭若指掌。他的觀點非常開放，這是查理喜歡他的地方；他不只是想要得過且過，更是一名貨真價實的信徒，無論置身哪一種情境，從來不怕我口說我想。

他們在維也納的第一晚最終是結束在一間擠滿女人的夜店。她們雖然不是妓女，但也相去不遠。不過費爾並沒特別關注她們。

「我從以前就不曾和白人女孩上床。我只和亞洲女人睡覺，我就是無法打破習慣。」

查理認定他是在開玩笑，但是那句開場白讓他們打開話匣子，聊起這名加州出身的白人高個子怎麼會一開始就移居日本，結果一切都得從入獄那段鳥日子講起。費爾是這麼解釋的，他是因為自己的意識形態被逮捕。他一直都在網路上販賣煙火，事實上，這些鞭炮的製造商是一家名為害蟲防治報告二〇〇〇（Pest Control Report 2000）的公司，在網路上賣了三年都沒有問題。費爾並不是唯一賣家，但確實是唯一被逮捕的賣家。這一點也不是巧合，因為他一等到自己年滿二十一歲後，就以自由意志黨候選人身分角逐加州眾議院席次。他一直都是擁護個人自由的超級信徒，很埋單政府就是利用暴力威脅逼迫人們規矩行事的觀念，因此他在選舉期間參加辯論，當時還有美國緝毒局（Drug Enforcement Administration，DEA）當地的最高負責人在場，結果費爾在辯論期間出言不遜，直指美國緝毒局是一群納粹份子和「暴徒」。

兩週後，他被粗暴地逮捕了。配槍男性一擁而上，隨後就被美國緝毒局代表制伏，罪名是販售政府歸類為違法炸藥的害蟲防治藥。費爾已賣出大約兩百台設備，他買貨的製造商自己則賣出八十萬台，從來就不需取得許可證，也從來沒有人被逮捕。再次重申，這家設備製造商都已經賣出幾百萬台了，從來就沒有人因此被逮捕。不過費爾確實被捕，當他入獄時，不是被關進一處可以打混的聯邦犯人營，而是中度安全管理機構。他們是玩真的。

費爾入獄十個月就像是敲響一具大警鐘，他以前都只是紙上談兵各種與管太多的政府交手的理論與哲學，現在突然化為血淋淋的現實。正如他所說，他一直試圖推動各種自由主義理想，讓世界變得更美好，結果卻是把自己送入監獄。

一開始，他在監獄裡勤奮讀書打發時間，苦讀他所能找到的每一本自由主義著作。無論是入獄前或入獄後，他都無條件埋單內華達大學經濟學 S. J. Hall 講座傑出教授莫瑞．羅斯巴德（Murray Rothbard）的作品。後者是二十世紀重要的思想家，創建無政府主義者資本主義的意識形態，基本上強力籲求消除中央集權，以利個人自由開花結果。羅斯巴德深信，任何政府做得到的事情，民營企業都可以做得更好；他有一套更激進的觀點，即主張政府是「系統化的搶劫集團，再明顯不過了」，他格外反對銀行，而且認定聯準會根本就是一種「詐欺形態」。

費爾從被捕、入獄的經歷學到一堂與眾不同的寶貴教訓，個人觀點可能讓他自找麻煩，多數人認為理所當然的自由也不如我們以為的受到保障。

費爾一出獄馬上就將事業與人生直接移往日本。當時，他入獄前創辦的線上電腦記憶體晶片零售公司記憶商（Memory Dealers）已經讓他成為百萬富翁，但他受夠在美國生活的日子了。

將近十年間，儘管他的觀點一如既往地激進，但是住在國外這段時間他開始放棄美國公民身分，保持相當低調安靜。他其實並不是真的想成為任何地方的公民，他就和沃希斯一樣不相信國家和國土，長久以來滿足於在這世上當個安靜的公民。

然後他發現了比特幣。

費爾約莫是二〇一〇年第一次聽聞比特幣，當時他在收聽一場名為自由言論現場直播（Freetalk Live）的廣播節目，內容與新漢普夏自由州計畫運動相關。一開始，費爾並未放在心上，但幾個月以後，當比特幣這三個字再度出現在同一台節目時，他決定花點時間研究。他越深入閱讀比特幣就越開始明白，它的設計原理、背後的支援技術都和他的信念完美吻合；更重要的是，費爾是在嗜讀和熱愛科幻小說的過程中長大，比特幣聽起來就像是這類小說最愛大肆渲染的「網路現金」或「信用值」。既然費爾是電腦領域的創業家，而且花了好幾年深究經濟理論，理當占據理解比特幣為何物、何處去的完美位置。

他開始快速累積數位貨幣。沒有人確切知道他究竟買進多少比特幣，但圈子裡繪聲繪影說他的庫藏量甚至可能高於溫克沃斯兄弟。費爾的身家財產不斷增值，也讓他藉比特幣找回自己的聲量，它與他的意識形態信仰完美契合。

打從費爾第一次見到查理就不斷向他傳教，除了寄給他幾十本著作，也開啟一場又一場質疑查理的宗教信仰、政府與其他龐大組織逼迫或恐嚇以遂行意圖的對話。當查理聽完後反問：「你說的是沒錯啦，但是這樣的話誰來造路？」費爾就會解釋，生活中你做的每一件事都應該是出於自願，沒有任何事應該是被迫完成，連造路都不行。經濟與道德誘因永遠合用。

查理一路回想不得不承認，費爾和溫克沃斯兄弟難怪不合拍。雖然溫克沃斯兄弟對法律體系失望，但沒想過要摧毀它。溫克沃斯兄弟成長的環境充斥著強烈的舊世界價值觀，他們可是如假包換的哈佛人呢。儘管他們打輸一場戰役，但對他們來說，只不過是下次應戰時要機靈一點。當你划船輸掉一場比賽，不會意氣用事到打沉所有船隻，會去找出更努力划船的方法。

另一方面，費爾相信，舊世界的結構處處有缺陷，像是划船比賽根本打從一開始就有人採用不正當手段操縱；當代的既有體制奠基於謊言與神話，好比查理所說的「天人」，套一句拉比語言的法令解釋，他們與現實世界毫無關係。雖然有時候費爾的自由主義觀點也與現實世界脫節。

當一盤熱氣騰騰的炒肉上桌，「天人回到現實了嗎？」查理說，「哪個世界的現實？是我們住的這個人人自願挖路的公社嗎？」

費爾熟練地拿起筷子伸進盤中，夾了一塊肉餵食身邊的韓國女孩。

「我不住在公社裡，我住在漂亮的公寓裡。我的保時捷停在外頭。志願勞動不是愚蠢的理想主義，根本剛好相反。我們只是不需要老大哥把槍塞進我們嘴裡，強迫我們做自己本來就應該做的事情。」

查理知道那股意識形態會通往哪個方向。費爾深信，稅收基本上就是武裝搶劫。入伍服役則可能類似強迫謀殺。任何你無法自主選擇去做的事情都與強迫無異。

「有時，你必須設法找到妥協的中立地帶。」

「中立地帶就是想法死亡之地。」

費爾不相信妥協，這是他在比特幣世界中成為一股中堅力量的部分原因。打從他第一分鐘愛上比特幣，就成為最賣力鼓吹的啦啦隊。他溫克沃斯兄弟不一樣的地方在於，對比特幣的黑暗面毫無異議：實際上他還很喜歡絲路。費爾不酒、不毒，但舉雙手、雙腳贊成任何人有權購買、販售他們想要的事物。而且，查理相信，費爾看待比特幣就像是可以繞道略過好比……美國緝毒局或美國國稅局等政府組織的最偉大發明。

「你看，」查理說，儘管他知道當下的情緒正慢慢變化，忘記自己夾坐在美女中間，大享齊人之福，反而是想像自己回到比特快辦公室，「如果比特幣一直都想要擠進主流，我們必須搭橋，不是拆橋。」

「你的說法聽起來很像卡麥隆，還是泰勒來著？你們全都是一群國家集權論者。」

費爾（沃希斯亦然）總是取笑查理是國家集權論者，即是相信政府、國家有其必要。但是這句話從費爾口中說出來的感覺卻不僅是簡單的戲謔而已。毫無疑問，他視溫克沃斯兄弟為既有體制一份子，也是他深惡痛絕的對象。

查理卻覺得，不應該拿他們與生俱來的權利責怪他們。他這一生就愛看棒球，是紐約大都會隊的死忠鐵粉。所以他這麼想，要是溫克沃斯兄弟出了娘胎就是落在三壘，那該怎麼說？奔回本壘的難度還是一樣高。

他說：「他們是真正的信徒，就和你一樣。」

費爾伸筷戳進另一塊肉。

「哪方面的信徒？他們打算賺多少錢？」

他把這一切講得像是在幹壞事。查理就和任何人一樣喜歡討論比特幣的意義，但是他視自己為創業家。某個程度來說，難道大家不都是衝著錢跳進來的嗎？

在矽谷，每一份企業簡報資料都會先找出一道問題並據此提出解決方案。所有人都會提到改變世界，讓每個人的生活更美好。從臉書、蘋果再到優步，它們全都努力把世界變得更美好。但這些大企業有任何一家是真心的嗎？查理非常懷疑。

查理相信費爾是玩真的，因為，比特幣對他而言就是重塑世界的武器。費爾曾經在好多次採訪中一再強調：「進入網際網路時代以來，比特幣是最重要的人類發明。」即使是溫克沃斯兄弟也得尊重羅傑．費爾總是「我口說我想」的原則。

夜色漸濃，大夥酒足飯飽，費爾載查理回飯店，也把兩名女孩送去另一場派對。查理不得不自問：羅傑．費爾想要創造的那個世界有沒有可能太極端？那也會是查理想要住進去的世界嗎？

15 在空中

在九千一百五十公尺高處，比特幣聽起來還是很厲害。一面白板正對著通往用餐區的光滑桃花心木鑲板牆，泰勒站在白板前，手上的黑色馬克筆懸在剛剛繪製的圖表上方。那像是一幅鋸齒狀的喜馬拉雅山脈，追蹤這非比尋常的一天裡，比特幣價格從開盤就陡峭爬升，然後突然像自由落體一樣直線大反轉。近兩年來，比特幣價格一開始像蝸牛一樣慢速，當時除了一群聚集在另類留言板的網路解密高手、電腦阿宅與數學怪咖，別無他人聽聞這種加密貨幣；但是自從一批包括溫克沃斯兄弟在內的素人開始留意它，六個月後價格就一路起漲；之後曾經稍微小跌，但接著多虧四週前賽普勒斯出事，它直衝雲霄，單價觸及二百六十六美元高點。沒想到僅僅就在二十四小時後卻跳水般狂挫，直線崩跌超過六〇％，最終收在微微高於一百二十美元價位。

「沒錯，它波動劇烈，」泰勒說完，把筆蓋套回去，「但是這一點在預期之內，因為我們還處於初期階段。還有很多監管方面的不確定性，而且市場玩家很少，因此對每天更新的新聞超級敏感。但這也正是我們認為大有可為的主因。高風險才會帶來高報酬，往後比特幣只會吸引越來越多關注。賽普勒斯只是一處起點，終究人們會明白，還有很多地方比政府的法定貨幣更適合安置財富。而且，由於比特幣定量供給，越多人買進，就越能推高它的價格。這是典型的供需模式。」

泰勒注視坐在面前半部圓形沙發上的幾名聽眾，其中當然包括他的兄弟。卡麥隆正把頭靠在飛機機身其中一側的窗台上，雖然因而遮去大半陰影，但泰勒的視線仍然可以越過他，然後穿過雙層玻璃，瞥見外頭的一縷雲彩。最靠近泰勒的年輕人身穿藍色西裝，自稱是分析師，屬於三名幕僚團之一；其他兩人端坐在沙發上，第三名鄰近掛在白板對面牆上的超大平面電視機。年輕小夥子身邊的中年大叔就是這架私人飛機的老闆榮恩．伯克（Ron Burkle），他可說是全國最飛黃騰達的商賈之一，早期買進、賣出連鎖超市，躋身富甲一方的億萬富翁，然後創辦私募基金綠谷公司（Yucaipa Companies），掌管幾十億美元資產，名下資產有精品百貨紐約巴尼（Barneys New York）、國家冰球聯盟的匹茲堡企鵝隊（Pittsburgh Penguins）、摩根斯飯店集團（Morgans Hotel Group）、高檔私人會員俱樂部蘇豪之家（Soho House clubs）的股權。

「我不確定是否會當成貨幣買進，」伯克一邊在面前桌上的平板電腦上猛寫筆記，一邊回話。平板電腦旁擺著身穿制服的機組員排好的壽司、魚子醬、熟食，起司、法式沙拉和各種水果拼盤。「這是一場投機賭局、一種商品。就像藝術品一樣，價值完全取決於需求。」

泰勒看得出來，他的兄弟想要插話，但過去幾個星期以來，他們做過許多場簡報都已經學會，照著這套劇本走的話，可以來來回回好幾次。

「我同意，」泰勒說，「某個程度來說，它是一種儲值做法，同時也可以當作交換媒介。就像黃金一樣，但是更好用。我們的論點就是，長此以往，比特幣將取代黃金。」

他看得出來伯克很感興趣，但是還沒有被說服。這一點沒有嚇到他，畢竟一時間有太多資訊要吸收，就算是最聰明的金融思想家也需要時間才能全盤想通。他很感激伯克和他的團隊打從一開始就充滿好奇地想要了解更多，而且尊重他們下過苦工，進而帶著健康的懷疑態度提出問題。這就是任何理性、紀律嚴明的投資金主願意而且應該在接觸新穎事物時抱持的心態，特別是像比特幣這種憑空冒出來的全新概念。這也正是伯克這樣的大人物如此成功、富有的原因。

其實泰勒除了聽到輕柔的隆隆聲，並感覺到這間他只能形容為內裝優雅的飛行起居室稍微有點傾斜之外，根本感覺不出來此刻他們正飛在空中。他曾搭過私人飛機，但即使是包括美國的灣流（Gulfstream）、加拿大的龐巴迪（Bombardier）在內的製造商出品的最豪奢機型，對他來說機身都太過狹窄，因為他一挺身站直就有一百九十五公分高。它們當然也沒有用餐室、起居室與淋浴間。伯克的私人飛機比較像是一架大型噴射機，一台改裝過的波音七五七，在八卦雜誌裡超紅的，幾乎就和這位私募基金大師的朋友們一樣有名，包括唱片製作人兼歌手吹牛老爹（Puff Daddy）、美國前總統比爾・柯林頓（Bill Clinton）與好萊塢男神李奧納多・狄卡皮歐（Leonardo DiCaprio）。

泰勒沒想到會在九千一百五十公尺高處針對比特幣做簡報。不過，當初他接觸被設定為「比特幣之旅」其中一站的伯克辦公室時，後者馬上提供這趟跨越全國的飛行機會。

伯克問：「絲路這門生意如何？誰實際擁有比特幣，又是誰在實際使用它？都是歹徒和洗錢客嗎？」

這道問題無可避免，每次開會都會被提出來。絲路當然是難以清除的污點，但泰勒越來越相信，這個暗黑網絡毒窟其實根本就是最瘋狂炒作話題的代表。

「我們所有的研究都顯示，絲路實際上只是比特幣經濟的極小部分。目前比特幣的總體交易量中，僅不到五％和這座網站有任何關係。當比特幣市場日益壯大，這個比率只會變得更小。」

泰勒已經解釋過，這個市場最近才在二〇一三年三月二十八日黯然失色，人間蒸發幾十億美元。實際上，崩盤是因為卡麥隆先在 Mt. Gox 下單買進，硬是將比特幣價格往上推升關鍵的幾美分，超過九十二美元關卡，也讓比特幣市場的整體價值突破十位數，躋身所謂「三個逗號俱樂部（Trois Commas Club；編按：阿拉伯數字的十億是1,000,000,000，照例要打三個逗號）」當然，這次行動彰顯比特幣置身起步階段的一大問題：流動性還很不足，所以即使是小單也有能力衝擊市場，進而干擾價格大幅波動。

過去二十四小時的強震狂跌也是完美例子，體現另一道困擾比特幣市場的問題；而且這場特別的崩跌和賽普勒斯出包不同，與現實世界的新聞沒有任何關係，完全是 Mt. Gox 交易所的短期問題釀成的後果，即超載的流量與交易壓垮 Mt. Gox 的主機，導致交易所暫停營運，以便解決問題，搞得整個市場亂成一團。這種結果代表，泰勒開始認定這將是比特幣成長、廣泛採用時將會面臨的最大障礙。如果比特幣想要躋身主流，大多數比特幣交易的媒介不可能持續倚賴以前設置在日本的《魔法風雲會》線上卡牌交易中心，而且還是交給一名法國人和他的貓經營。除非比特幣經濟茁壯，搬離這處像是古怪地標的起源地，否則全世界的私募基金、避險基金都不可能認真看待它。

伯克的分析師正在振筆疾書，但泰勒從伯克的臉上可以看得出來，雖然過去這幾個小時內他不得不成為他們的觀眾，但並未真的被說服埋單加密貨幣。泰勒猜疑可能不單單只是絲路這道麻煩問題而已，畢竟，比特幣的格局恢弘，伯克看起來也不像是會被暗黑小巷嚇破膽的類型。雖然他們搭乘的這架噴氣式飛機被比爾．柯林頓暱稱為「榮恩航空（Ron Air）」，但因為它出借給這位前總統周遊各國從事公費旅遊，因此八卦專欄作家另外諢稱它是「來一炮航空（Air Fuck One）」。泰勒讀過所有關於這架飛機的新聞，不是充斥超級模特兒和名人，就是載著他們穿梭天際趕場各地派對，但搞不清楚是真是假，只是說他也不怎麼在乎就是。截至目前為止，伯克一直扮演完美的東道主，一直不停地端上他在私募基金職涯中諸多讓人拍案驚奇的故事娛樂他們。他真是商業天才，總是搶在任何人看到價值之前就建立起自己的帝國，即使是在當下這一刻他還沒準備好要買進比特幣，但它已經掛在他的雷達上了。

這些日子裡，他們的行程緊湊到令人受不了，除了比特幣之旅，另一個主要焦點甚至更具挑戰性：儘管查理年輕氣盛這一點很棘手，他們正試圖引導查理．施瑞姆和比特快朝著正確的方向前進。泰勒和他的兄弟為了實現這道目標，頻繁幫這位年輕的執行長安排一大堆會議，硬把他推到紐約的風險投資商、潛在的銀行合作夥伴面前，當然他們也因此齊心協力打了好幾場意義重大的勝仗。具體來說，他們與歐帛付（Obopay）開完會以後就締造一道重要的合作夥伴關係。歐帛付是一家取得執照的貨幣匯兌商，已經同意基本上願意出租它們的許可證給比特快，這樣它就可以依據各州貨幣匯兌法轉移資金。其間的意義在於，這是第一次查理的公司合乎法遵規定，但在此之前，查理和他的團隊幾乎無視這一點。他們也設法讓查理與一家同意展開銀行開戶流程的美國大銀行會面，這也是另一道關鍵突破，因為其他銀行一聽到比特快就嚇破膽，再加上金融監管機構、稅務官員都不肯定它的法律地位。

在那場為美國大銀行做簡報的重要會議中，查理甚至自己上場操刀：在一間玻璃和鋁合金材質打造的辦公室裡，他站在一張掛在牆壁上的白板前，身穿看起來是高中畢業後就束之高閣至今的西裝，緊張得滿頭大汗，硬著頭皮做完簡報。他對著滿屋子銀行家強調，他和比特快對合規性、合法許可的認真程度，以及比特快如何打造出最尖端先進的內部控制；他順著那條脈絡解釋，比特快如何落實銀行界慣用語言「認識你的客戶（Know Your Customer, KYC）」，以當作自身法遵計畫的一部分，同時期許理解自家客戶的身分，並確保他們不是罪犯或洗錢份子。有一次，他甚至高喊：「這場遊戲的名稱只有兩個字：法遵、法遵、法遵。」

總的來說，他的言行談吐就像個一心想要締造成就的青年才俊，一開口就頭頭是道。

在那一刻，查理似乎明白比特快必須前進的方向。他擄獲銀行家的心，就像他成功擄獲歐帛付一樣。他還很年輕，需要再加把勁拋光、打磨，但璞玉就在其中。

泰勒開始更有信心了，認定他們在比特快的投資正是進入比特幣經濟的完美入口。雖然查理與羅傑・費爾的友誼日益深厚，而且看起來就像是一道潛在的警示標誌，搞得泰勒和他的兄弟都為此神經緊張，但只要查理可以繼續自我發展、日益成熟，並穩住自己不要被勾引走入潛伏在比特幣地圖上的暗黑小巷，他真的就站在可以幹一番特別事業的成功邊緣。

「榮恩，」泰勒回到卡麥隆身邊坐下時開口說話，然後從口袋裡掏出手機。他看到這架七五七配有無線網路。是說，它都已經有餐廳了，無線網路當然不可或缺，「我很感激你花時間聽我們簡報，而且我也知道，一下子要吸收的資訊太多了。不過，在這段期間，可以給我們你的電郵信箱嗎？」

伯克雙眼瞇了一下，然後唸給他。

「我打算寄五枚比特幣給你。我只希望你當作是我們感謝你撥冗聽我們簡報的象徵，持有它們就好。有一天，它們的價值將會超過這趟飛行的燃料成本。」

伯克笑了起來。

「你知道這隻飛鳥要燒掉多少錢嗎？」

泰勒可以從伯克的表達方式聽得出來他聽懂了。當天下午泰勒提出來的所有主張，加上電郵寄發五枚比特幣給他，用以支付顯然是一趟堪稱天價的飛行費用的簡單動作，明顯暗示著莫大信心，在在製造出最強烈的印象。

當飛機歸於平穩飛行，其中一名機組員上前邀請全體前往餐廳享用午間佳餚時，泰勒輕觸手機螢幕，開始轉寄比特幣。

泰勒滿心希望、全心祈禱，並深深相信，終有一天，這五枚比特幣的價值會遠遠超越這趟跨境飛行之旅所燒掉的天價成本。

「頭版。就登在頭版，連姓氏『溫克沃斯』的筆劃都完全沒錯。從現在起，我恐怕得取消訂閱《華爾街日報》，完全只看《紐約時報》了。」

在溫克沃斯兄弟父母位於格林威治莊園的廚房中，一份報紙完全攤開擺在楓木餐桌上。泰勒轉過頭來，從父親肩上往下俯視。他簡直不敢相信。一行熟悉的粗黑字體標題大喇喇地橫跨頭版中央位置，他的雙眼整個亮起來：

比特幣，投資新機遇還是泡沫？

才十二個小時以前，他們走下伯克的私人飛機，離開紐澤西州的紐華克自由國際機場（Newark Liberty International Airport）。這架飛鳥實在太巨大，無法降落一般私人飛機停靠的泰特伯勒（Teterboro）機場。他們一回到家就看到父親把《紐約時報》攤在桌上，映入眼簾的文章正對世界宣告他們在比特幣發展史占有一席之地。

實際上，他甚至不用費事打開報紙。這篇文章就登在超顯眼的頭版。

「頭版。你知道這代表什麼意思。每個人都會讀完這則新聞。」

泰勒的母親凱若從他身後頂級冰箱品牌零下（Sub-Zero）的方向走來，雙手捧著一盤羊角麵包和司康，但好長一段時間都沒有人伸手去拿。泰勒很興奮，也可以從父母親臉上的表情看到同樣情緒；坐在餐桌對面的卡麥隆臉上堆滿笑容與懷疑，為了細看報導，身體一半離開椅子懸空，一手還指著文章的第二段。

「你的那句引述說得很好，」卡麥隆說，然後大聲唸出來，「『我們選擇對一個不受政治和人為錯誤影響的數學框架進行投資，對它給予信任。』」

「現在你終於聽起來像個哈佛人了，」泰勒的父親開玩笑，「卡麥隆，你的引述句也說得很好，『人們都說這是種龐氏騙局、是一顆泡沫。人們根本不想把它當回事兒。有朝一日這種說法就會轉變為『加密貨幣會長期存在』。我們還處在早期階段。」

「真的說得很好，」泰勒同意，「討厭的人可以充耳不聞沒關係。」

把比特幣比喻成龐氏騙局，或是與十七世紀荷蘭的鬱金香泡沫（編按：當時鬱金香引進荷蘭，被商人炒作，最高價時一株可以換到一名工匠四倍年薪。最終崩盤，套牢成千上萬投機客。）相提並論，都是坊間最常用來貶抑比特幣的說法。他們從不否認，未來發展之路將有許多痛苦，比特幣市場波動甚劇，而且自從三月底Mt. Gox當機十二小時，無法處理爆量交易，結果引發崩盤以來，至今仍在試圖振作。不過，卡麥隆直指重點，比特幣不單單絕非鬱金香、豆豆娃（Beanie Babies）或電子雞（Tamagotchi）的一時狂熱；至於龐氏騙局，比特幣恰恰相反，玩家不是一起上天堂，就是一起「住套房」。

有趣的是，自賽普勒斯事件以來，比特幣便因本身特質暴紅大受歡迎。八〇%的比特幣交易仍然在《魔法風雲會》線上卡牌交易中心發生，這項事實挺難堪的，幾乎就和多數人認定，比特幣的主要用途就是購買毒品或更糟糕是用在絲路上一樣大有問題。

溫克沃斯兄弟與臉書纏訟的電影問世並造成轟動之前，有一段時間他們倆勤快地到處投書；儘管他們從未想要引起注意，甚至也積極地試圖避免和小報打交道，但所到之處還是被追著跑。無論如何，類似《紐約郵報（New York Post）》旗下的第六版這種碎嘴八卦小報刊登的新聞對他們有一定的癡迷情感。

不過，以前他們從來沒有出現在《紐約時報》頭版，這是自由世界裡最備受尊敬、理性論述的報紙。他們也第一次嘗到公平對待的滋味。

多年來，英國的《泰晤士報（The Times,）》、美國的《華爾街日報》與《華盛頓郵報（The Washington Post）》、部落客圈等，全都無數次將槍桿子對著他們瘋狂掃射，腦殘一般地推崇、反覆單方論述他們倆是高大上、貴族血統（blue blood），而且還是全身貴氣的划船選手，卻老是愛抱怨、起訴花錢買他們閉嘴的祖克柏。這些年來，媒體把不遺餘力地窮追猛打、冷潮熱諷他們，當作衝刺點閱率的手段，但現在，原來的說法一夕之間翻盤了。

「你知道嗎？」泰勒邊說邊再度瀏覽報導，「全文只有一個地方提到划船。就在介紹我們出場的導言第一句：卡麥隆和泰勒，奧運划船比賽選手。」

泰勒感覺到媽媽的雙臂圍摟他的肩膀。她自始至終都支持他和卡麥隆所做的一切決定，就像力挺他們的父親一樣。他們從母親身上遺傳到堅定決心、拒絕接手家業，即使他們以前經常向父親尋求商業建議。她可以表現得像任何一名警察之女一樣強悍。

正是這股決心與力量換來這篇頭版報導。這篇文章並非偶然之作，泰勒和他的兄弟竭盡所能地說服《紐約時報》記者奈瑟尼爾・帕波（Nathaniel Popper）同意撰寫生平第一篇比特幣報導。這位主跑商業線的記者是社內說話最擲地有聲的代表之一。他們用來說服他的點子是，在沒有任何矽谷風投基金敢上網碰比特幣的時候，他們不僅已成為第一位合法投資人，而且還大量買進。

帕波是《紐約時報》主跑貨幣的商業記者，通常關注黃金市場，正是撰寫的完美人選。他的文章才剛剛登上網路，第一分鐘就引爆話題，成千上萬顆眼球馬上聚焦，編輯隨即決定同步刊登在隔天清晨出刊的紙本頭版，而非帕波的新聞多半會出現的商業版第一頁。這篇文章不只是討論比特幣，也是宣告，就全世界已知的比特幣擁有者而言，溫克沃斯兄弟是頭號大戶，持有比率占總體市場中逾一％。當然，泰勒完全同意，可能尚有高人收藏更多，好比就有報導說神秘蒙面人中本聰持有超過一百萬枚比特幣，不過誰也不知道是真是假，也有可能中本聰的比特幣根本不存在。另一方面，溫克沃斯兄弟的持有比率絕非哲學上的悖論，它真真切切地掌握在他們手中，就和任何加密貨幣一樣。如今，隨著這篇文章登出，他們儼然是比特幣代言人。

「『溫克沃斯兄弟統治數位貨幣，』」泰勒說，「這句話聽起來挺順耳的。」

他的手機響聲打斷接下來的話。他從口袋裡掏出手機，但認不出來電者是何方神聖，所以就任憑它轉進語音信箱。稍後他就在父母與卡麥隆三雙眼睛同時盯著的情況下收聽語音留言。

卡麥隆開玩笑：「是祖克柏打來的嗎？」他們的母親幾乎拿起司康丟他。

「是想邀請我們五月在一場大會發表演說。」

卡麥隆追問：「什麼樣的大會？」

泰勒回答：「一場叫做什麼『比特幣二〇一三（Bitcoin 2013）』的大會。現在比特幣基金會（Bitcoin Foundation）正在放送相關訊息。」

卡麥隆吹了一聲口哨。這可是第一次有人想要聽他們談論臉書以外的任何議題，而且還對當年那場挑戰少年網路之王的故事不感興趣。

泰勒知道，比特幣基金會是一家成立於二〇一二年的非營利組織，宗旨即是促進、保護比特幣。在當時，它堪稱相同性質組織裡的佼佼者。它的董事會可說是加密貨幣圈的名人錄大集合，好比首席科學家蓋文・安德森（Gavin Andresen），就是中本聰本人欽點的首席開發者，擔綱設計比特幣核心（Bitcoin Core）這套比特幣網路（Bitcoin Network）的軟體客戶端。安德森可能比全世界任何其他人都更接近藏鏡人中本聰，直到後者永遠從網路世界人間蒸發。

「比特幣二〇一三」只是這家基金會舉辦的第二次大會，將吸引圈子裡最聰明過人的精英、貨真價實的頂尖高手，以及這場新興、日益茁壯的比特幣革命背後所有的人才。

「這是業界最大盛會，」泰勒繼續說，「他們希望我們發表主題演講。」

只有他們倆，登上舞台，站在全世界面前。

他說：「踩著節拍，海撈一票快離開。」然後笑了起來。

16 比特幣天王

「就在那時，攝影師正在遠處拍攝，閃光燈打個不停，我站在椅子上，瘋狂灑錢！」

查理一邊還在說故事，一邊卻無預警地跳入故事情節中，自顧自地演起來了。他站上一張圓形的褐紅色皮革長椅，幾乎打翻眼前那張青銅灰色小桌上的幾只酒瓶，原本站在兩旁的辣妹們全都及時跳開。接著查理高舉雙手過頭，向空中胡亂扔出兩疊超厚的二十美元紙鈔。在這間位於建築物二樓的後工業風夜店裡，當他置身的這個角落花花綠綠的鈔票紛紛從天而降，周遭每個人都大聲歡呼。舞廳的燈光照亮這場綠色紙鈔風暴。

查理看著飄在身邊的紙鈔，被嵌在四面牆壁並延伸陽台的大鏡子放大了一百倍。燈光包圍著鏡子，陽台則是環繞在愛迪生發明的燈泡中，幾乎每一樣東西都籠罩在玻璃之下，為整間夜店製造出一種蒸汽龐克（Steampunk）的虛幻感，雷射、DJ、占據樓下大半空間的超大發光酒吧、樓上的第二座酒吧、另一側那座伸展台似的舞台、外頭的金色招牌、被燈光照亮的菜單像魔法羊皮紙一樣在每一張桌子上閃閃發光，這一切都讓人感覺像是當代一種復刻一九八〇年代風情的手法，在那個時代，俱樂部傲視群倫。繁華都會、大城市／華爾街、一九八〇年代各種版本可口可樂瓶的藝術作品沿著一面內牆懸掛；黑色素描畫在巨大的畫布上，原本應該置放在派崔克・貝曼（Patrick Bateman，驚悚小說《美國殺人魔 [American Psycho]》男主角，白天是華爾街的投資銀行副總裁，晚上則是殺人魔）四處濺血的公寓。

這家夜店占地一百四十坪，位於中城區的聲色地帶，就在第三十九街上。查理在此自導自演「查理實境秀（Charlie Show）」，活像是開業以來幾乎每晚都上台演出似的。因為他不僅只是站在俱樂部角落的沙發上，而是站在自己投資開設的俱樂部角落的沙發上，或者至少每個人都是這樣看待這一幕。這家夜店取名永恆（EVR），他只是一名小小的合夥人。永恆是這座城市裡最熱門的「餐酒館」，大老闆是查理的大學朋友，而且是唯一接受客戶支付比特幣的俱樂部，不過沒有人覺得這項事實有何重要。每當查理上門，總是會玩散財童子這一招。他三天兩頭就往這裡跑。

「關於現金的唯一好處是，不用擔心到處亂灑之後還得自己清理。沒有人會因為亂丟二十美元紙鈔被逮捕。」

查理咧嘴笑開來，放低身子坐回沙發上。兩名女孩靠得更近，為派對上其他人騰出空間。查理右手邊坐著一名辣妹，不過因為他已經灌了四杯愛爾蘭威士忌，實在記不得她的名字；再過去就是永恆的夥伴艾力克斯（Alex）；左手邊也是一名辣妹，好像是叫做安琪拉（Angela）之類的，本業是為雜誌供稿，光憑這一點查理的言行舉止就應該更謹慎一些，但實際上好像反而是變本加厲。安琪拉被隔壁那位男士圈在臂彎裡，此人就是查理的另一名大學朋友麥可（Mike）。這是查理一生中第一次有人聽他說話，他發現，這種痛快的感覺就和他從暱稱為麵包店的辦公室架上的菸類消耗品所獲得的醺醺然感覺旗鼓相當。

要命，當國王真是太好玩了。那一刻，這就是查理眼中的自己：比特幣天王之一，如假包換的加密搖滾巨星。天王不只他一個，像是他剛剛描述自己在空中灑錢的那張照片，就是以全頁彩色照的形式刊在財經雜誌《彭博商業週刊（Bloomberg Businessweek）》上，宣布查理成為新科比特幣百萬富翁之一。這群新貴富豪都是聰明的早期採用者，知道趕在所有人之前跳上致富列車。《彭博商業週刊》那篇報導將查理介紹給全世界，並吹捧比特快是其中一家最成功的加密相關初創商，也只是幾十篇系列文章之一。

比特快以迅雷不及掩耳的速度內取得超大進步，這一點令人難以置信。這家公司已經從每個月經手一百萬美元膨脹至幾乎單日就可以處理等額資金。查理粗算，此時此刻，比特快處理的比特幣交易量占整體三五%。各方對服務的需求如此強烈，以至於他三不五時就得關站，以便升級伺服器、維護設備。停工也因此在客戶圈子裡引起軒然大波，他接到好幾封泰勒和卡麥隆表示擔憂的電郵，但他都置之不理。比特快使他成為比特幣圈內的大紅人，也順勢成為圈子外世界的小名人。終於迎來「查理時刻（Charlie's Moment）」了，他清楚得很。

自從溫克沃斯兄弟投資以來，短短幾個月內查理就已經繞著地球跑，周遊倫敦、巴黎、東京、柏林和特拉維夫，對各地比特幣鐵粉發表演說。比特幣儼然為他打開過往自己從未有緣一窺的生活，遑論還可以成為其中一份子。說真的，比特幣使他躋身百萬富翁，也帶他擺脫布魯克林區那間飄散著一股肉味的地下室。雖然如此，比特幣也從一處可說是匪夷所思的來源取得一些協助。

一隻柔軟玉手從皮沙發後方伸過來輕撫查理的肩膀，他正轉頭張望，一名原本不在談話圈的金髮美女上前俯身親吻他布滿鬍渣的臉頰。她打扮得像一名永恆雞尾酒女服務生，因為這就是她的工作。她的雙手捧著一盤龍舌蘭小酒杯，因為小杯的龍舌蘭調酒是查理最熱愛的玩法。但是，輕啄查理臉龐不是例行工作，也不是因為他下訂一輪酒精飲料，或許是因為他身為小股東，或者因為他像紐約新年倒數計時拋撒五彩紙屑一樣狂灑二十美元紙鈔。

事實上，以上皆非。他和寇特妮（Courtney）在一起已經兩個月了。永恆開張沒幾天，查理第一次看到她，當下那一秒鐘就對她一見鍾情。他問過艾力克斯，能不能讓她永遠當他的女服務生？不過即使這項要求真的起了作用，查理依舊膽小如鼠，根本不敢開口邀約。儘管他在比特幣圈內的聲望水漲船高，面對寇特妮這樣的辣妹卻不知道應該如何開口聊天。他和卡麥隆、泰勒第一次在「麵包店」會面結束後出門趕趴那一晚，認識保加利亞籍模特兒，最後他卻是在卡麥隆的公寓沙發上睡死了，而且是獨自一人，腳上還套著被自己的嘔吐物泡濕的運動鞋。

要是他和寇特妮在一起時再次發生這種糗事，他根本就處理不來。他整個深深地愛上她了，花了大把時間思念她，反而把負荷超載的比特快主機晾在一旁不顧。不過查理是個幸運小子，他的朋友群馬上接管局面，安排他們一起參加員工的歡樂時光聚會，然後全體一起搞失蹤，只剩下查理和寇特妮兩人單獨約會。

查理當下挫個半死，於是先叫了一杯百家得（Bacardi）蘭姆酒壯膽。接下來他根本就停不下來，接二連三地狂飲百家得，結果是吐了寇特妮一身。當他走進洗手間把自己打理乾淨，心中已經有底，她正在奪門而出。但不知為何她竟然還在原地，當下查理頓悟了，她就是真命天女。

直到他們第二次約會時，查理才告訴她有關「敕令（the Edict）」的一切。他來自一個信奉基本主義教派的猶太教家庭，他們不會接受她；甚至是他若堅持和她在一起，還可能被整個社區踢出去。聽起來很瘋狂，但真相就是如此。直到再隔一個月，他的其中一名姐姐或妹妹偷聽他與寇特妮講電話，然後偷偷告訴母親實情，終於引爆這顆不定時炸彈。她的母親呼天搶地、父親氣得撕破他的襯衫，當鬧劇結束，最後通牒來了：選擇家人或是寇特妮。查理不費任何功夫就下定決心。他正沉浸愛河，更重要的是，他早就準備好要離開這裡。打從他與羅傑．費爾初接觸以來，「天人」信仰就被拿來開玩笑，如今這股意念已蓄積成一場全面、存在感十足的危機，寇特妮捧著龍舌蘭酒直接闖進這場危機。

他收拾好行李就離開地下室，中途在永恆稍停片刻，然後搬進大學朋友的住所。其實就只是一間大家分租的公寓，差不多就位於俱樂部樓上。他正在開啟全新的夜店人生。

寇特妮小聲提醒，「明天早上不用開會嗎？」

查理說：「我每個早上都要開會。」

然後他伸手拿起酒杯一口喝乾。當然，寇特妮可能說得沒錯，凌晨一點過後還在喝龍舌蘭調酒恐怕不是什麼好主意，不過他已經不在乎開什麼鬼會了，甚至也不太確定是要開什麼會、在哪裡或是和誰開會。

他身不由己必須開很多會議，畢竟他是執行長。還要兼做客戶服務、法遵長。除了沃希斯和艾拉管理的部門，或者葛瑞斯負責的深度電腦運算，這傢伙躲在威爾斯蝙蝠洞或什麼不知名的鬼地方，其他都算在查理頭上。

查理與沃希斯、艾拉共事時完全不必擔心。他們倆聰明絕頂、十足專業，而且在創建比特快期間發揮關鍵作用。實際上，他們聯手開發當前某些比特快正在使用的專有軟體，而且是艾拉早在進入比特快之前就已經動手做的玩意兒，他和沃希斯一直同意查理免費使用。這一點事實查理覺得沒什麼大不了，因此從未告訴溫克沃斯兄弟。無論如何，沃希斯和艾拉稱得上是牢牢繫住比特快的強力黏膠。

他們倆不僅是團隊一份子，也是他的朋友，對查理來說，這幾天更升格成僅剩的家人。他們倆就和他一樣持續成長。

在比特幣經濟裡，沃希斯的名聲正變得和查理一樣響亮。他除了負責比特快的市場行銷業務，還經營一套名為中本聰骰子（Satoshi Dice）網站的副業專案。這是一座比特幣博弈網站，正迅速壯大成為比特幣社群的一大亮點。這套遊戲背後的邏輯很簡單：玩家發送比特幣到贏家或輸家的網址，要是「走好運」的話，就可以拿回高於本金數倍獎勵；但如果「走霉運」的話，那就是只能分到一點碎屑。這套遊戲很快就大受歡迎。

當然，既然它是一座博弈網站，對美國客戶來說，合法性就模糊不清了。就沃希斯來看，無論是商業上和哲學上這場局面都是一種挫敗感。當然，他不認為政府應該干涉監管博奕事業，尤其是比特幣博奕。他以比特幣經濟採用的區塊鏈（blockchain）技術建構中本聰骰子，初衷完全就是想要遠離美國政府將魔手伸進來攪局。

站在查理的角度觀察，甚至無法理解美國的拜占庭博弈法規。事實上，他直到最近才開始囫圇吞棗美國匯款法律的速成課程，正是這套法規監管比特快的商業活動。他願意動手研究的唯一原因是比特快的律師群、溫克沃斯兄弟說服他，理解並遵守美國法律和法規至關重要，不僅是為了比特快好，也為了自己好。

既然查理是比特快法遵長兼執行長，因此知道自己應該認真看待法律規則，不過細節從來就不是他的強項。儘管如此，他還是很努力看懂。實際上，他已經吸收很多，包括知道自己戴在頭上的執行長、法遵長與客服主管這三頂帽子，其實存在利益衝突；而且直到最近，這種走鋼絲的行為才變得複雜。

有個傢伙打著「比特幣天王」的名號一直透過網站狂買大量比特幣，好似口袋深不見底。根據公司規定，出於安全原因，因為大筆比特幣交易本身就可能被視為可疑行徑，加上比特快也沒有資源深入檢視客戶身分，因此訂下規矩，常規客戶的每日購買金額上限是一千美元。但顯然比特幣天王試圖規避控管，採用一種名為「結構化（structuring）」的技術繞行，單日就試圖買進價值四千美元的比特幣。

儘管這種手法不必然表示比特幣天王具有不良意圖，但是試圖繞過比特快控管這項行為本身就是一道警訊。當查理發現這件事之後，立即禁止比特幣天王登錄比特快，並親自發函對方：「我們完整記錄您的所有存款與銀行安全相機所拍攝的照片。任何嘗試全新轉換的手法將恐將導致刑事訴訟。」

但是，查理一再深思熟慮後便動了惻隱之心，畢竟，那個傢伙只是想進買更多比特幣。這麼熱情急切有何壞處嗎？這樣對大家不好嗎？

查理最終還是發送訊息給對方，重申他當前的帳戶和電郵地址已被禁用，但是如果他仍然想交易，可以採用新的電郵地址開設新帳戶。

查理不知道比特幣天王是何方神聖，最可能的情況是，他本人是經銷商或分銷商，從事買低賣高的生意。查理其實不怎麼在意，何況，他也不覺得和他真的有什麼關係。幹嘛要擔心一個從未謀面的路人甲，而且他們可能以後根本也無緣一見？什麼比特幣天王，光是這個封號就要笑掉所有人的大牙。每個人都知道誰才是新的、真格的比特幣天王。

幾個月後，查理就要在比特幣二〇一三大會上發表演說，溫克沃斯兄弟也會在同一個場子發表主題演說。溫克沃斯兄弟出現在《紐約時報》的頭版上也許是很風光啦，但查理才是在彭博的攝影師面前灑錢的財神爺，而且還是和辣妹女友一起在永恆演出這一幕哩。

查理是旭日東升的加密貨幣搖滾明星，就像比特幣的價格一樣，永遠不會回落。

17 早晨之後

卡麥隆一邊拎著查理走過大理石前廳，朝向通往萊辛頓大道（Lexington Avenue）的旋轉玻璃門，一邊竭盡全力壓低自己的聲量：「你在搞什麼?!說真的，那是我經歷過最尷尬的情況。」泰勒走在查理另一邊，在他們邊走時邊撐扶著查理。即使查理身邊有兩名身高一百九十五公分的彪形大漢護法，他還是只能勉強站直身子，雙眼盯著雙腳，好似它們其實是長在別人身上，然後費力地一步一步邁向前廳出口。

他們三人像雜耍團員一樣跌跌撞撞走進旋轉門：泰勒先穿過大門，拖著查理一同走進旋轉的空間裡，因為要是放手讓查理單獨行動的話，很有可能會當頭撞上玻璃門摔個粉碎。再來是卡麥隆踏入下一個旋轉空檔。強烈的挫折感溢滿胸臆，粗重的鼻息噴上面前的玻璃化成一片水霧。

一等到他們踏出旋轉門，泰勒拽著查理沿人行道往第五十九街方向走了幾公尺，然後放開他的手臂，讓他背靠著建築物自己站穩。現在他們已經離開辦公大廳，站在一幅服飾品牌超大看板下方，平面玻璃櫥窗擺設一具具塑膠模特兒。

「查理，」當一群西裝革履的行人走遠之後卡麥隆才開口說話，希望他們已經聽不到，「你昨晚有睡覺嗎？」

查理盯著鞋子的雙眼終於抬起來，睜得大大的，但還是和不到半小時前走進十七樓會議一樣充滿血絲。他的襯衫有三顆釦子打開了，可惡的三顆釦子，露出一整陀胸毛和斑斑污漬的皮膚，完全就是前一晚才在夜店玩瘋留下的痕跡。嗯，搞不好是兩晚。是在玩什麼帽子戲法嗎？他的西裝外套上殘留污漬，整個人散發出濃濃的酒臭味，就算他有闔眼睡覺，也很可能是直接掛在地板上。

「你看起來像是連續好幾天飲酒狂歡。」泰勒說。

查理說，「沒有，真的沒有，只不過小飲幾杯龍舌蘭調酒……完全不用擔心……」但音量越來越小。

卡麥隆再次試圖穩住自己的情緒。他通常是溫克沃斯兄弟裡比較有同理心的那一個，但此時此刻他對這位少年執行長除了滿腔怒火別無感覺。「一敗塗地」這個成語用來形容剛剛他們參加的會議還算是輕描淡寫了。

「你知道敲定這場會議有多難嗎？」泰勒問，「約翰是金融科技（Fintech）圈最能呼風喚雨的超級大咖。」

金融科技，顧名思義就是「金融（financial）」加「科技（technology）」的合成字，堪稱紐約風投界成長最迅速的領域，實質上則包括任何有潛力推動金融世界進步或提高效率的新技術，像是線上銀行、機器人理財顧問、統計諮詢、定量投資，當然也不能漏掉區塊鏈技術。泰勒說得對，他們這批馬戲團小丑剛剛從約翰．艾伯康（John Abercrom）的辦公室落荒而逃，此舉無異是扼殺一位在業界發言最擲地有聲的觀眾。約翰和他的合夥人打造出一套涵蓋上百家重要企業的投資組合，其中有許多標的是金融科技界人氣最高漲的公司。

卡麥隆和他的兄弟非常努力地四處牽線、奔走，終於獲賜一場簡報會議，沒想到竟然落得讓查理．史瑞姆滿眼充血、滿身酒味地向產業大哥大致意。

在這場會議之前，他們從往返的電郵中看得出來，約翰和他的合夥人似乎真的很了解比特幣，而且打從心底感興趣聽聽查理怎麼說。不過儘管觀眾滿懷熱情，打從查理走進會議室那一刻起，事情就整個大走鐘。查理像塔斯馬尼亞惡魔（Tasmanian devil，學名是袋獾）一樣鬼吼鬼叫開始演說，在白板前面轉來轉去，簡直是滿場飛。他的發言內容幾乎難以理解、毫無條理，速度又快得像機關槍，會議室內每個人都被轟得一頭霧水。最後這場演說是以一個沒有人聽得懂的冷笑話突然作結。凌晨一、兩點在永恆可以引爆笑點的哏搬到萊辛頓大道的會議室上說，反而像是石沉大海一般不起作用。

當話題轉移到比特快營運模式的細節時，突然之間，查理異常地渾身帶刺。關於比特快的營運狀況、合規性和財務方面的技術性問題越多，查理就越一開口便打回票，好似他完全沒有興趣談論自己公司的具體細節。他太忙著扮演比特幣經濟的執行長角色，結果根本無暇實際擔綱比特快執行長一職。在卡麥隆或泰勒明白這一點之前，會議就結束了。

泰勒說，「這種事情不能再發生了。」

查理結結巴巴地回答，「真的那麼糟糕嗎？」

「差遠了。你不僅沒有做好準備，根本看起來就好像在嗑藥，一整個精神分裂的樣子。」

「精神分裂？太棒了。我喜歡。」

卡麥隆說，「查理……我知道你還有很多其他責任。」

好比夜店、雞尾酒女服務員、環球旅行等。

卡麥隆和泰勒已經討論過不下十次。最近，查理被新聞大肆宣傳炒作，以至於雙方很難保持聯繫。他似乎無處不在，但就是不在自己應該在的地方。這句話指的是，他要不是應該在睡覺，就是該在比特快辦公室工作，但過去兩個星期以來，這座網站已經經歷兩回電力不足的險象，真是讓卡麥隆驚呆了。要是這座網站垮了，他們的投資還能多安全？還能給得出什麼報酬？事情是怎樣這麼快就走到如此糟糕的地步？

「你得考慮一件事，」泰勒停頓了一下，壓低聲音，「公司創辦人並不一定是最佳的經營人選。」

查理似乎突然整個人清醒了，至少足以理解泰勒在說些什麼。

「你是說應該讓別人來當執行長嗎？」

這是第一次溫克沃斯兄弟其中一人大聲說出這道想法。查理的創意源源不絕、能量永無止境，但是他有能耐經營一家實體公司嗎？那種比特快正快速演變而成的企業類型？從某一方面來看，沃希斯和艾拉都沒幫上忙，他們倆的能力超群出眾，但反倒只會強化查理最糟糕的特質。

查理的雙眼在泰勒和卡麥隆之間梭巡著，伸長脖子好與他們的雙眼對焦。

「也許羅傑對你們的評語才是正確的。」

卡麥隆說，「那是什麼意思？」

一對德國遊客從旁邊走過去，其中之一十分靠近他們。這個年輕人染著一頭嚇死人的奶油黃髮色，不僅認出溫克沃斯兄弟，還對著他們指指點點。他的夥伴是一名穿著牛仔服的女性，拿起手機對準卡麥隆拍了一張照片，然後他們繼續往前走。這種事幾乎已是生活日常。

「我是說，」查理繼續說，「有時候你們可以穿得這麼專業。」

卡麥隆翻了個白眼。有時西裝不可或缺，當然，它們很適合穿來拜會金融科技界大老。

「正如我們之前告訴過你，」泰勒十分自持地說，「羅傑並不是最有影響力的咖。」

儘管溫克沃斯兄弟在聖荷西時成功閃避親自與費爾見面的機會，但他們總是被加入大量電郵的附件欄，而且過去幾個星期終於躲不掉，數次和費爾進行長達一小時的電話會議，討論比特快的未來。感覺上，公司越成功，他們與這位住在東京的自由主義份子摩擦就越大。最近，許多談話都聚焦查理越來越常不在辦公室裡，無論什麼事、無論什麼話題，或是什麼事實和情況，費爾始終為查理辯護，即使意味著，這樣做形同犯錯。他可能會找到一種方法捍衛查理，說和他們開會簡直就像噩夢一樣痛苦。現在，卡麥隆幾乎已經在腦子裡聽到費爾的聲音說：合理化發洩精力才是創業家維護健康之道。

查理說：「他打從一開始就堅定地支持我。」

「但現在已經不再是開始的階段，」卡麥隆吼回去，「現在是現在。眼前是活生生的賭注，你不能再從前科罪犯口中聽取建議。」

查理的手掌平貼身後的窗戶上，在玻璃上留下汗漬。

查理說，「他是因為販售蟲害防治產品入獄。」

「炸藥，」卡麥隆糾正他，「他是那種喜歡炸毀東西的人。」

「你根本不認識他。他是真心真意想要改變世界、改變政府。」

「他是想要改變政府，但那是因為他討厭政府。這不是什麼高尚的哲學情操。而是私人恩怨。」

查理真的曾經努力捍衛過羅傑的信念嗎？幾個星期前，同一位查理不是才走進一家美國大型銀行，言之鑿鑿遵循法規的重要性嗎？

查理氣急敗壞地說：「你根本不認識他。」

「你說得對，」卡麥隆說，「但你也一樣。查理，你聽好。請你明白，我們安排這些會議是要讓比特幣擠進主流，不是希望它成為某一種基於邊緣意識形態的馬戲團把戲。要是比特幣想要成為下一個世代的黃金，就得先吸引每個人都想要擁有。投資銀行不會為一心想要殺死政府的毒品交易商打造一座資產交易平台。」

查理揉了揉眼睛。

「我們又沒有人是毒販。」

「但是現在，這就是你看起來的模樣。你得先端正自己的行為。」

卡麥隆終於感到呼吸變得比較輕鬆了，坦誠布公就很有用，就好比打開汽水瓶蓋洩壓一樣。他看得出來，泰勒和這位執行長的討論還沒結束，不過就目前為止他們至少已經提出自己的觀點了。希望查理聽得進去。

「這就是你們的角色，」查理終於回答，「你們才是發表主題演說的貴賓。」

卡麥隆得提供他一次機會。卡麥隆和泰勒原本是現成的比特幣大使，以至於只能騰出領銜主演餘興節目這樣的角色給查理。

但他似乎很想擔綱重要角色。

「請把這一點記在學習經驗上，」卡麥隆搶在他的兄弟說出更尖銳的評論前開口，「在大會上，讓我們確保各自會表現出最佳狀態。」

距離比特幣二〇一三大會還有幾個月，但是屆時倘若查理的狀況像今天這樣慘不忍睹，害他們只能狼狽離開，那就說不準他會惹出什麼麻煩來。不過話說回來，他對自己說：他不是發表主題演說的人，他們倆才是。

查理伸出手與他們相握。

「你們說得對。剛剛我在會議中的表現實在無法原諒。以後絕對不會再發生了。真的，只是不小心撞上道路減速丘。」

他的手掌濡濕，而且整個人在發抖，就像他們第一次見面一樣。

但是當卡麥隆目送查理沿著萊辛頓大道走遠時，他的小小身影在他們的宏偉大計中只能被形容為重要台柱。

18 明亮燈光

幾乎過了兩週，那場與艾伯康開會的鬧劇才漸漸從記憶中淡去。泰勒坐在星巴克裡，看著成群遊客和曼哈頓居民沿著窗邊穿過第八街。他選擇坐在人人可見的窗邊桌位，這個舉動頗不尋常，星期二上午十一點，此處就已經遊客如織，別忘了，阿斯托廣場（Astor Place）可是曼哈頓地區最熱鬧的景點之一，不偏不倚地位於東村正中央，對街就是紐約大學（New York University）。泰勒選的是這張桌子，並不是因為星巴克。他盯著窗外人群搜尋任何獵物出沒的跡象。

卡麥隆出聲，「他在那裡。」他指著一個打扮入時的男子正突破咖啡癮君子人龍，直直朝他們走過來。

來者身材高大，銀灰色頭髮散落在前額；一張臉輪廓分明，下巴方正；全身行頭像是出自頂級西裝店群聚的薩佛街（Savile Row），頸項還打著一條領巾：這傢伙看上去就像是從

《大享小傳》作家F. 史考特・費滋傑羅（F. Scott Fitzgerald）的小說走出來的人物。當然，他出場的年代已然不同，而且唯有他走近以後泰勒才能細察眼睛周圍的皺紋，在在記錄五十多年來的心理歷程。

「嘿，老弟們，」他邊說邊入座卡麥隆幫他準備好的位子，然後對著擺滿餐桌的糕點和飲料微笑，「你們搞了一桌很可口的自助餐哪。希望我沒有讓你們久等。」

泰勒謊稱，「我們也才剛到。」

馬修・梅隆二世（Matthew Mellon II）是那種你不會介意花時間等的對象。他是全美兩大名聲響噹噹的金融家族後裔，父親那邊，大法官湯瑪士・梅隆（Thomas Mellon）在一八六九年創立曾經躋身全球最大之列的梅隆銀行（Mellon Bank），二〇〇六年與全國最古老企業紐約銀行（Bank of New York）合併成紐約梅隆銀行（Bank of New York Mellon）；母親那邊，是安東尼・喬瑟夫・德崇（Anthony Joseph Drexel）的直系後代，後者一九三五年在華爾街創辦投資銀行德崇證券（Drexel Burnham Lambert），但是五十五年後，也就是一九九〇年破產，控告明星交易員米爾肯（Michael Milken）的訴訟隨之而來，當年他可是業界呼風喚雨的「垃圾債券大王（Junk Bond King）」。

所以說，梅隆出身銀行世家，光是這一點就足以把他的人生搞得天翻地覆。馬修就讀賓州大學華頓商學院時，父親自殺身亡；大四那一年他正值二十一歲，繼承二千五百萬美元遺產，立馬在校園附近買下一套六房大公寓和兩輛跑車，一輛是紅色法拉利，另一輛是黑色保時捷。

他畢業後決定走自己的路，於是搬到洛杉磯；創業之前曾有一段時間投身表演、走秀和時尚領域。他和父親一樣患有躁鬱症，經常得與各種癮頭抗戰。儘管他熬得辛苦，卻是全國最魅力過人、最有創造力的商業思想家之一；最重要的是，他也是心胸最開放的代表之一。他在戒毒匿名會認識前妻塔瑪拉．梅隆（Tamara Mellon），之後共同創辦精品女鞋公司周仰傑（Jimmy Choo）。二〇一七年，美國時裝品牌邁克爾高司（Michael Kors）斥資超過十億美元收購周仰傑。在這個世界上，幾乎沒有人比馬修．梅隆二世更能參透跨越金融、時尚、娛樂和政治領域的奧義。

泰勒和卡麥隆正在推動比特幣經濟之旅，梅隆堪稱完美旅伴。雖然他們通常是走訪避險基金、自營商、家族企業和其他金融機構，但也決定在比特幣二〇一三大會登場前，擴大致電有意思的對象，同時對方也有足夠的興趣討論此一話題。

正是這套策略引領他們得以拜會許多「喊水會結凍」的業界大老。就在前幾天，他們與英國維珍（Virgin）集團億萬富豪理察・布蘭森（Richard Branson）在邁阿密蘇荷海濱別墅（Soho Beach House）共進晚餐。席間，他們花了幾枚比特幣在布蘭森的太空探索公司維珍銀河（Virgin Galactic）預購二十五萬美元機位。泰勒和卡麥隆只是在 iPhone 螢幕上輕輕點幾下，當場就成為編號七〇〇、七〇一的未來太空旅客。

布蘭森早就投資一家名為比特付（Bitpay）的公司，進而打入比特幣經濟圈。這家區塊鏈技術商協助零售和其他產業接受比特幣付款。布蘭森的「太空事業關係」團隊負責人讀了《紐約時報》刊在頭版，描述溫克沃斯兄弟直線跳水般栽入比特幣經濟的文章後，便請雙方的共同朋友牽線。他深知，聯繫溫克沃斯兄弟並試探他們是否有興趣掏出幾枚比特幣，透過比特付購買太空之旅，這一步可能具備潛在的公關價值，於是促成這頓晚餐約。席間，布蘭森解釋，他們踏上太空之旅前，得先在位於南加州莫哈維沙漠（Mojave Desert）的太空人學校受訓一週，並希望這套訓練不會像奧運那麼費勁。

但是泰勒知道，這場和梅隆坐下來聊聊的咖啡約不可與之前會議相提並論，梅隆不是來聽教，而是來確認。他的激動神態、堅定信念讓他和他的兄弟都重溫當初一頭栽進新經濟那段日子的感受。

「這樣好了，」等到他們互換趣聞逸事，也閒聊完共同熟人的近況後，梅隆就切入主題，「自從我們開始互通電郵以來，我已經讀了很多資料，而且遠遠不只感興趣而已。我想你們這兩個小子正在搞一番事業，而且你們找到一艘飛天太空船了。」他稍微頓了一下，「我的問題是，我不知道如何切入。」梅隆一直沒有出手正是因為他需要他們的知識，或是幫他開一門比特幣經濟速成課。他需要借道他們打通的路徑，更具體來說，為自己在他們的太空船上買一張坐票的安全、可靠之道，就像他們向布蘭森購買自己的太空之旅座位一樣。

卡麥隆和泰勒立即同意協助馬修解決他的比特幣經濟問題，同時也意識到這項要求的重要性。如果像梅隆這種出身的人士，也就是美國銀行世家後裔，祖字輩幾乎可以說是最早開始打造整套銀行業體系的先驅，想要投入比特幣經濟都有一定困難的話，那就代表比特幣經濟仍有許多缺陷需要解決。

溫克沃斯兄弟喝完咖啡後同意為梅隆介紹查理，以便落實他的要求。在 RRE 創投（RRE Ventures）那場超級尷尬的會議之後，這一步當然有風險，但其實他們別無選擇，只能能照辦。梅隆不像他們在旅途中交手的多位商業大亨一樣遲疑，他已經準備好要進場，而且是打算砸大錢。他就和其他跟著溫克沃斯兄弟直線入水的比特幣之友一樣，將會大發利市。

「我的家人和朋友都會覺得我失心瘋了，」梅隆咧開嘴笑說，「光這一點就道盡一切。」

泰勒說，「瘋狂是相對的行為。」

「你可以先從小買幾枚比特幣開始，」卡麥隆說，「往後再一邊留意市場，一邊提高持有水位。」

「那不是我的玩法，我要不是全贏就是全輸。」

說得有道理，特別是從比特幣的發展史來看。它就像是一股迷潮，你要嘛跟上它，不然就是超無感。一旦你上鉤了，就永遠脫不了鉤，無論多少人抨擊它是龐氏騙局或鬱金香泡沫，你都將無動於衷。

泰勒說：「那就是你愛買多少就買多少。」

「我想讓你知道，我是親華爾街、親商、親銀行、親美國那一派，」梅隆說，「而且我覺得，這裡正是比特幣應該定下來的地方。」

梅隆是標準信徒，但信奉的是前段所述專業人士的形象，而非費爾或沃希斯。他知道，比特幣經濟必須在既存的金融架構中找到自己的位置。就好比臉書並未收服網路，只不過把它轉向臉書可以穩當運作的方向。

就溫克沃斯兄弟而言，了解比特幣經濟的故事只是整趟旅程的第一步，讓大家開始進入比特幣經濟圈則是下一步。在紐約，人人一有時間聚在一起，開口閉口就是在討論比特幣經濟，這種現象並非巧合，因為紐約正是全球金融體系的重鎮，一切都是從這裡起步。一七九二年，二十四名股票經紀人聚集在華爾街六十八號門外一棵梧桐樹下，共同簽署《梧桐樹協定（Buttonwood Agreement）》，創建紐約證券交易所（New York Stock Exchange）。

無論天馬行空的思想家們信奉什麼，無論他們如何聲嘶力竭地大喊打倒銀行與政府，溫克沃斯兄弟知道，如果比特幣經濟想要成功，華爾街就必須是玩家之一。

梅隆離開，融入阿斯托廣場洶湧的人潮中後，泰勒轉頭面向他的兄弟。

泰勒說，「我們和查理通個電話吧。」

雖然他們對於充當中間人，安排查理與梅隆見面一事持保留態度，但另一個選擇就是送他去見識 Mt. Gox，只不過這又是另一種完全不同的風險，甚至可能比會見神奇少年執行長更糟。無論如何，查理應該能夠協助梅隆買進大量的比特幣，就像他以前曾經協助他們一樣。

卡麥隆開始撥電話，一邊等著接通，一邊扮鬼臉。

泰勒問：「現在又怎麼了？」

「他不在。」

泰勒諷刺，「還有什麼我不知道的新鮮事嗎？」

「不只是不在，我的意思是，我現在聽到的是國際漫遊鈴聲。」

「搞什麼鬼？」

「他一定是出國了。」

「你在開玩笑吧。」

小屁孩竟然一聲不響地就出國？這就是他們的執行長？

「他到底跑去哪了？是誰告訴他人間蒸發沒關係？他可是有事業要經營哪！」

「我給你猜一次的機會。」

19 天堂這一端

查理傾身探出寶克力（Plexiglas，高階壓克力品牌）樹脂玻璃板圍建的陽台，凝視著閃爍的城市燈光，一整片充滿現代感和熱帶風情的摩天大樓毫無章法地擴展開來，其中交錯盤踞著內嵌拱形窗戶、瓷磚屋頂融為一體的西班牙式莊園建築。他放眼望去，四處可見起重機，正是蓬勃發展的經濟體必要的重工裝備。

時間應該是過了凌晨三點，但是這座城市才正要開始活躍起來。查理有一點想要下樓回到稍早離開的地方，那裡到處是汽車、煙霧與人潮，整排迪斯可舞廳、咖啡廳和餐館盈溢滿滿的能量，勾勒出貨真價實的紅燈區；另一部分的他則是滿足於單單從這間共享的兩層樓頂層豪華公寓的陽台上欣賞這一切，畢竟，要是派對如此迫不及待地找上門來，又何必急著趕場呢？

這座陽台一直延伸到建築物另一角，以便提供近三百六十度欣賞巴拿馬市美景的服務，從太平洋和名氣響亮的運河，直到老城區後方另一側綠意盎然的景觀。不過，陽台上沒有點蠟燭，從陽台外頭看不透這裡的景觀。他數了一下，至少有九名巴拿馬籍、哥倫比亞籍、哥斯大黎加籍與墨西哥籍等國的辣妹混在他的朋友中間，她們都是絕色極品，再加上各種不同味道的香水刺激，感受如此歷歷鮮明。

查理身邊的女孩名叫琪蒂（Kitty），似乎是這群娘子軍的領袖。一小時前她們隨查理與朋友從夜店回到家裡，那家夜店甚至連個名字都沒有，離他們這間公寓不遠，就位在兩個街區外的小巷盡頭。在這家夜店之前，他們整晚大部時間在威尼托賭場（Veneto Casino）玩得更嗨，它的粉紅色灰泥外牆以及龐大、刺眼的霓虹燈招牌，原本的所在地很可能是在美國拉斯維加斯的佛蒙特大街（威尼托賭場號稱是拉丁美洲提供唯一真正拉斯維加斯式體驗的賭場）。

查理不太確定，將這支馬戲團帶回住處是誰出的主意，他自己絕對沒有開口邀請這些女孩，雖然此刻寇特妮並未與他同在巴拿馬，但她一直是、而且永遠都會是他的一切。豪華公寓裡，男管家正在位於一樓的廚房炸西班牙餡餃。沒錯，他們租下這間公寓時，男管家附帶在租金內。炸肉餡餅的味道、水煮蛋的氣味從敞開的對開門向外飄散，連查理和其他朋友聚在一起的地方都聞得到。

查理不會說西班牙語，因此琪蒂在描述頂層豪華公寓位於城市哪一區時，他無法完全聽懂她說的每一句話。不過飛機從甘迺迪機場升空後他就讀過旅遊導覽，因此知道豪奢的螃蟹區（El Cangrejo）實際上是五十多年前猶太移民建成。這座城市還是隱隱透露出許多原始居民的生活痕跡，事實上，當天稍早查理在幾個街區之外漫步時，經過一座刻著亞伯特·愛因斯坦（Albert Einstein）的巨大頭部石像，盤據在一棟看起來像是公寓大樓的庭院裡。一九五〇年代以來，多數猶太人都遷居他處，這個社區現在變得多元化、國際化，而且非常活躍。

這個中美洲超小國確實稱得上是荒野西部，似乎根本就是化外之地，至少連可以遵循的法律都付之闕如，幾乎任何事物都可以討價還價，不只是賣淫完全合法，當地的銀行業法規也是全世界最鬆散的代表，或者也可以換個說法：「創新」。這座城市公司林立，線上撲克牌公司、放貸設施以及現在越來越多大大小小的比特幣公司，但如果是設立在多數其他國家，肯定將面臨更嚴厲審查。

查理看向費爾、艾瑞克·沃希斯與艾拉，他們圍聚在一台打開的筆記型電腦前，幾乎無視周遭辣妹群。費爾和沃希斯都被吸引到巴拿馬不足為奇，這裡的法律、道德觀念完美契合他們的信仰系統。沃希斯從紐約起飛，落地後的第一分鐘起就開始計畫永久居留這個中美洲國家。查理推想，行銷部門主管住在千里之遙另一塊大陸上的國家，似乎不是理想做法，不過在比特幣時代，似乎沒有什麼真正的理由讓他們應該全都被綁在一起。

查理基本上只是因為一時心血來潮就隨著朋友們一起離開紐約飛來這裡，但自從飛機落地後就一直避免檢查電郵，他心知肚明會看到什麼。他心不甘情不願地抽身離開陽台，從上頭橫陳一雙古銅色裸裎腳踝的躺椅下方撈出自己的筆記型電腦，然後在室友圍坐的旁邊找到一處安靜角落。

馬上就看到了：先是卡麥隆．溫克沃斯，然後是泰勒．溫克沃斯。卡麥隆．溫克沃斯再來一封，接著又是泰勒．溫克沃斯。溫克沃斯兄弟的電郵交錯寄達，全都標上緊急象徵的紅旗。

甚至連他們的名字看起來都像在冒火。他開始閱讀電郵內容，腦中馬上浮現他們打字的畫面，可能是坐在溫克沃斯資本玻璃環建的嶄新辦公室裡，也有可能已經是待在位於格林威治的家中，甚至是父母的漢普頓別墅，然後對坐著打字。他們的臉看起來也一樣歷歷在目。

說句公道話，他確實是應該先知會他們一聲，自己打算出遠門去一趟巴拿馬，但是他也知道，不告而別只是問題的一小部分；對他們來說，不單單只是他去巴拿馬這麼簡單，還要加上他是和沃希斯、費爾同行，特別是後者。

老實說，這個邀請來得正是時候。不只是他在狂歡痛飲趴的隔天搞砸一場悽慘無比的會議，畢竟他明白，溫克沃斯兄弟確實有充分理由痛斥他的行為失當；而是因為沒完沒了的電話、電郵，而且永無止境地為了建議而建議。當然泰勒和卡麥隆是比特快的主要投資者，但難道光憑這一點就足以提供他們權利，把查理當成好似行為不良的十二歲小屁孩，每一步都要下指導棋嗎？

此刻，他的心中十分明白。要是決定權在溫克沃斯兄弟手中，那麼現在他們就會把他拉下來，找一個西裝人或至少會穿上合身西裝外套的傢伙來當執行長。

「查理，過來瞧瞧，」費爾在他的躺椅上對著他喊，好似他一眼就能看穿查理的憂思，「我覺得我看到他們正在運河上用力划船，現在他們隨時都會爬上這棟建物這一側，然後把你一路拖回紐約。」

「我們這裡還有很多空間，歡迎他們加入，」沃希斯說，「我想二樓客廳有一張可以拉出來平躺的沙發床。」

查理繼續掃視他們的電郵，「我覺得我這次可能把他們逼到極限了。他們真的很火大。」

「也許這反而是一件好事，」費爾說，「也許這是把他們打回格林威治的一記重擊。」最近，溫克沃斯兄弟和大家的關係變得很火爆緊張，不僅是和查理，和同事也是。泰勒和卡麥隆開始將沃希斯、艾拉視為拿全薪但只做兼職工作的員工，因為他們倆還有餘裕另外搞自己的業外專案，沃希斯甚至還經營一座比特幣博弈網站。溫克沃斯兄弟相信，比特快需要全職奉獻的員工，而不是只花一半心思的玩家。這就是他們處理任何事情的原則，查理完全可以理解：畢竟他們不是玩票性質才爭取到奧運參賽資格。

但費爾認為，艾瑞克和艾拉的副業根本不關溫克沃斯兄弟的事，因為無論他們想打造什麼事業，都只會提升整套生態系統和比特快的格局。不過，顯然費爾與溫克沃斯兄弟的分歧遠比經商理念不同更嚴重。隨著比特幣經濟日益成長，費爾捍衛信仰的聲量越來越大，你只能選擇同意他們的觀點，或是與他們為敵。

查理先是開始回覆對其中一封語帶憤怒的電郵，打著打著就停下來了，因為他也不確定寫得出什麼讓局面轉圜的好事，或是能有效安撫卡麥隆和泰勒。他知道，他們雙方必須試著面對面坐下來徹底解決問題。但這就是他遁逃巴拿馬的部分原因，他已經知道，一場與溫克沃斯兄弟打交道格外棘手的會面即將到來。

「你難道還看不出來事情會如何演變嗎？」費爾說，「他們只是想讓你和銀行家、監管機構搞在一起。」

「他們希望比特幣經濟成功，」查理說，「他們只是對於如何達成目標和我們意見相左。」

「要是你真的這麼想，」費爾說，「有時你就很難分辨，誰是野蠻人，誰又是守門人（編按：華爾街通常把不懷好意的企業收購者稱為野蠻人；社會學則將把關者稱為守門人）。」

撇開哲學思辯不談，比特快變得越成功，溫克沃斯兄弟對查理經營公司的手法就越不滿。他們已經一再告訴他，不能再隨心所欲地出門旅行、徹夜跑趴，要安分地待在紐約好好經營事業。可是他們不能領會的地方在於，比特快正是他進入遼闊世界、各地派對的通行證，他才不要被拴在紐約的辦公桌前。這家公司是遇到一些問題，不過還是做得有聲有色啊，他們根本就應該放手讓他繼續做他正在做的事情，沒有必要修整任何已經行得通的做法。

查理知道，他得和溫克沃斯兄弟坐下來，提出具有前瞻性的嶄新策略。其中，值得討論的一件事就是比特快與支付軟體之間的關係。這套軟體是沃希斯與艾拉開發的心血結晶，目前比特快用以處理交易。有件事溫克沃斯兄弟到現在還被蒙在鼓裡，不過查理勢必得想出一種方法知會他們，那就是，沒錯，這套軟體的智慧財產權不屬於比特快，而是沃希斯與艾拉完全擁有，因為他們倆除了在比特快有正式職位之外，也著手開發這套軟體。有鑑於此，或許從溫克沃斯兄弟的角度來看，事情發展並不理想，不過查理已經想出一套計畫，那就是撥出名下一點比特快股份，支付沃希斯與艾拉智財費用，這樣一來，比特快就可以繼續使用他們的軟體。問題也就一勞永逸了。溫克沃斯兄弟僅僅需要簽字同意即可。沃希斯甚至已經寫好一份足以解釋一切的商業企劃書，而且連名字都取好了，叫做《聯合陣線（United Front）》。

一旦所有人都齊聚會議室坐下來商議，就可以達成共識。這會是一場心靈交會，大家齊心協力一同扶植比特快成為業界巨獸。這是他們初入這一行就夢寐以求的理想境界。

不過費爾對整件事卻有截然不同的想像。他覺得比特快應該搬到巴拿馬這裡。他說：「在巴拿馬，他們不會打著長大成年的幌子就管東管西，而是自行讓成年人做決定。」這是他一再碎唸的主張，但沃希斯越來越埋單這道觀點，而且另一名飛來巴拿馬與他們同樂的朋友也極力對外闡述這套論述，那就是正在嶄露頭角的比特幣大亨崔斯．梅爾（Trace Mayer）。他和他們其中任何一人一樣都是無政府主義者，而且也很早期就開始投入加密貨幣事業。他和費爾一樣相信，就金融領域而言，政府不是必要存在，單憑財務誘因就足以指導、治理人性本質，取得正面成果。

他們三人都提醒幾項重點，連綿不斷的哲學式轟炸甚至可能也改變查理自己的思想。舉例來說，與比特幣天王有關的爭議切不斷、理還亂，至今他依舊是這家公司最大的客戶之一。雖然查理一開始就快刀斬亂麻封鎖並警誡對方，但私下仍保證往後依舊歡迎。從那時起，比特幣天王強勢回歸，一年來狂掃貨。查理檢視他的交易清單可以看得出來，這位匿名客戶已經砸了九十萬美元穩定買進比特幣，但似乎是採取一種策略化購買手法，企圖混淆交易量。葛瑞斯對這種事通常不置一詞，不過最近卻從威爾斯發出擔心訊號，他相信分銷商做成這類大量交易只意味著一件事：比特幣天王狂買比特幣，只為了賣給想在絲路等不法之地購物的人。

「他又沒有違法，絲路本身也不違法，」查理發信給葛瑞斯，「我們自己也沒有針對分銷商制定任何規定，而且還從他身上賺了很多錢。」

顯然，這封電郵不足以緩解葛瑞斯的擔憂。查理就坐在陽台上，看著業務夥伴寄到信箱裡的另一封電郵，擔心比特幣天王正步步逼近合法範圍。

葛瑞斯在電郵中寫，「他的許多交易都有欺詐或洗錢的意味。」

費爾和沃希斯坐在瀰漫餡餅香味的陽台上，高談闊論世界應該如何運作，溫克沃斯兄弟寄給他的電郵則是描繪現實世界的運作之道；野蠻人就站在門口的畫面，交錯穿著迷你裙的女孩跳舞的景象，迴盪在查理的腦中。他點開信件，迅速回覆葛瑞斯一句簡潔的回答。

「酷哦。」

然後他闔上筆記型電腦，試圖甩掉眼前的問題，即使只能逃得了這一晚。很快地，他就得飛奔至巴拿馬感覺很爽，而且超自由，但他知道這種感覺不會持久。他得找出一套讓所有人飛回紐約面對溫克沃斯兄弟，提供他們沃希斯倡議的《聯合陣線》。他得找出一套讓所有人開心的做法。

要是不成的話，他還可以回來巴拿馬，找一個可以永遠待下來的住所。

無論發生什麼事，唯有一件事再肯定不過。有個地方查理．施瑞姆死活都不願意窩著：他母親的地下室。

20 聯合陣線

這次，沒有關著老虎的透明籠子，周圍也沒有律師虎視眈眈，更沒有人被手鐐腳銬在水冷卻器上，但他們兄弟倆一起走進競技場，不再只放行卡麥隆一個人。不過，當泰勒跟著查理．施瑞姆、艾瑞克．沃希斯、比特快外部律師及卡麥隆走進比特快總部的會議室時突然感覺不對勁，彷彿誤中埋伏。矩形的會議桌上已經擺著幾份剛印好，還帶有微溫的《聯合陣線》提案。有人想要「在他們的耳邊飆髒話」。

門一關上，查理就走到會議室前方搶先掌控大局。他沒有為遁逃巴拿馬或最近網站連連出包道歉，只以三、兩句話隨意帶過，好似它們根本不值一提；他也沒有徹底解決比特快與歐帛付之間日益嚴重的問題，才短短幾個月，後者就反過來威脅中止雙方的協定，使得原本的合法地位岌岌可危。不過，他確實承認，此際正需要更新策略了，以便推進比特快搶占全新高位。為此，他一邊說明，一邊指向桌上印好的《聯合陣線》，強調自己想出一套計畫，要正式將沃希斯和艾拉的支付軟體併入比特快，大家齊心協力經營這個幸福快樂的大家庭。

說到這裡，他就宣告會議結束。讓泰勒驚呆的發展是，他那位平日相對與世無爭的兄弟隨即從桌上拿起《聯合陣線》複印版，瞥了一眼，然後擲向查理的胸口。前幾天，查理就已經在往返的電郵中夾帶《聯合陣線》檔案，因此溫克沃斯兄弟看過全文了。

「你在開玩笑嗎？」卡麥隆說，「這間會議室裡的人，沒有誰和你是一家人。不只是會議室，連這間公司也是，艾瑞克和艾拉不是你的朋友，他們是你的員工。你不是在搞一樁生活美學事業，是金錢往來的商業生意。根本不應該討論是不是要將他們的軟體納入比特快，因為它永遠都是比特快的一部分。我們付錢讓它可以開發成功。但更重要的是，這次會議與軟體無關，完全和你有關，也和你如何經營這家公司有關。」

泰勒想站到兄弟身旁讚聲，但他知道，要是這樣做的話，整間會議室的緊張氣氛很可能急遽升高。或許查理真的沒有意識到這一點，但是對溫克沃斯兄弟來說，這場會議真的與沃希斯和艾拉合寫的軟體無關，在他們眼中，比特快早就擁有這套軟體了；也不是真的衝著查理不告而別就飛去巴拿馬而來，畢竟他一直都是這麼不專業。對溫克沃斯兄弟來說，這次會面將是一場糾正偏差的會議，因為他們一邊到處拜會金融界響叮噹的大人物時，查理卻是一邊夜夜笙歌，然後帶著醉得一蹋糊塗的模樣現身會議，而且一出口就是費爾和沃希斯灌輸他的瘋狂言論。

就這點而言，其實是他們投入的資金讓大門繼續敞開、工作繼續運行，而不是羅傑·費爾的錢。這項事實賦予他們權利，也可說是義務，約束並管控查理做好分內事。查理得明白一點：比特快不是他的小豬存錢筒，也不是他勇闖自我發現之旅的提款機。

泰勒示意兄弟冷靜一下，然後請其他人暫時離開，讓他們獨自與查理溝通幾分鐘。卡麥隆帶著滿腔怒火，找一扇可以俯瞰二十三街的窗戶就近坐下來，很多事讓他氣到不行。比特快在很短的時間內就燒掉一大堆錢，但查理竟然毫不關心，幾乎是帶著莫名奇妙的幻想玩瘋了。現在他又試圖改變股權結構，花錢買比特快（和溫克沃斯兄弟）付薪水的員工在辦公室裡開發的軟體。就溫克沃斯兄弟看來，這套軟體根本就是他們注資的部分項目。

泰勒領著查理走到會議室後方。他知道，沃希斯和其他人可能依然聽得到他的話，不過他不怎麼在乎。

「你身為比特快執行長，必須思考什麼事對公司最有利，不是對朋友最有利。你得清楚區分這兩件事。」

泰勒試圖說得冷靜、精準。

查理說：「沒錯，他們是員工，但他們也是家人。」

「不對。艾瑞克和艾拉是為你賣命的員工，羅傑・費爾則是擁有一定比率的公司股東。我們兄弟倆才是大股東。而且我們所有人都不是一家人。要是我們剛好都是朋友，結果是可以一起共事，那就算是天大的幸運，但交朋友不是我們的目標，只是副產品。我們不是一支相約打保齡球的團隊，我們是生意夥伴。」

「這是同一件事。」

「不是。你得畫出專業分際。」

查理先瞥了一眼假裝在和律師聊天的沃希斯，再瞥一眼假裝望向窗外的卡麥隆。泰勒伸手搭上查理的胳膊。

「現在是你和比特快轉大人的時機。」

「這一切都是衝著羅傑來的，對嗎？」

「不對，就這一點而言，絕對不是衝著羅傑來的。也不是針對艾瑞克或其他任何人，完全就只是和你有關。你看看自己怎麼經營這家企業的？你雖然是法遵長，但是卻沒有努力保護自己的版權；你也不和銀行打交道。你反而是每天晚上都泡在夜店，和端盤子的服務生攪和在一起，還心血來潮就往巴拿馬跑。你打算什麼時候才要認清現實？等到一切都來不及的時候嗎？」

查理的肩膀垮下來，但還是試圖違抗。

「我正在廣結人脈。對我來說，在這個社群被大家看到很重要。」

「查理，你在會議上抽菸又喝酒，結果連眼前的路都看不清楚。你認為這就是比特幣經濟現在需要的推動方式嗎？我們在這裡這麼努力是想要讓大家接受它的正統性。」

查理看起來像是想要反駁，但最終是沒說出口。泰勒可以猜到這名小屁孩執行長在動什麼腦筋：羅傑．費爾會怎麼說？

「如果你照這樣走下去，」泰勒說得太大聲了，但他實在忍不住，「最後你就會像羅傑一樣。」

「我很樂意像羅傑一樣，」查理幾乎是輕聲低語著回答，「我很樂意像——」

「一名重罪犯。」

泰勒把其他人都召進會議室，唯獨查理仍然留在會議室後方，沉浸在自己的世界裡。

然後沃希斯開口了：「現在可能是我辭職的好時機。或許艾拉和我可以離開，那就不會造成任何其他問題了。」

儘管之前泰勒和卡麥隆曾討論過，倘使沃希斯和艾拉不願意成為比特快的全職員工，他們倆離開的可能性有多高，但他不願意這件事在這個時候、這場會議的關鍵時刻發生。

不過另一方面，這項提議合情合理。打從一開始沃希斯就沒有全力投入，這些日子以來他更是有充分的理由抽身而退。他很聰明，或許是有點聰明過人，擔綱查理．施瑞姆的行銷主管反倒是大材小用。更重要的是，他的副業專案中本聰骰子已經在比特幣社群廣獲關注，以至於在整體比特幣交易占據顯著的高比率。現在他已經是一家成長飛快的初創企業大老闆，繼續窩在這裡當員工反而沒有道理。

「沒有人應該離開，」查理急得口沫橫飛，顯然對事態轉變感到沮喪。然後他轉向泰勒和卡麥隆：「也許羅傑可以買下你們的股權。」

查理是在選邊站，或者只是一時激動的反應，目前還很難說。

卡麥隆帶著怒氣回答：「羅傑沒有在買斷任何人。」

實際上，費爾曾出價收購他們的股權，條件是高於當初買價的一成；或者是，費爾也同意讓他們出資兩百萬美元買斷他的股權。探索所有方案的可能性確實符合費爾的個性，但他們倆永遠不會和費爾進行任何交易。

查理開口，「老兄。」但泰勒已經朝大門走去。

卡麥隆隨著兄弟走出大門。查理急忙地跟在他們後頭，口中喃喃自語著不需要把事情搞成這樣、沒有人應該辭職、他們一定可以順利解決問題云云。當查理試圖討價還價時，整個身形看上去比平常更矮小、洩氣。或許他真的以為，握握手、微微笑就可以解決一切問題。

「在划船時，」泰勒說，「有時候船上就是會有這麼一個拖累全體速度的傢伙。他可能是個大好人，也很可能非常努力，甚至比其他任何人都加倍努力。但是，這些都不重要，因為他拖累所有人。我們都稱這種人是定錨。」

語畢，溫克沃斯兄弟就離開大樓了。

泰勒和他的兄弟走上大街，朝向他們位於兩分鐘路程外的辦公室。有那麼一時半刻兩個人都沒有開口說話。泰勒完全沒料到，會議是以這種場面結束，不過他也沒有特別不滿意就是。或許，會中脫口而出的那些嚴詞厲語、失去艾瑞克和艾拉的可能前景，恰恰是查理需要的當頭棒喝，好讓理智重回腦中，從此像一位真正的執行長那樣幹正事。

泰勒感覺口袋裡的手機正在嗡嗡作響。他期待是查理發來的信，或許將是最後一次試圖保持「家庭」完整性的徒勞之舉。但他低頭檢視時才發現事與願違，電郵是來自一個陌生地址，他帶著好奇打開來看。

然後他突兀地停在人行道中間。

卡麥隆繼續向前走了幾步才發現兄弟沒跟上。

「你在幹嘛？你會被車撞死。」

泰勒揮手要他過來，然後把手機遞給他。

「這是什麼玩意兒？」

「這是一封邀請，舊金山的活動。」

卡麥隆盯著泰勒手機裡面那封神秘的電郵。

電郵內容很簡短，他們也不認識發信人，或許是某家公司的員工吧。不過這還不是神秘的地方，信中邀請他們五月十六日下午六點抵達舊金山，正好是他們要在比特幣二〇一三大會發表主題演說的前一天。除了日期、時間與地點之外，別無其他細節。這封電郵提到：

請在佛森街（Folsom Street）六百三十一號上找創世區塊……附照。

泰勒抬起頭，他說，「創世區塊。」

這個名稱是整個社群用來稱呼比特幣區塊鏈所產生的第一個區塊。中本聰自己在二〇〇九年率先挖出這個區塊。

他們前腳才離開查理、比特快和亂成一團的會議，後腳就收到這封奇怪的小電郵。無論艾瑞克和艾拉是否真心想要離開公司，泰勒相信，他們至少成功吸引查理關注。他將會解決問題，並成為眾所期待的執行長，不然溫克沃斯兄弟就會自己找出解決問題的方法，再也不需要他。

不過這封奇怪的電郵卻使得其他一切事情都顯得無足輕重，還讓泰勒想起他們在伊比薩島的第一天。當時他只覺得他們像是在窺視一個兔子洞，看到一樣不知怎地全世界其他人都沒看到的寶物。

從街角轉過來的計程車狂按喇叭，打破泰勒的沉思。他拖著兄弟走向路邊。

「我們必須預訂飛往加州更早的航班。」

21 門後

二〇一三年五月十六日，下午六點整。

舊金山市場街（Market Street）以南的林璺丘（Rincon Hill）。

這裡是天價公寓住宅區。他們的目的地似乎是一棟摩天大樓，大廳單調無趣，接待桌後方是一名神色無聊的門房，他也不知道卡麥隆和泰勒在找些什麼。一直到他們走回街上掃視建築物外觀後才找到目標物。它就大喇喇地立在外面，讓任何人走過去都看得到：一扇獨立門板，上面貼了一塊小標誌，上頭寫著創世區塊。

泰勒對卡麥隆輕聲說：「我希望奈佛（Naval）當初多提供我們一些線索，讓我們知道自己是往哪裡走。」

這番竊竊私語可能是有些過分誇張了，但那一瞬間環繞周遭的神秘氣氛、能量，卻讓這句話很有感。隔天就要登場的比特幣二〇一三大會一直針對他們倆大張旗鼓宣傳、造勢，還預排一大堆採訪，超過一千人將參加這場奇襲聖荷西會議中心的盛事，遠比前一年的八十名與會者浩大得多。甚至好幾家大咖新聞媒體也將現身會場。自從賽普勒斯出事刺激比特幣價格飆漲以來，大家就越來越關注比特幣。不過，說到這家創世區塊，無論它是什麼來頭，都不可和路人甲相提並論。

「一道神秘的邀請，進入一處神秘的入口。考慮主題相符，這麼做還滿合理。」

回頭追蹤電郵邀請人身分並不是很困難。他們上 Google 搜尋發送邀請的助手姓名，發現這封信出自連續天使投資人兼創業家奈佛・瑞維康（Naval Ravikant）。他是才華洋溢的思想家，擁有常春藤盟校之一的達特茅斯學院（Dartmouth College）經濟學、電腦科學雙學位，多年來投資過不計其數的科技初創商。

幾個月前溫克沃斯兄弟就在紐約結識瑞維康。當時他們參加自身經歷堪稱神童的投資家喬・朗斯戴爾（Joe Lonsdale）所舉辦的科技晚宴。朗斯戴爾就讀史丹佛大學期間就曾在 PayPal 實習，之後繼續轉為彼得・提爾創辦的避險基金克萊瑞資本（Clarium Capital）工作，再過一陣子便和提爾、艾力斯・卡普（Alex Karp）共同創辦全知科技（Palantir Technologies，取自《魔戒》中的全知魔眼石）。朗斯戴爾和提爾都是西洋棋天才，素以對戰長達數小時直到分出勝負方休聞名。提爾當然不用多說早已是矽谷傳奇，他不僅創辦 PayPal，還被貼上「PayPal 黑幫教父（Don of the PayPal Mafia）」的標籤，指的是一批 PayPal 之友四處開枝散葉，創立許多改變世界的公司，包括電動車之王特斯拉、太空事業初創商 SpaceX 創辦人伊隆．馬斯克、專業人士網路服務龍頭 LinkedIn 創辦人雷德．霍夫曼（Reid Hoffman）、企業社交網路碎念（Yammer）共同創辦人大衛．薩克斯（David Sacks）、風險創投基金創辦人資金（Founders Fund）創辦人肯．霍威利（Ken Howery）、大眾點評網呼叫（Yelp）總裁馬克斯．列夫琴（Max Levchin）等，族繁不及備載。提爾也正好是臉書的第一位金主，當初開出的五十萬美元支票最終飆漲至一筆十億美元的投資回報，創下驚為天人的一萬三千倍投資報酬率。

在晚宴上，奈佛對著溫克沃斯兄弟回顧二〇一〇年共同創辦天使清單（AngelList）的過程。它是一座群眾籌資平台，專門媒合金主與創業家，因此被商業內幕比喻成「投資圈的交友網配對（Match.com）」。稍後，溫克沃斯兄弟無意中聽到奈佛向晚宴中的另一名賓客加里．卡斯帕洛夫（Garry Kasparov）解釋比特幣，而且說得條理分明。卡斯帕洛夫是俄羅斯籍西洋棋棋王，也是政治活動家。

那頓晚宴是溫克沃斯兄弟第一次聽到來自矽谷「既有體制」的人認真談論比特幣經濟。談話結束後，溫克沃斯兄弟和奈佛互換聯繫方式。除此之外，他們不知道為什麼奈佛要找他們，或是他們在發表主題演說前一天晚上來到舊金山要幹嘛，他們只是覺得這麼做是聰明之舉。

泰勒試著轉一下門把，發現大門沒上鎖。推開後，眼前是出人意料之外的龐大空間，很像是一層頂樓公寓，只不過看起來不像真的有人住在裡面，因此反而比較像是一處裝潢精美的「穴居洞」。泰勒看到一張標準尺寸的桌球台、一張圓形的撲克桌、一對桌上足球台、幾台平面電視、真皮沙發、收藏豐富的酒吧以及幾步台階，通往架高的廚房和食品儲藏室。

卡麥隆說，「我們不是第一組客人。」

泰勒原本打算遲到三十分鐘，但卡麥隆主張，他們唯一的資訊就是時間和地點，所以最好是遵循這封信的指示。卡麥隆顯然是對的，因為已經有二十個人比他們早到了，坐滿沙發、圍滿酒吧。有些人聚集在電視下方，盯著螢幕上的比特幣價格走勢圖：Mt. Gox 最近飽受電力短缺困擾，價格因而受到壓抑，不過比特幣已見起色，大約穩坐一枚一百二十美元價位。

泰勒一路走進室內，這才意識到，自己認得其中許多賓客的臉孔。隨著這層認知而來的領悟是，早先他的感覺終於獲得實現和證實：這是一場關鍵聚會。

他還來不及開口告訴兄弟自己的想法，坐在其中一張沙發上的奈佛就看到他們，於是起身走過來。身邊是當晚的共同主人：比爾．李（Bill Lee）。李是高顏值的台裔美籍創業家兼投資金主，一九九〇年代後期的達康狂潮中賣掉自創的第一家企業，賺進二億六千五百萬美元。此後他就遁逃加勒比海島國多明尼加，在當地買下一家酒店，整整過了兩年衝浪生活。他回國後立即出資支持生平知己伊隆．馬斯克創辦的特斯拉與SpaceX。再隔幾年，他娶了美國前副總統艾爾．高爾（Al Gore）小女兒。李可能是矽谷躲在檯面下最有影響力的人士之一，外界幾乎不曾聽聞他的名號。在矽谷圈子裡，他塑造出風格鮮明的個人形象，完全與沙丘路上創投界最愛的卡其褲、駭客最喜歡的臉書人連帽T穿法相去甚遠。此際，他外穿仿舊皮夾克，內搭白色T恤，曬成古銅色的頸項上掛著一串棕褐色項鍊。

「歡迎參加聚會，」李邊說邊與溫克沃斯兄弟握手，「請自便在酒吧或廚房拿吃的、喝的。我們幾分鐘後開始。」

李說完後轉身離開歡迎更多跟在溫克沃斯兄弟後面進門的客人，這時他們無意中聽到有人說：「他其實不是住在這裡。是住在樓上。他買下整棟建物絕大部分的頂樓空間。」

「我很高興你們倆真的來了，」奈佛對溫克沃斯兄弟說，「既然你們已經被封為全世界第一對『比特幣大亨』，要是你們不在這裡，我會覺得很奇怪。」

卡麥隆：「那今晚要做什麼？」

「比特幣控匿名聚，」奈佛打趣，「這是一個專為加密技術中毒太深的工程師和創業家成立的支持團體。」

泰勒問：「這麼說來，你是推動者嗎？」

「正是在下。我們是目前矽谷唯一關心加密技術的同好。我猜想你們倆最近很少花時間來矽谷了。」

一語中的。

「無論如何，進入這間屋子裡的人大部分都是矽谷邊緣人。他們打造出賦能網際網路與相關配套系統的協定和工具。你甚至可以稱呼他們是網際網路的代名詞。」

奈佛說得對。儘管屋子裡有幾張臉在更專業的技術圈中可說是熟面孔，而且泰勒和卡麥隆也叫得出名號，但是他們大多數都不是一般美國人認識的矽谷「品牌」，也就是主導西部科技圈，身價高達數十億美元的獨角獸；反之，他們都是技術過人的超級好手，只花時間專注探索網路世界中更深層的傳輸和網絡層，而非僅止於臉書、Google這些名聲破表的公司關注的表層。他們相當於企業後台的工程團隊，不是迎門接客的閃亮前台接待員；他們經常被稱為「死阿宅」，不是非得面對客戶不可。

不過，每當有人提起這間屋子裡最聰明的傢伙時，你知道的，整間屋子裡都是這類絕頂聰明的傢伙。他們滿懷熱情地討論加密技術、相關協定和點對點網絡，以及應用C與C^{++}等比較低階語言編碼等話題；他們開口閉口都是一般用戶有聽沒有懂的語言，像是直接在硬體上運行、一和〇運算、位元和位元組，全是抽象層面。

泰勒肯定是認得其中幾位出類拔萃的億萬富豪，像是和提爾共同創辦PayPal的馬克斯．列夫琴，早期就大力清掃網絡上的欺詐行為備受讚揚，也是PayPal黑幫的主要成員。泰勒還看到名副其實的網路協定一哥布萊姆．科恩（Bram Cohen），他打造全世界都在使用的點對點協定位元流（BitTorrent），這套多點下載軟體本質上創建去中心化的對等文件共享方式。科恩或許是中本聰之後最了不起的在世協定開發者。泰勒暗自猜想，搞不好他就是中本聰？

再來是早期就已經成為比特幣控的前輩，好比保羅．博姆（Paul Bohm）這位資訊安全專家，他是最早期就筆耕解釋比特幣挖礦的幾位部落客之一；麥可．貝爾西（Mike Belshe）則是最早期在Google瀏覽器Chrome中使用開放式網路傳輸協定SPDY的工程師之一；麥特．帕克（Matt Pauker）與巴勒吉．席尼瓦桑（Balaji Srinivasan）共同創辦名為21e6的比特幣採礦公司，命名寓意是比特幣總數二千一百萬枚。席尼瓦桑同時也正要成為名為幣基（Coinbase）的初創商技術長，它是一家在業界迅速崛起的加密貨幣交易所。離他們比較遠的萊恩・辛格（Ryan Singer）經營比特幣交易所交易丘（Tradehill）；或許現場最眾所矚目的焦點人物是Mt. Gox創辦人傑德・麥卡列伯（Jed McCaleb），他最初發表的線上卡牌交易中心網站名稱是《魔法風雲會》，之後曾經重新定位為比特幣交易所，接著在二〇一一年將網站業務賣給馬克・卡伯列，自己僅保留少數股權，隨後就去創辦其他與加密貨幣相關的風險投資。

站在溫克沃斯兄弟前面的傢伙是安全專家丹・卡明斯基（Dan Kaminsky），讓他成名的一戰是發現網域名稱系統（Domain Name Security）協定的一處缺陷，一直到他解決這項問題之後，全世界網民才不再置身被駭客攻擊的風險。卡麥隆和泰勒曾在雜誌《紐約客》上讀到他的個人故事，詳實記錄他嘗試破解比特幣的失敗實驗。卡明斯基或許可以稱得上網路歷史上最偉大的安全專家，他把自己鎖在父母家中的地下室，花了幾個星期嘗試滲透比特幣協定，最終宣告徒勞無功。這整段過程看得溫克沃斯兄弟嘖嘖稱奇。

奈佛離去後，卡明斯基是泰勒開口交談的第一人。他留意到卡明斯基在手腕上戴著三只不同品牌的智慧型腕表：Fitbit、Nike的FuelBand和Jawbone的UP。泰勒在桌球台旁攔住安全專家，附近是麥卡列伯和列夫琴，兩位高手不知道在比劃什麼老天爺才聽得懂的內容。

「為什麼要戴三只？」泰勒問，「全部都不準嗎？」

卡明斯基聳聳肩。

「第二只是用來判斷第一只有沒有壞掉。第三只是用來確認其他兩只是不是造假。」

這句話不偏不倚正是泰勒原本就應該預期聽到的回答，只有安全工程師才會考慮系統、系統的容錯性和完整性。接下來十分鐘，他深入詢問卡明斯基的駭客行動。一開始，這位安全專家期待的是，可以輕鬆滲透如此錯縱複雜的代碼，事實上，正是因為太複雜、太冗長，所以應該有很多安全漏洞可以鑽。不過，就算他在父母家中擺滿電腦，隨著日子一天天過去卻仍是一無所獲。每一次他以為自己終於找到一個程式錯誤或漏洞時，隨後就會在代碼中看到一則訊息，宣稱「攻擊已移除」，好似中本聰已經提前考慮到所有的攻擊媒介和漏洞。但是這一步在卡明斯基看來似乎是不可能的任務。即使中本聰只寫下短短幾行代碼，卻永遠都比他早一步。這就是為何卡明斯基實在難以相信，中本聰是獨力行動的個體戶。他認為，原始發起者必然是一支團隊，他們完美無瑕、滴水不漏地拼湊出這套產品。實情若非如此，那麼中本聰必定是個格局高高在上的超級天才。

泰勒環顧整間穴居洞。

「我們可以合理猜測，中本聰此刻就置身這間屋子裡嗎？」卡明斯基並未表示不同意。可能是站在桌球台附近的列夫琴嗎？打從一開始，PayPal 黑幫的目標就是想為網際網路打造一種通用貨幣，但是他們還沒達成期望就賣給電商平台電子灣（eBay）了。對列夫琴和社內同事來說，從各方面來看 PayPal 都稱得上財務大勝利，對於為用戶開發好用易上手的網上付款方式來說也是一大成功，但是即使如此，它還是一套奠基現有銀行體系運作的支付網絡，至今仍未透過協定賺錢，就像網際協定通話技術（Voice Over Internet Protocol，VOIP）已經可以靠語音賺錢一樣。PayPal 仍然在舊版銀行系統的銅線上傳送資料。它們確實改變人們付款的方式，但是沒有徹底改變全世界。

比特幣實際上已經從 PayPal 黑幫停頓之處接手了。若說 PayPal 是老馬裝新鞍，比特幣卻已經是換新輪的汽車了。它就是加密貨幣的聖杯。有些想法和提爾接近的 PayPal 之友對自己早期追求聖杯功敗垂成的行動大失所望，以至於無法再和列夫琴一樣對比特幣漾滿興奮之情。最終，他們都將目睹他親眼所見的未來。

當比爾．李回頭加入他們時，先從列夫琴手中接過撞球桿，然後拿起白堊粉擦拭桿頭。泛泛的討論內容自此轉向哪一個國家可能率先採用比特幣當作國家貨幣。這道政府可能在某種程度上接受加密貨幣，而非視為敵人的想法，真可說是讓人怦然心動的問題，話鋒旋即轉到冰島，因為金融海嘯過後它的人民就變得極度不信任銀行家，而且還把一票肥貓全都關進監獄。冰島天寒地凍，因此成為比特幣採礦的理想地點。對礦工來說，正當他們想方設法處理所有數字以便找出黃金門票時，最艱鉅的挑戰之一就是要防止電腦過熱出包。

李開玩笑說要把自己的生意轉到冰島首都雷克雅維克，這樣才能領先群雄。李是注資特斯拉和SpaceX的第一位金主，早已在神不知鬼不覺的情況下遙遙領跑後進者。他對太空懷抱高昂興趣，只會使他更堅定相信比特幣就是金錢的未來。

「太空中到處散布著小行星，」他一邊說話，一邊舉桿對準母球與其中一個球袋，「小行星裡面則是充滿貴重金屬，好比鑽石、鈦，尤其是黃金。實際上，已經有一個數據資料庫推測出，最接近的小行星所蘊藏的黃金數量價值高達數十億美元。技術日新月異，問問伊隆就知道了。很快地，我們將會開採這些小行星。在我們這個宇宙中，黃金一點也不稀罕，實際上是蘊藏豐富，就像海灘上的沙子一樣。我們都知道那代表什麼意思。」

「貴金屬將不再珍貴稀有，」卡麥隆說，「但是比特幣的價值只會有增無減。」

在屋子裡的每個人都一清二楚，這一幕可能還需要二十年才會成真，不過這種結局無可避免；在屋子裡的所有專家與工程師也都清楚地將卡麥隆和泰勒視為早期採用者。他們張臂歡迎：這一點與他們受到矽谷其他人冷酷對待的方式天差地別，他們原本連在綠洲買一杯飲料請初創家喝都成問題，正因他們的身分敏感，正因他們與馬克・祖克柏之間仍有無法磨滅的關連。

但這間屋子裡的成員都不是矽谷「既有體制」份子，他們反而是叛亂份子、真心誠意的網路解密高手；他們多數人都不是那麼「銅臭」，甘願為臉書這樣的企業賣命；他們不會玩算計遊戲，但是賽局即將改變。

泰勒在人群中來回走動，盡量與見到的每個人談話。所有對話都很正向樂觀，每個人都相信，採用比特幣是時機問題，不是可能性問題。比特幣可以實至名歸地成為通行世界的貨幣，區塊鏈技術則是很快便將無處不在。

同時，這些工程師、科技高手和前瞻的思想家都同意，此際正是加密技術的關鍵時刻。現在全世界都睜大眼睛等著看，比特幣必須很快就達到「第二宇宙速度（escape velocity，指飛行器的飛行速度達到每秒一萬一千二百公尺時，將會擺脫地球引力束縛，不再繞著地球運行，而是進入環繞太陽運行的軌道）」。比特幣是黃金2.0版，黃金則是貨幣1.0版，但是黃金具有領跑一萬年的先發優勢。比特幣具有出色卓越的品質，但是如果不加速採用，自身具備的力量將會反過來扼殺比特幣。正如那些策劃比特幣成功的人一樣，像是比特幣社群中最盛大的年會登場前夕，這些心中滿懷偉大想法的各路英雄好漢群聚在這個穴居洞裡，也有另一派人士視它為一道威脅，像是華爾街金融圈、威士與美國運通（American Express），西聯環球商業滙款、全球政府，甚至是PayPal本身。這份名冊落落長。這些機構與企業是潛在的最大輸家，要是比特幣失敗，它們才是可以從中獲得最大好處的一方。

泰勒相信，比特幣回擊未來敵人的關鍵在於快速成長，迅猛的速度必先達到一種等到銀行和政府清醒時才發現，企圖扼殺它早就為時已晚的地步，結果是它們已經別無選擇，非得與它共存不可。這個去中心化的精靈若想促進這一天早日成真，就得在瓶蓋壓下來之前先掙脫瓶身束縛。一旦遁出瓶身，每一個國家的政府都會為了成為加密貨幣的首都大打出手。

當夜色漸濃，奈佛陪同泰勒與他的兄弟一起走到門口。他告訴溫克沃斯兄弟，他們倆在這麼早期就成為比特幣經濟的一員，大大提振這項事業，因為有助刺激比特幣快速成長。現在比特幣該做的事就是躋身主流，因此需要正確的人對外宣揚正確的理念。全世界都會洗耳恭聽。

這正是他和卡麥隆幾個月來一直試圖向查理解釋的重點，全世界都洗耳恭聽，而且大家願意傾聽的對象不是置身巴拿馬的無政府主義份子。上次開完會，沃希斯恪守諾言很快就提出辭呈，他離開後便實際完全移居巴拿馬。泰勒仍然希望相信，在他們倆出力幫忙之下，查理．施瑞姆擔得起當一位擲地有聲的意見領袖。但事實上，很難想像查理．施瑞姆置身這間滿是工程師和未來主義者的屋子裡，像個馬戲團的雜耍演員一樣在這個穴居洞四處周旋。

當他們走到大門時，泰勒對奈佛說：「我很高興你願意讓我們成為其中一份子。」

這不僅僅是一句場面話，奈佛將他們加入邀請清單，並不像表面上只是動手將他們的名字輸入電子表格一樣簡單。

事實上，他們的准入至少引發其中一位他們也聽聞的矽谷大佬提出反對意見：查瑪．帕里哈皮提亞（Chamath Palihapitiya）。他曾經擔任臉書用戶成長部門副總裁，直到二〇一一年為止；而且一向以來都是馬克．祖克柏的盟友。在溫克沃斯兄弟印象中，他是一門直言不諱的大砲，經常帶點自吹自擂意味，過分注重打扮的風格在矽谷圈子裡顯得格格不入；總是很快就像鸚鵡學舌般重複小團體思想圈的流行語彙，以及「破壞」、「數據驅動」、「引爆點」和他個人最愛的「針對有意義的問題提出有意義的解決方案」種種老掉牙的辭彙。帕里哈皮提亞在臉書時，被外界認為值得注意的原因在於拓展社群網路的用戶數量，但是在臉書如日中天期間，這種功勞其實就好比確保每天都會旭日東昇一樣。

溫克沃斯兄弟打聽到的消息是，奈佛原本就有意邀請他們，但帕里哈皮提亞卻是不請自來，而且還試圖說服奈佛取消邀請溫克沃斯兄弟的意圖。當奈佛回答不會取消時，帕里哈皮提亞斷然拒絕赴宴。

泰勒認為，這是帕里哈皮提亞的損失，而且在他的內心深處，很高興帕里哈皮提亞選擇退出創世區塊。事實上，他很高興這裡沒有人是臉書的員工。它是十年來最龐大的獨角獸企業，據稱是最深具遠見的矽谷企業之一。

「這份邀請寓意深遠，」泰勒補充，「讓我們可以成為一門大事業的一份子。」

奈佛說，「我總是支持受害那一方。」然後咧嘴笑開。

22 比特幣二〇一三

紫色垂簾構畫出聖荷西麥克內瑞國際會議中心（San Jose McEnery Convention Center）的主要舞台，群聚的人潮代表萬事皆比特幣：開發者穿著短褲、連帽T和運動鞋；運動風的掛繩與名牌，前一天安置好各自的行動攤位後才剛剛到手。現在一整間偌大的會場滿滿的全是攤位，看起來好似巢室環環相扣的蜂房。比特幣礦工老是盯著手機，查看位於地下室、車庫以及隔熱秘密基地的硬體設備持續不懈地奮戰，為他們解碼那些難以捉摸的區塊獎勵，也就是中本聰幾年前發起的永久競賽；自由主義份子身上的T恤塗著五顏六色的反政府口號；密碼學家蓄著長髮、滿臉于思；還有帶著錄音筆、架好燈光與相機的金融財經媒體，全都對準舞台，準備捕捉關鍵時刻。萬一這個關鍵時刻真的很關鍵，也就是比特幣歷史上所謂的支點時刻，所有置身這間工業機庫風會議中心的人都相信，一個無可避免的時刻已然上路，而且即將降臨。

「一開始他們不把你放在眼裡，」卡麥隆站在舞台中央大聲喊話。懸吊在天花板的聚光燈炫目燦爛、滿場聽眾的眼睛全盯在他身上，刺激他的脈搏暴衝狂跳。

「然後他們嘲笑你。」

「接著他們開始找你碴，」與他並肩站在舞台上的孿生兄弟補上這一句，他的聲音透過超大喇叭傳出去，迴盪在整間會議室。

卡麥隆大聲宣布：「最後你贏了。」當場內近一千名聽眾鼓掌叫好，卡麥隆的神經終於平靜下來。台下不是一批帶有敵意的人群，而是加入同一場運動的同好。雖然其中可能有許多人不知道為何溫克沃斯兄弟會被挑選成為報紙的頭條人物，但是，顯然從卡麥隆走上舞台那一刻起，他們都願意給雙溫一次機會。

他們拾取印度聖雄甘地（Gandhi）的牙慧當作這場主題演說的開場白，或許野心太大，不過這段知名語錄卻永遠可以吸引矽谷人，它們簡直就是矽谷幾乎所有企業的口頭禪，但是卡麥隆和泰勒用在他們這場演說中，實際上要比推特和臉書更早就提出觀點。

「汽車，」卡麥隆繼續演說，「曾經被視為不可靠的玩意兒，尤其無法與馬匹相提並論。儘管一時蔚為流行，但不適合廣泛採用，因為行車範圍和實用性受到限制。」

卡麥隆和兄弟為了進一步闡明這一點，再追加幾句名言，包括一九〇三年左右密西根儲蓄銀行（Michigan Savings Bank）總裁的一句話：「騎馬才是王道，汽車不過是過眼雲煙。小玩意兒罷了。」汽車最初發明時可能會被眾人嘲笑，這道想法似乎聽起來很荒謬，但正如卡麥隆所指，多數最終真正改變全世界的重大創新在一開始都得到類似回應。

許多人都說亞馬遜可能會一敗塗地，因為懷疑論者認為，消費者不會主動在線上刷卡，或是在缺乏「關鍵的個人元素」前提下還願意購物。卡麥隆解釋，網際網路本身，以及它對全世界的潛在影響從以前就一直飽受懷疑。一九九八年，舉世聞名的諾貝爾經濟學獎得主暨《紐約時報》專欄作家保羅．克魯曼（Paul Krugman）曾說過一句讓自己顏面盡失的評論：「到了二〇〇五年左右，一切都會變得再清楚不過，網際網路對經濟的影響力不會比傳真機更強大。」

現在，比特幣經濟躍上新聞頭條新聞，而且還成為全球辭典的一部分，人們再也無法漠視它的存在，反之，嘲笑派正卯足全力，雙方爭霸一觸即發。比特幣若非被譏諷為笑話就是被痛罵「極盡危險」。抱持懷疑態度的人士將它與眾所周知的泡沫相提並論，無論是一六〇〇年代的荷蘭鬱金香、一九九〇年代後期的達康泡沫，或是二〇〇八年的房產市場崩盤，但卡麥隆和他的兄弟不相信所有這些比喻都適用比特幣經濟。比特幣經濟並不是偽裝成某種具有增值作用的易腐花朵，也不是股價表現和經濟產出離譜脫鉤的企業，更非高度槓桿的第二故鄉。比特幣經濟是一套網絡，如果有什麼事他們真的明白，那就是網絡力量無遠弗屆。越多人埋單，它的價值就會越高。這就是梅卡菲定律（Metcalfe's Law，意指建置網路的費用和規模成正比，但價值和使用規模呈指數成長），明瞭易懂。網絡成長速度一點都不緩慢、穩定，而是病毒式瘋狂傳播。

「這不是一顆泡沫，而是一場大搶購。」

一旦血淋淋的戰爭開打，而且恐怕會異常激烈，比特幣經濟將如何獲勝？

卡麥隆堅信，最可能反抗比特幣的代表將是那些因為它廣獲採用損失最慘重的族群，這樣便意味著，傳統金融世界裡所有的中間商、尋租者和收費員，包括銀行、轉匯機構、匯款組織、信用卡商和政府都算在內。

卡麥隆和泰勒也知道政府即將介入管制，但他們不像屋子裡多數人認定多做無益，反而相信擁抱、協助塑造這種可能的最終結果非常重要。因為過去一年來，他們從買進、推銷比特幣，加上投資崛起新星之一的經驗已經意識到一件事：比特幣社群面臨的最大危險其實是自己。

Mt. Gox 屢屢失足，引發市場劇烈動盪；所有和絲路沾上邊的事物都跟著渲染暗黑色彩；激進的哲學家在比特幣的起步階段很重要，現在卻與比特幣主流化的運動大相徑庭。所有這些發展都是比特幣社群自己走出來的道路，不是因為某些外部威脅或挑戰，但後兩者很快就會來到。

監管時代將會來臨，而且應該要來臨。在此之前，卡麥隆警告台下聽眾，比特幣社群得「扣緊安全帶，把事情打理得井井有條。」

「也許，此時此刻，比特幣最具諷刺意味的一點就是，這個基於數學計算的貨幣正被人類把持。我們可以完全改變這一點。」

比特幣必須學會如何停止與自己打仗。

卡麥隆和他的兄弟為了配合這場演說，把慣穿的西裝留在家中。卡麥隆穿著一身黑，連運動鞋也不例外；他的兄弟穿著一件花式襯衫，並解開袖扣、捲高袖子。沒有人比他們更了解的潛規則是，總有特定時候、特定地點，就是得把自己打扮得就像矽谷企業家一樣富有創造力、輕鬆又自在，就好似你遵循的規則正是你一手創造的成果；也總有特定時候、特定地點，要讓自己看起來像是深諳某些規則至關重要，某些則需要動手架構；更總有特定時候、特定地點就是得穿著人模人樣的西裝，這是比特幣世界需要學習理解的潛規則，因為這麼做有助於確定比特幣是沿著汽車業或鬱金香的發展軌道前進。

台下群眾瘋狂鼓譟，達成掌聲如雷的預期效果，甚至緊隨泰勒穿過搖曳晃動的紫色布簾縫隙，沿著狹窄的走道直抵講者休息室。在這段路程中，卡麥隆沿途不斷和迎面而來的人握手，大多數他都不認識，好比大會籌辦人、操作員，甚至是音響和燈光專家，以至於他幾乎沒有時間好好喘口氣，只能跟緊泰勒，直到站在敞開的大門前才發現自己正置身綠色房間，已經有一張餐桌沿著裡面那道牆擺上餐點：礦泉水、糕點，還有鴨舌帽、T恤和原子筆等比特幣相關的促銷小物。在這間屋裡，他看到全世界每一家涉入比特幣的重要企業執行長大頭照：菌絲、鍊動（ZipZap）、開放幣（Open-Coin）、幣基、瑞波實驗室（Ripple Labs）、新幣實驗室（CoinLab）與幣定（Coinsetter）等，幾乎所有公司都會刻意取「幣」入名。

直到他走近自助餐桌，拿起一瓶外觀印上比特幣符號的礦泉水，才從眼角餘光瞄到，他投資的創業家本人正活生生地站在遠處角落一台空白電視機下方，剛剛無疑才播放過他們的主題演說。查理・施瑞姆正比手畫腳地高談闊論，全身隨著腳趾在地上點啊點地跳上跳下。

他對面的聽眾是羅傑・費爾。

卡麥隆輕拍一下他的兄弟，然後朝著那兩人的方向點點頭。

卡麥隆說，「又來了。」

泰勒回答，「猜三次，他們在聊些什麼。」

「炸藥、」卡麥隆說，「毒藥、叛亂。」

事實是，就他們所觀察，自從雙方在紐約暴衝攤牌以來，查理的表現堪稱這陣子以來最稱頭。雖然他還是很常往外跑、住在夜店樓上，以至於待在比特快辦公室的時間不足以滿足他們的期望，不過失去艾瑞克和艾拉似乎有效敦促他採取積極行動。他經常將公司前進方向、如何實現目標的正確之道掛在嘴上。他至少努力維持比特快順暢營運。

但顯然，他沒有把他們對費爾的建議聽進耳裡。他像是對年輕的執行長施了什麼失心瘋的魔咒，而且短期內毫無解咒跡象。即使卡麥隆是從遠處望去，也能一眼看穿。

你就是會拜倒在他腳下。費爾魅力超凡。雖然溫克沃斯兄弟至今仍設法避免與這位「投資夥伴」面對面交流，但是毫無疑問，他們看得出來，他是那種若非成為怪裡怪氣的億萬富翁，就是轉瞬即逝的瘋狂過客。沒有落在中間的可能性。對那些懷抱虔誠熱情緊緊跟隨他的言論的人而言，他就是比特幣耶穌、就是上帝指派來拯救世人的救世主彌賽亞。不是因為他在非常早期就涉入，或是在這一行大手筆投資，反而更是因為他具有一股磁吸力，足以吸引那些想要相信、渴望創造另一種世界、另一套體系的人。

但是有些真正極端的信念正以費爾的加密邪教為中心持續發展。費爾還沒在大會上發表演說，但剛剛接受幣台（CoinDesk）採訪，它是一家比特幣相關的媒體部落格，最近才冒出頭，專門報導這一門蓬勃發展的產業。費爾的回答在卡麥隆的腦中敲響警鐘。當對方問費爾，在他還是二十啷噹歲時就被起訴入獄，是否影響他進入比特幣經濟的決定，他這樣回答：

「在我犯法之前，政治觀點比較抽象……。比特幣經濟讓我最振奮之處在於，在所有方面都將剝奪政府的控制權。」

費爾繼續侃侃而談比特幣就是「威力強大到不可思議的工具，不會（單單只是）解放美國人，更會解放地球上每一個國家……我一向這樣對大眾宣告。」

在溫克沃斯兄弟看來，美國人需要解放的想法聽起來很怪異，而且比特幣經濟將剝奪美國政府權力的觀念似乎潛藏危險。卡麥隆絕對同意，比特幣經濟有一點美妙之處就是，為那些生活在暴政中的人民帶來經濟自由，但是將這種渴望自由的需求套用在置身開放社會中的美國公民，在他看來，根本就是在推進一場邁向駭人方向的運動。

但是費爾並未就此打住。

「我贊成監管，」他告訴幣台記者，「但不是像管制槍枝那樣的程度。兩者具有非常重要的區別。華盛頓特區的監管機構制定法律時，不是要求你這樣做，是指示你要這樣做。要求他人做某件事，和指示他人做某件事，兩者打從根本就不一樣。就和做愛與強暴截然不同是一樣的道理。」

做愛與強暴。這已經不只是煽動性評論，更是等於無政府主義主張。費爾的邏輯很容易適用在稅收，或其實是適用任何法律。卡麥隆相信，這正是費爾的盤算，他似乎認為，為政府在背後撐腰的法律根本就類似強暴。費爾真正想說的重點在於，比特幣是一道繞開任何法律的途徑。

卡麥隆和他的兄弟剛剛發表的演說是在暗示，比特幣的獲勝之道就是先打贏戰爭，然後喊停，改與監管機構、立法單位展開必要合作；費爾則是拋下戰斧，直接宣布開戰。

現在，他就站在綠色房間的另一頭，在查理的腦子裡埋下種子，然後澆水施肥；查理就像海綿一樣照單全收。

「我們應該加入他們嗎？」卡麥隆問，「畢竟，我們出錢金援武裝的叛亂份子。」

泰勒卻指向另一邊，對準其他各種比特幣強力玩家的方向。

「今晚不想和他們攪和。讓我們好好享受這一刻。」

卡麥隆最後一次瞄向查理，後者正手舞足蹈，說著天馬行空的故事；一旁的費爾就像一隻柴郡貓似的咧著嘴笑開來。

「我們這一晚始自甘地，可別像切．格瓦拉（Che Guevara，參與中、南美洲國家革命的阿根廷人，最終被逮捕、處決）一樣收尾。」

卡麥隆穿過迷宮一般的會議中心，終於抵達比特快的攤位。說真的，所謂攤位也只是一個臨時拼湊出來的隔間，擺上一張桌子，上方懸掛一張畫著比特快公司名稱和商標的超大幅海報。這個臨時隔間是黑色布簾交錯層疊而成，頂層則以鍍鉻的毛巾桿串成一列。查理已經完全塑造出查理風格了，就像長出翅膀的小天使一樣綻放光芒。卡麥隆立刻就能明白箇中原因。

麥克風。

相機。

穿著低胸上衣的辣妹記者。

查理坐在一張導演椅上，雙腳懸空，鞋底晃著想觸及地面。他距離比特快團隊其他成員只有幾公尺遠，穿著黑色的比特快T恤、黑色西裝外套和深色牛仔褲。他正接受國際電視台今日俄羅斯（Russia Today）節目《最優利率（Prime Interest）》主持人採訪。今日俄羅斯的英文簡稱為RT，是由中央政府出資打造的網絡。在那個時候，卡麥隆認知的RT僅限於它至少在金融領域提供令人大開眼界的優質節目內容。他甚至可以從差不多十公尺外就看得出來，記者愛死查理，連查理也愛死自己了。他看起來風趣，健談，因此這是一場很精采的採訪，一個小矮個卻有一張大臉，甚至還有一副大喉嚨，分明是為了相機而生。不過卡麥隆也看得出來，查理的現實感變得有點雜亂失序、毫無章法。這名小屁孩正在相機面前演很大，雖然讓他看起來很可愛迷人，卻也讓人稍感不安。

這個星期六已經過了一半，演說場次依舊如火如荼進行著，巨大無比的商業展覽也擠得水泄不通，憑良心說，這座會議中心簡直就成了查理的遊樂場。在這座舞台上，他就是名人。卡麥隆漫步其間，實際上穿越一個個販賣上頭印著查理大頭照的T恤攤位。比特快是此處最被頻繁討論的公司之一，多數參加這場會議聽眾都認得出查理。

查理在接受RT採訪期間宣布，溫克沃斯兄弟投資比特快，這則新聞一直被嚴密控管，直到最終在大會曝光。卡麥隆聽著查理談話，發現他採用一種怪異的說法揭露新聞，他告訴記者，自己才是在伊比薩島認識溫克沃斯兄弟的關鍵人物：「我讓出自己的躺椅！」艾薩如何把他們倆哄得團團轉：「你們一定要會會查理這傢伙，他真是個天才少年云云，雙方根本就是第一眼就合拍。」

卡麥隆不由得笑出來。這純粹是一套結合「搞什麼鬼」和「甘拜下風」的故事。不僅是查理沒有說出減損故事張力的真相，更是查理實際上完全埋單自己在說的鬼話。

查理還告訴記者，溫克沃斯兄弟登門拜訪地下室，鼓勵他創辦比特快的當下，他對自己這樣說：「查理，你得在這件事上頭放手一搏。」所以啦，現在他才會立足這場賽局的巔峰，不久後比特快就搬進位於蘇活區的全新時髦辦公室。

蘇活區辦公室？卡麥隆搖搖頭。比特快的辦公室依舊在熨斗區，只不過一點也不時髦。

查理是在發神經嗎？

採訪接近尾聲，查理從他的開創神話轉移到當前的事業，「我們在超過三十州擁有匯款許可證。也申請到聯邦執照。」

但隨後記者打蛇隨棍上，突然間，查理似乎再次失心瘋。這名年輕執行長當著卡麥隆的面說了一句話，徹底暴露自己內心相互矛盾的忠誠。

「我們盼見比特幣推翻舊有一切，但同時我們也必須遵守法規。」

這句簡單聲明似乎囊括卡麥隆和他的兄弟關心的一切重點，費爾磁吸查理的力量是朝向卡麥隆和泰勒不樂見查理管治公司的方向發展。卡麥隆奢望泰勒能和他漫步到比特快的攤位，但此刻他的兄弟正在大廳對面的一處攤位和風投業者談話。

查理總是試圖正確評論：「無論如何，你都必須了解每一位客戶……無論他們只花一美元或是砸下一千美元，」但是隨後又一筆勾銷。卡麥隆可以清楚看穿，查理心中真正糾結的信念是哪一點：「一旦你洗錢，他們馬上就會待你如罪犯，這樣不公平……你應該可以對客戶這樣說，如果你信任我們，我們就會信任你……我們正試圖推翻這種待你如罪犯的行為，轉變成魚幫水、水幫魚……」

這段話究竟是蝦米意思？不過後來查理似乎又找到立足點了，話鋒轉回他自己在演說時宣揚的觀點，一種隨心所欲、風趣好玩，隨興所至的談話方式，能讓觀眾拍手叫好、捧腹大笑：「比特幣是裝著翅膀的現金……既可在地化，也可全球化。」

查理再補上一句：「這樣一來就能推翻金融業的基礎設施。」

再過一分鐘採訪就結束了，記者感謝查理撥冗並開始收拾裝備。這時候卡麥隆偷到一個空檔可以將查理拉到一旁。

卡麥隆開口說，「那段採訪……真有意思。」查理突然從椅子上跳下來，一個箭步上前就給卡麥隆一個笨拙的小熊抱抱。

「這一切真是太棒了。你的演說超讚的。這個地方不是瘋得可以嗎？」

一句句評論就像故障的水龍頭一樣不斷從查理的口中冒出來。在那一刻，卡麥隆無心說出自己真正的想法。不只是查理還很年輕，也不只是他精力過剩、太容易心有旁騖，更不是泰勒現在堅信，他真的就不是執行長的料。查理顯然有很多內心小劇場，試圖釐清自己在這個新世界中的定位，總是被好幾道再明顯不過的力量左拉右扯。卡麥隆一向比他的兄弟更善解人意，深深同情這名小屁孩，因此曾經許多次捍衛查理的行為，扮演對抗兄弟的魔鬼代言人，但是到頭來他知道泰勒才是對的。

對卡麥隆來說，事情再明顯不過：如果查理．施瑞姆這名「天才少年云云」無法很快就搞清楚自己的定位，最終必將功虧一簣。

要是你一再任憑兩道相反方向永無止境地拉扯，遲早你就會被撕成兩半。

凌晨一點，卡麥隆玩得太開心，無暇擔心查理。而且說句公道話，當這一天慢慢過去，他們從大會開場到交易大廳，再到演說場次，然後是某人在會議中心外頭眾多露台之一架設的賭場，接著轉戰附近的希爾頓（Hilton）、萬豪（Marriott）飯店舉辦雞尾酒會，最後則是移駕當地餐廳，一大堆比特幣狂歡族和聖荷西鯊魚隊的曲棍球員縱酒作樂，慶祝他們的球隊剛剛拿下季後賽冠軍。在這種氣氛中，雙方所有的哲學差異都會被忘得一乾二淨。在那一刻，無論多麼短暫，他們都團結起來歡慶自己熱愛的事物。

「這就是你們所知的合夥關係如何發揮作用之道，」查理搖搖晃晃地走在卡麥隆和他的兄弟之間時開口說，他們三人沿著裝設螢光燈的水泥牆走廊通往會議中心，「我從來就不雇用不喝酒或不抽菸的人。我認為這套邏輯也應該適用在和我一起投資的金主身上。」

卡麥隆聞言大笑，雖然他確實發現，羅傑．費爾不菸也不酒。他甩掉這道念頭。RT採訪結束後，他幾乎把整天多數時間花在盯梢查理的行動。這名小屁孩顯然適得其所。比特快舉足輕重，這一整天，他和許多比特幣圈內人談話，大家粗估，原本發生在Mt. Gox的交易，現在約莫有七〇%都改由比特快接手了。雖然消費者新聞與商業頻道（CNBC）推估是接近三成，但卡麥隆相信，大多數與會者都是在查理的網站買進自己的第一枚比特幣。畢竟，他讓買賣比特幣變得容易。你大可走進多數便利商店，把現金交給收銀員，三十分鐘內就會收到你的比特幣。

T恤上印著他的大頭照只是冰山一角。雖然卡麥隆和泰勒發表主題演說後被人牆圍堵，而且所到之處都有聽眾想要和他們自拍或爭相握手，但是查理在會議中心裡非得要不停走動才能招攬人群。正如卡麥隆親眼所見，這名小屁孩無法引起足夠的關注。有一次，當兩名開發者走向查理自我介紹，他才伸手探向身後的口袋，然後雙手又向前甩，亮出兩張名片，夾在手指中晃呀晃的，像是在表演魔術似的。顯然是他一直在練習這套動作。

整個下午，他在一群又一群的仰慕者中間來回穿梭，不過真正讓查理走個不停的原因是出沒在身邊的相機或麥克風。他就是無法拒絕採訪要求，管他來者是何人。一開始，卡麥隆試圖引導他轉向比較專業的媒體，好比消費者新聞與商業頻道、有線電視新聞網（CNN），但是很快就發現，他的努力毫無意義，因為查理願意和任何人說話。這是一名打從高中時期就被晾在一旁小屁孩，現在，突然之間大家都對他投以關愛的眼神，每個人都想從查理與比特幣工廠分到一點好處。

雞尾酒會結束之際，他們繼續被拖進一場牛排、魚排和閃閃火球的喧鬧晚宴。多到數不清的火球把他們這條隧道似的走廊燻得像是一座灌滿威士忌的湖泊，卡麥隆覺得讓小屁孩創造自己的光榮時刻是正確之舉。因為他打造出很酷的產品，值得喝個痛快。試圖導引他走向正確方向是他們兄弟倆責無旁貸的分內事，不過這一切都可以等到明天再說。

「你確定這條路通往正確地方嗎？」查理的雙手在深色牛仔褲的口袋裡摸索時說，「要是這條隧道會通往我母親的地下室，我會乾脆自殺。」

卡麥隆笑出來。他很確定泰勒知道他們要往哪裡去。前一晚他的兄弟才研究過會議中心的地圖。泰勒永遠都是做好準備的那個人，所以，從裝卸場走過去，然後穿越會議中心就是他的主意。如果他們改成繞行會議中心外圍，從鄰近的餐廳走到目的地就得多花十分鐘，他們沒有人敢說查理的雙腳可以站穩那麼久。

查理的女友寇特妮也跟著到這家餐廳用餐，稍後將趕到目的地與他們會合。卡麥隆不太認識她，只知道查理整個為她神魂顛倒，而且她還比查理高約三十公分。他尚且無法決定她對查理的影響是好是壞，說到底，或許她可能讓查理更常待在紐約，但或許無法讓他遠離夜店。

沃希斯稍早也趕赴他們離開的餐廳用餐，連羅傑．費爾都待上一小段時間。更早在會議中心裡，卡麥隆花了很多時間與沃希斯交談，一開始確實有些尷尬，但雙方很快就緩解緊張氣氛，可以像以前的同事一樣自在談話。雖然沃希斯秉持與費爾相同的信念，但他是個相對容易相處的傢伙，而且無論他的反對立場有多麼堅定，始終可以和顏悅色地和他們交談。他可說是查理最好的朋友，但似乎沒有像費爾與少年執行長那樣建立起斯文加利式（Svengali，英國小說《軟帽〔Trilby〕》中的人物，擅長利用催眠控制他人）」的關係。

晚餐席間，他們都邊喝酒邊玩中本聰骰子，亦即拿起手機下注比特幣，要是他們的報酬是下注本錢的兩倍，就自己乾一杯。毫無疑問，等到沃希斯卸任這家新公司的職務時將會賺進金山銀庫。搞不好現在就已經錢財滾滾來，因為線上遊戲正好躬逢如此模糊不清的法律環境。無論沃希斯多麼不同意這個世界的運行之道，骨子裡他還是一名現實主義份子，不是烈士。

也許那正是沃希斯和費爾之間最大的差異。

在大會上，卡麥隆沒有和費爾交談。儘管這傢伙至少當著溫克沃斯兄弟的面表現得彬彬有禮，但卡麥隆覺得他在閃躲他們。有一次，卡麥隆向沃希斯提到，他讀了費爾最近接受幣台採訪的內容，明白指出有些說法非常激進。沃希斯只是微笑著點點頭，好似在說，這不就是羅傑．費爾之所以為羅傑．費爾的原因嗎？要是當時泰勒也參與談話的話，可能會開始和對方辯起來，不過卡麥隆知道，這樣做沒有任何好處。屆時沃希斯會為費爾辯護，而費爾又是個基本主義教派份子。真是要命，費爾打從骨子裡相信，徵稅就是強姦人民意志，軍隊則是謀殺犯大熔爐。沒有人可以改變他的心意。

泰勒說，「我們到了。」指著大廳盡頭的一對雙開門。

他們可以聽到電子音樂迴盪在走廊上，穿插著人聲與顯然是數十具鍵盤的敲擊聲。卡麥隆已經可以想像門後的景象：一間寬敞的大會議室，所有人各自三三兩兩成群，在一整排長桌上的電腦四周晃來晃去，披薩外送盒高高地堆積在角落，或許某一排牆壁架著啤酒箱或啤酒桶，音樂則是從 iPhone 透過連接線傳送到大音箱流瀉而出。「導師們」從一支小團隊踅向另一支小團隊，並穿梭在電腦工程師、顧問和創辦人之間，協助所有在深夜時分仍追逐理想的團隊們圓夢。

卡麥隆為自己擘畫的願景深感驕傲，因為在很大程度上，他和兄弟已經美夢成真了。溫克勒沃斯資本贊助今晚的駭客松（Hackathon），並為所有團隊租下這間會議室，訂購披薩與啤酒。這場為期兩天的活動是從當天上午九點開始，所有想要參一咖的電腦編碼工程師、初創家和技術高超的創意客等駭客團隊都齊聚這間會議室，聽取一場簡短說明。然後五位比特幣投資金主上台進行座談會，探討他們希望支持的各種點子。此後，所有團隊就停止講話，「駭客」活動就此登場。直到星期天比賽結束，他們得各自打造出一套符合比特幣應用的產品。這支五人小組會評審成果，選出得獎贏家；厲害團隊甚至還能打動評審或在場某位人士，進而為自己爭取到一筆投資。

在房間裡，有些駭客將是精英編碼工程師，有些則是玩票性質的達人或甚至是素人，不過重點是，這群年輕又有進取心的小夥子都將投身開發比特幣業務，光是這道想法就讓卡麥隆認為，無論未來如何，這一行的發展都深具潛力。這就是二十年前他為矽谷車庫創業擘畫的願景；但這回，矽谷沒搭上順風車。

查理在走廊上停下來，距離雙開門約莫三公尺。他張開手指，卡麥隆看到一支以熟練方式捲好的大麻菸，就和所有你在饒舌歌曲畫面中看到的玩意兒一樣又粗又長。

查理從外套口袋裡掏出打火機時，泰勒問，「你是來真的嗎？」

「這是藥用品，」查理一邊笑著說，一邊把大麻菸放進嘴裡，「好吧，也許不是藥用品，但是我的醫生說它比威士忌健康。」

他向後靠在牆上，點燃打火機貼到嘴邊。大麻菸末端的紙捲發出橙色火光，然後轉成淡淡的藍光。

「你們的演說超激勵人心，」他說，「你們大幅提升這門產業的信譽。這就是哈佛力。他們在電影中怎麼稱呼你們來著？哈佛人？」

「你先灌下六杯威士忌，然後再抽大麻菸，你的醫生會怎麼說？」卡麥隆反問。

「別這樣啦。我是說真的。你們讓我們所有人看起來都很正面。我知道我可能有點瘋瘋癲癲，我的意思是，我可能會有點興奮過頭。不過，你們說得對，我們得認真苦幹。我一清二楚。我可能還是會犯錯，但是我必將盡一切努力確保我們終將獲勝。」

「請務必保持頭腦清醒。而且不要做任何蠢事。」

卡麥隆看著查理，手撐在牆上。

「當然不會。」查理的眼睛呆滯。

「撐下去。總有一天，我們會覺醒，到時候就不再只是一千人窩在會議中心談論比特幣經濟，而是每個人都想分一杯羹。」卡麥隆說。

當泰勒和卡麥隆開始走近敲打中的鍵盤時，查理強迫自己抽離牆壁跟上溫克沃斯兄弟的腳步。他的眼皮已經蓋住一半眼睛了，但雙眼卻閃閃發亮、充滿生命力，著火似的精光四射。卡麥隆可以猜到查理在想什麼。

想像一下，全世界都在談論比特幣！查理正好就置身核心，個頭僅一百六十五公分，早已準備好要拍一張大特寫了。

「你對天人說的話即將成真。」查理說。

23 躋身主流

泰勒在溫克沃斯資本玻璃牆打造的辦公室內大喊：「這份不是頭版，不過登在頭條。」聲音穿過敞開的大門，直達大廳另一頭卡麥隆如出一轍的辦公室。「商業版，第一頁。二十分鐘內華爾街上每個人都會讀到這則新聞。」

比特幣二〇一三大會高潮落幕六週，他們已回到紐約。此刻時間差不多是清晨上午七點，附近熨斗區的街道都還未甦醒。垃圾車和街道清掃車聲穿透窗戶，流入剛剛才粉刷好的那一百四十坪黃金辦公室。泰勒手上的《紐約時報》已完全打開攤在桌上，他知道卡麥隆的那份也翻開同一頁，即捧得天花亂墜的商業版。他們一直等到彼此都準備就緒才開始讀報導，以便同步獲知資訊。他們知道，此刻置身漢普頓家中的父母也同步這麼做。至少這一次，帕波已經避開選用「臉書」入標：

上市交易基金計劃要讓比特幣合法買賣

泰勒知道，這則報導比起上一回提醒全世界他們手持巨額比特幣的意義更重大。如文中所述，泰勒和他的兄弟向美國證券交易委員會（U.S. Securities and Exchange Commission，SEC）申請成立「溫克沃斯比特幣信託基金（Winklevoss Bitcoin Trust）」，這是一支指數股票型基金（exchange-traded fund，ETF），讓任何買家都可以像買股票一樣輕鬆入手比特幣。

泰勒說，「他們用了『野心勃勃』這個成語。」

「他們竟然採用學術能力測驗（Scholastic Aptitude Test, SAT）等級的字彙，我真是太榮幸了。就像是提醒我老媽的單字卡：『溫克沃斯兄弟野心勃勃。什麼原因讓他們野心勃勃？』」

如果這支指數股票型基金終獲監管機構批准，任何人買進比特幣將會像買進蘋果甚至臉書的股票那樣簡單。它將可繞過當前模糊不清的程序，好比非得委由 Mt. Gox 代勞，或者攤開來說，已經改由比特快接手，但後者在查理的掌管之下，已經不復聖荷西之行以前那樣可靠了。

目前來說，購買指數股票型基金的成份股，可說是買家想要投資大宗商品和黃金這類貴金屬的典型手法。實際上，史上第一支黃金指數股票型基金早在二〇〇四年就推出，股票代碼是GLD，一上市便空前成功。這種做法讓買家輕而易舉就能投資貴重金屬，因此迎來史無前例的市場流動性及投資者的興趣，徹底改變黃金市場。你不需再大費周章地購買金條、然後藏在家中的保險箱，還要成天擔心，要是外出期間被水管工洗劫一空怎麼辦。GLD問世後，你只要撥個電話給證券服務專員，或是更好的做法就是，登錄億創理財（E-Trade）、嘉信理財（Charles Schwab）和富達投信（Fidelity）等網站，輸入這三個字母，然後按下購買鍵就搞定。這就是溫克沃斯兄弟一心想讓買進比特幣變得簡便的懶人投資法。除了溫克沃斯兄弟的指數股票型基金外，股票代碼將以COIN這四個字母取代GLD這三個。

泰勒明白，要是COIN跨越監管的門檻終獲批准，它將成為改變賽局的利器，他們則是成功讓比特幣普及的功臣。正如《紐約時報》也在文中指出，這一舉措是「為在線貨幣洗脫污名的更廣泛努力的一部分」。

申請指數股票型基金不只是向傳統銀行業釋出信號，象徵比特幣正躋身主流；申請動作本身也在比特幣世界畫出一條永久的中界線，兩邊各是像溫克沃斯兄弟一樣了解比特幣未來必須納入規管的人士，以及相信比特幣天生就該自外於華爾街、證券交易委員會或任何其他監管機構，甚至整個政府的陣營。溫克沃斯比特幣信託基金先發制人，打算在開戰前就先鳴金收兵。

無論是比特幣世界內部或外部的人士都會注意到，接著便會出面回應。

「我的老天爺，」卡麥隆從他的辦公室失聲大叫，「別管報紙了。趕快上網看看。簡直是瘋了。」

新聞上線不到一小時，COIN像病毒一樣在網路瘋傳。

「我們正上衝雅虎（Yahoo!）網站第二名。你猜誰是第三名？」

泰勒敲敲鍵盤，然後放聲大笑。

雅虎排行榜上，緊接在他們的指數股票型基金之後的第三名是一部衝著七月四日國慶日連續假期上映的電影《獨行俠（The Lone Ranger）》，由強尼·戴普（Johnny Depp）和艾米·漢默（Armie Hammer）領銜主演。後者恰巧在電影《社群網戰》中飾演溫克沃斯兄弟之一，本片描述他們與祖克柏之間的恩怨攻防。

卡麥隆說，「這裡寫說，他們砸了七千五百萬美元搞行銷、打廣告。」

泰勒接著說，「這代表它的電影海報遍布曼哈頓的每一輛計程車、公車和火車。即使是地鐵站的汽水，杯身上也印有印地安勇士湯頭（Tonto，《獨行俠》主角名）和雙溫之一的照片。」

「真是太誇張了。我們根本沒花半毛錢，但我們的指數股票型基金卻能在排行榜上跑贏它們，而且還是一大截。」

許多美國人從未聽聞指數股票型基金這項縮寫成 ETF 的金融產品，究竟是怎樣在網路上燒得如此紅火？

泰勒無從得知證券交易委員會將如何回應 COIN 申請案。最可能的結果是，它們會慢如蝸牛一般地小心謹慎，也就是符合政府辦事一向拖拖拉拉的形象。讓加密貨幣變成股票一樣人人可買的話，就會讓比特幣像黃金一樣唾手可得，這便象徵一個價值幾兆美元的市場；同時也意味著，華爾街上的每一家銀行和券商都得採用、開設比特幣交易櫃檯、聘雇加密貨幣分析師和法遵主管，甚是自創加密貨幣基金。諸如此類的改變需要一段時間運作，不會在一夕之間發生。

但是，溫克沃斯兄弟率先邁出第一步。對他們而言，時機點再完美不過了。

比特幣於二〇一三年掀起的狂熱已如過眼雲煙；查理承諾認真幹活、心無旁騖，而且要當稱職的比特快領導者，終究是半途而廢。他像是突然斷線一般地走回頭路，開始周遊各地，四處宣傳只能說是打造個人品牌的形象，卻放任比特快麻煩纏身，包括服務一再延宕、面臨與歐帛付失和的威脅。泰勒與律師商談後甚至已經不確定比特快是否合乎美國的貨幣傳輸法律規範，再加上查理要是不能運籌帷幄，公司恐怕再也撐不久的事態益發明顯。

更糟的是，公司沒有獲利。事實上，它已經蝕光溫克沃斯兄弟大部分的投資，包括幾個月前他們馳援查理五十萬美元過渡性貸款（bridge loan）。他們除了之前所有的投資之外再追加這一筆五十萬美元資金，現在看起來是完全體現「肉包子打狗，有去無回」的真諦，不過查理跪求他們提供這筆錢，說是比特快已經被銀行列為拒絕往來戶，當下非得用這筆錢保障它在 Mt. Gox 的帳戶不可。溫克沃斯兄弟無可奈何只好把錢匯給他。當時這條路似乎是兩害取其輕，因為另一害形同立即判處比特快死刑。

這筆五十萬美元貸款理當是暫解燃眉之急，最多就是週轉幾週。但是他們幾週後向查理討回這筆錢時，他竟然閃爍其詞，推託公司當下拿不出來，但是過幾天應該就可以湊齊。整件事又開始走歪了，直到查理再度祭出完全人間蒸發的老哏，閃躲他們的電話、簡訊和電郵。

卡麥隆原本希望，查理能夠熬過艾瑞克和艾拉雙雙辭職的打擊，從此蛻變成熟，但現在看起來事與願違。即使查理人在紐約，也不會待在比特快，反而樂當坐在永恆角落座位的執行長，忙於取悅大批的比特幣粉絲。

無論先前他們對查理多有信心，現在都一天比一天消褪。申請指數股票型基金這項行動感覺有如重生。如果查理無法改變自己，他們就必須從此與比特快分道揚鑣；但即使他總有一天真的會改變，這樣說好了，很可能也為時已晚。

寄件人：查理；查理．施瑞姆 <<#><#>@<#><#><#>.com>
郵件主旨：我們的通話
日期：二〇一三年七月九日下午四點四十三分十一秒
收件人：卡麥隆．溫克沃斯；泰勒．溫克沃斯

老哥們：

我只是想讓大家知道，你們在電話中說的話我都聽到了，而且我非常認真看待這番話。我們在解決各方面的問題、盡全力帶領公司邁向成長時，許多事情確實急遽改變。

我曾經犯下很多過錯，包括你們指正的各項缺失，以及現在我自己發現的其他錯誤。

我正打算一步步解決問題。

以下是一些立即改進措施：

- 我將每天從週一到週五、朝九晚六全坐鎮辦公室，非處理必要的比特快業務不外出（好比拜會銀行）。
- 下個月我寸步不離紐約，將會全心全意待在辦公室工作。
- 我不會親自透過電話或電郵與任何媒體或記者交談。
- 我會傾注所有時間解決眼前的問題（像是尋找技術專家填補主管職缺、徵召其他明星團隊成員補齊陣容，而且要好好幹活）。
- 我將定期提供工作進度報告（無論好壞）。我們正在製作內部審計報告，以便找出亟待修正的問題與解決方法。你將會在本週結束之前收到一份關於問題、解決方案和藍圖的詳盡報告。

感謝指教

查理

查理坐在比特快的新辦公室裡，身體向著電腦鍵盤前傾。這裡距離原來的總部只有幾個街區，雖不是蘇活區，但也不是布魯克林區；有足夠空間容納三十名員工，還有天然光線穿過多扇窗戶流洩滿室。而且電力毫無問題，至少目前是這樣。他們搬入新租處才兩個星期，就連無可救藥的樂天派查理也不禁擔心，辦公室裡的電燈還能亮多久。

查理的女友寇特妮在他肩膀上方出聲問：「你以為這樣寫就夠了？」

距離她在永恆的排班時間還有一個小時，上工前踅去查理的辦公室也很常見。三天來查理基本上都在辦公室過夜，只有抽空回到永恆樓上的公寓沖澡，短暫逃離日復一日的辦公室電子地獄。

七月四日那個週末，查理與他的律師團隊開了一場緊張紛亂的視訊會議，因為所有大小事情都瀕臨危急關頭。打從比特幣二〇一三大會過後，他就忙得焦頭爛額，像是伺服器流量超載、網站出包和程式庫發現程式錯誤等，但與律師現在告知的內容相比簡直是小巫見大巫：歐帛付正式中止合作關係，比特快解決許可證問題之前無法繼續營運。雖然現行貨幣傳輸法律不是為比特幣經濟量身打造，而且也可能不適用，因此意味著，就算沒有許可證或許亦無不妥，但是查理的律師警告他實非如此。他們相信，既然歐帛付已不再提供許可證，比特快繼續開門營運風險太高。

查理覺得這道問題不是什麼過不了的關卡，假以時日，他就能找到全新的合作夥伴提供許可證，或是他和比特快或許也可以自力拜會各州取得許可證。

但首先，他還得先解決一個更私人的麻煩。

「我相信自己力求誠信。我就在這裡，隨時待命。」

不再趕場跑趴、夜夜笙歌、四處旅行。專心致志。那是他承諾溫克沃斯兄弟的重點，也是他將達成的任務。只要是他們還願意給他時間，就能解決比特快的麻煩。

當然，此刻他在處理許可證的問題時，得先聽從律師建議，暫時關閉網站，但是沒必要在電郵中提起這件事；因為他知道那會有多麼自討沒趣。要是告訴他們，即使網站只是必須暫時關閉一下下，都會讓他們暴跳如雷。他可不樂見火山爆發。

查理沒有天真到自以為這封電郵比實際的權宜之策看起來高明，但此時此刻，他迫切需要爭取時間，即使一時半刻也不能放過。溫克沃斯兄弟一直都很緊迫釘人，逼得他非得先搪塞一些說法不可。

他們可能已經沒什麼好心情了。前幾天溫克沃斯兄弟申請發行指數股票型基金，當時查理很高興看到爆量的正面回響。但當天早上他看完新一輪新聞報導時，已經注意到後續有幾篇文章的語氣大異於前，樂觀和興奮之情突然改口：奚落、蔑視和辱罵在網路上此起彼落，證據即是，矽谷那批既有體煽動的負評勢如燎原，反而力壓《紐約時報》那篇原始報導。

查理一一瀏覽各篇文章，還細細檢視最舉足輕重那幾篇。首先是言重九鼎的紅杉資本前董事長麥可・莫里茲（Michael Moritz）。紅杉可是矽谷最龐大、最知名的創投商之一，也是Google早期金主。他對科技新聞媒體CNET諷刺溫克沃斯兄弟：「你知道溫克沃斯兄弟檔何時進入這一行的。茲事體大啊。」

金融線記者菲利斯・沙蒙（Felix Salmon）為外電路透（Reuters）撰稿時這麼寫：

> 講白了，近來，這對兄弟的雄偉野心就是要成為比特幣世界裡最大的寄生蟲，真是非常白癡、愚不可及，蠢到家了。雙溫打算憑藉蠻力下場玩這場金融創新遊戲，從大格局看來更是只顧自己。他們終將功敗垂成。我只希望這段崩壞過程不要把其他人拖下水。

瑞士銀行（UBS）資深副總裁比爾・波頓（Bill Borden）說：

> 我讀到這幾則頭條時，當下反應是暗自發笑……儘管我也覺得，這一則比特幣故事的進展頗引人入勝，但不免懷疑，倘若我決定要買進比特幣，溫克沃斯指數股票型基金是否將成為我的投資方式。

倫敦投行康特・費茲傑羅（Cantor Fitzgerald）資深董事雷吉納・布朗（Reginald Browne）

素有「指數股票型基金教父」美名，他這麼形容：

發行比特幣指數股票型基金只能說想太多，就算證券交易委員真有那麼一天拍板同意，那也要耗上好幾年。我想那只是一場胡鬧。

再來一咖大人物，經濟學家兼《紐約時報》專欄作家保羅・克魯曼早先說比特幣是「反社會的社群網路（Antisocial Network）」，之後又發表一篇題為〈比特幣是邪惡大神〉的專欄文章。

權威人士的態度昭然若見，不是唱衰溫克沃斯兄弟，就是看壞比特幣，或者兩者皆貶。現在回頭看，負評不足為奇，因為大創意往往驚世駭俗，小創意相對安全無虞。好比指數股票型基金就是挑戰現狀的大創意。即使莫里茲之輩的矽谷精英，每每談到自身所處框架之外的新鮮事，也會有腦殘的時候。

溫克沃斯兄弟正挾著指數股票型基金勇闖傳統銀行業大本營下戰書，無論溫克沃斯兄弟怎麼為比特幣塗脂抹粉，比特幣就是比特幣，一種問世才四年的數位貨幣。

查理心知肚明傳統銀行業實際上如何看待比特幣，縱使比特快坐擁廣大需求、死忠客戶和狂熱鐵粉，說穿了它還是命懸一線，不折不扣正是因為傳統銀行業還沒打算張臂擁抱數位貨幣。

這就是查理需要溫克沃斯兄弟理解的重點。他和他們都在打同意場戰爭。當然，他或許不是最驍勇的悍將啦。雖說沃希斯和艾拉雙辭後，他試圖換上一張若無其事的面具，但是失去智囊團卻還是讓他一整個洩氣。他知道，他們倆離開後反而風生水起，尤其沃希斯的光芒讓其他人都大為遜色，他最近笑納十二萬六千三百一十五枚比特幣，天價賣掉自發專案中本聰骰子。以當時兌換美元的價格換算，相當於一千一百五十萬美元。

反倒是少了沃希斯和艾拉的比特快已經沒有家的感覺。就連費爾似乎已經把注意力轉移到其他投資上。實際上，查理也不能責怪他，因為起初就是他自己一心想要搭上溫克沃斯兄弟，假使比特快過不了眼前各道關卡，那也是查理自己活該。

查理最後一次重讀電郵，心中很明白，無論他的請求有多麼懇切都遠遠不夠，他就是得做出一點成績單來。不過他真心相信，實際上他真的只需要再多一點時間就能挺過去。每個人都知道比特幣隨時上沖下洗，今天它可能跌到讓人心碎的谷底，但明天卻又一飛沖天。價格變化日新月異，就和創業沒什麼兩樣，膽小勿入。你要是趕上崩跌時進場，是很可能輸到脫褲子，但只要屏住一口氣撐過低谷，或許就能在暴漲回升時全數賺回。

查理對著寇特妮露出了胸有成竹的笑容，然後按下發送鍵。

第三幕

人類的一切智慧包含在這兩個詞彙裡：「等待」與「希望」！

——大仲馬《基度山恩仇記》

24 海盜傳說

舊金山。二〇一三年十月一日，下午三點十五分。

靜謐、綠意盎然的鑽石街穿越這座以住宅為主的城鎮，蜿蜒向上通往一處小商業區。舊金山公共圖書館格蘭分館（The Glen Park branch of the San Francisco Public Library）座落在此。這是一棟附帶大片窗景的花崗岩建築物，內部以硬木地版、鑲嵌天花板裝潢而成，營造出帶有溫暖橘色調的氛圍。沿著樓梯拾級而上，二樓最深處的科幻小說區窗邊擺著一張乾淨的小桌子。

頂著一頭蓬鬆亂髮的二十九歲小夥子在桌旁的椅子坐下來，將後背包擱在腳邊。雖然他來自德州，但一身加州風打扮讓他看上去挺潮的。他一臉睡眼惺忪的模樣，懶洋洋地從從背包裡取出三星（Samsung）700Z 型筆電放到桌面上，然後打開螢幕。

很快地，他點開匿名瀏覽器洋蔥路由（The Onion Router, Tor）。最初，它是美國海軍發明用來確保海上通訊安全的產品，如今則成為那些想在網路上隱匿行蹤的人士最常使用的免費軟體。

小夥子一連上圖書館的 Wi-Fi 後，立刻轉進一個加密入口網站。這種深埋在網路洋蔥外層下的秘境一般被稱為暗網（dark web），只有熟稔後門小道的專業玩家才找得到。也唯有像洋蔥這類具備高度隱蔽性的瀏覽器才能讓他們不著痕跡地剝去網路世界的表皮，進入隱藏其中的層層網頁。

他一邊輸入密碼，穿著球鞋的雙腳一邊在桌下的硬木樓面蹬蹬蹭蹭。他連續花了好幾天熬夜維修網站，實在累壞了。不過好歹這是個每年都會湧進數十萬名用戶的成功大站，這一點也在預期之中。事實上，雖說小夥子其貌不揚，看起來就不像是個企業大咖，但是每天在他創辦的網站產生的交易額不是以百萬美元計算，而是超過十億美元門檻，他的身價也因此逼近三千萬美元。以經營數位網站的標準而言，這裡確實做得有聲有色，但不代表管理這個龐然大物就是一件容易的事，必須仰賴毫不間斷的維護與照管才能維持品質，不過年輕的小夥子沒有費事找一間像樣的辦公室，他的筆電就好比四處奔波的長字輩一樣隨時上路。他總是窩在圖書館的一角、咖啡廳的矮桌，或是幾條街外分租公寓裡的小臥室，而非座落在金融商圈的高樓大廈，或內建空調的私人噴射座艙。

他在二十八分鐘前離開公寓，當時是下午兩點四十七分。原本他打算將整個下午都耗在大概可以說是個人最愛的咖啡廳貝羅（Bello），那裡提供密如水痘一般遍布整座格蘭公園的免費網路。但咖啡店裡人聲鼎沸，他只好改變計畫，轉向漫步走向約十公尺外他偶爾會去的圖書館。最後他放棄沙丁魚般擁擠的咖啡廳，選擇科幻小說區的單人座位。

現在他準備開工了，幾乎是一輸入完密碼進入網站後，差事立即不請自來。這份工作訊息包裝一般聊天通知的形式，來自代號卷雲（Cirrus）的大批員工之一。他們倆從來沒有打過照面，但每個月總會電郵往返好多次，有時候甚至是一整天都會頻頻連絡。他付對方週薪一千美元，代管網站裡的眾多論壇、回覆用戶問題。

小夥子打開聊天視窗時，卷雲早已就定位，準備好熱騰騰的工作等著。

「哈囉，你在嗎？」

小夥子揉揉眼睛，左右張望空蕩蕩的圖書館二樓，然後敲起鍵盤。

「嗨。」

卷雲問，「最近過得怎樣？」

「還不錯。你呢？」

一如往常，閒聊哏到此差不多就用完了。畢竟彼此素未謀面，向來只在高度加密、充分匿名的線上聯繫，而且若非出於必要也不會進一步深交的兩人，是能有多親密？

卷雲回覆，「很好。你可以幫我看一下這封打上標記的郵件嗎？」

類似這樣的問題差不多就是每天枯燥乏味的行政瑣事之一，通常花不了幾分鐘就能立即搞定。畢竟他得處理的程序不過就是先輸入密碼登入網站後台，也許再敲敲幾個鍵就能解決這種微不足道的技術問題。儘管沒什麼特別迫切的緊急狀況，不過假使你今天經營的是一座已經在過去幾年累積超過十億美元產品交易，並帶進數百萬美元利潤的網站，放任所有可能化膿發炎的問題，無論是多麼渺小絕對都不是上策。

「當然，」小夥子回覆，「我先登入再說。」

他太全神貫注瀏覽頁面，並輸入密碼搜尋那封標記的郵件，完全無暇留意後方有兩個人正從樓梯走上來，直到他們的身影閃現在筆電螢幕上，他才意識到有人站在後方。他回頭望去，一對穿著打扮得體的男女映入眼簾，很明顯來自有錢一族，就是那種你在舊金山街頭放眼望去隨處可見的雅痞客，在格蘭公園這一帶尤其多不勝數。

男子高大精瘦，看起來就像科技新貴，任職於矽谷最外圈成千上萬家網路初創商遍布的公司；女子顯然是他的愛侶，因為當他們走上圖書館二樓就開始鬥嘴的模樣，正是唯有肌膚之親的伴侶特有的激烈衝突：惹眼吸睛、過於喧嘩。

他們來到小夥子身後不遠處，女子因憤怒再次提高聲調，已經到了讓人無法視而不見他們爭執的程度。小夥子有些惱火，甚至還從座位上站起身，盤算著是否有必要介入。就在那一瞬間，整件事突然大轉向。

男子縱身一躍，伸長兩手抓住他的筆電，對準長桌另一邊的女子沿著桌面滑過去。女子一把拽下，還不忘小心保持筆電打開的原狀，然後轉身交給另一名不知道從哪裡冒出來站在後方書架附近的男子。

小夥子目瞪口呆地愣在原地，看著後來出現的那名男子將隨身碟插入他的筆電，接著又從大衣口袋掏出一支黑莓機對著螢幕快速拍照。他站在一公尺外，清楚看到他與卷雲的聊天視窗還停留在螢幕一角，正中央則是掛著剛剛一直在搜尋標記郵件的後台主頁。

他回過神之前，那對情侶已經分別站在左右兩側。男子猛力拽著他的手臂折向後背，接著只聽到一聲冷冰冰的喀噠聲。才一眨眼他就被扣上手銬，肩膀則因手臂彎折緊貼後背傳來劇烈疼痛。男子領他下樓，女子則緊隨一旁宣讀他的權利。一切經過就和電視影集演的一模一樣。

這下子，他終於明白自己被逮捕了。這道現實讓他大受打擊。此刻，被筆電螢幕光源折射的第三名男子，臉孔看起來絕不像是當地警察，更不是舊金山或住在加州的某個善良老百姓，而是訓練有素的聯邦調查局探員，甚至還可能是精通電腦鑑識科學的專家。他意識到，這個人正在盡可能搜集筆電裡那些如今已被完全解密，並足以讓他鋃鐺入獄的證據時，他感覺像是有根釘子卡在胃裡戳得好痛。

他的下半輩子再也別想重見天日。

25 那天之後

「洗錢，」卡麥隆讀著螢幕上的標題，泰勒站在他的後方，「駭客入侵、策謀毒品運販、教唆謀殺。」

泰勒傾身向前盯著螢幕，「教唆謀殺？」

「據說他曾經嘗試雇用兩名槍手，但實際上那兩人是聯邦派去的臥底。刺客出租……。」

「有夠黑的。」

卡麥隆靠回椅背，抬頭環視這間如今已成為溫克沃斯資本的繁忙辦公室。一大票不到三十歲的新鮮人全都是哈佛、耶魯、哥倫比亞、紐約、柏克萊、史丹佛這些知名學府畢業的高材生，在溫克沃斯兄弟為比特幣圈子打出名堂後就地從四面八方慕名而來，跪求在這間辦公室找到一份差事。至今他們仍得不斷奮戰便意味著，絲路就像是尾大不掉，甩也甩不開的背後靈一樣緊緊相隨。但如今，這個累贅忽然憑空消失，一切終將結束。就和年僅二十九歲的羅斯・烏布利希（Ross Ulbricht）的人生一樣。他被認定是史上最大毒品交易網站的幕後主謀。

「恐怖海盜羅伯茲（Dread Pirate Roberts）鋃鐺入獄。」

恐怖海盜羅伯茲是烏布利希在網路上的化名，取自電影《公主新娘》（The Princess Bride）中由凱瑞・艾文斯（Cary Elwes）飾演的角色。在電影中，這個角色是個擁有多重身分的神秘海盜，他的名字也因為帶有神話英雄的色彩被後世傳唱。

烏布利希被逮後聲稱自己並非絲路的創始者，還說他就像是電影裡出身農家的衛斯里（Westley）一樣，「海盜王」這個頭銜也是從別人手中繼承而來。事實上，鄉民圈確實曾出現類似推論，繪聲繪影地說創始者其實另有其人，其中 Mt. Gox 執行長馬克・卡伯列被指名道姓嫌疑最大。不過這項猜測最終仍遭聯邦政府否認，它們手中似乎掌握充分將烏布利希定罪的證據，所有指控都將讓他落入終身監禁的命運。聯邦政府聲稱，烏布利希經營一座毒品交易金額超過上億美元的網站，已足夠讓他成為歷史上最惡名昭彰的毒梟首腦。儘管他大可辯稱，自己也只不過是經營平台的管理者，充其量就是提供軟體服務的人，實際並不需要為網站上的交易負起什麼責任，畢竟在亞馬遜、電子灣等類似網站上的非法交易根本多如過江之鯽。然而，這道理由最終仍無法讓他在陪審團面前站得住腳。原因在於，不太可能會有任何陪審員能夠視而不見那些一生毀於藥物成癮的悲慘案例。像是氧可酮（oxycodone）這樣的管制藥品，每天都不斷在絲路上被大量轉手，恐怖海盜羅伯茲顯然非常清楚自家賣場是在賣什麼葫蘆，他甚至還三不五時就在自己的文章中大聲放送，這個新開拓的利基市場能創造出絡繹不絕的交易量讓他自豪不已。事實上，他還不單單只是平台的經營者，假使聯邦的說詞真能採信的話，他自己同時身兼上門光顧的客戶，甚至還曾嘗試借道自家旗下的網站雇用殺手。

無論最後判決為何，可以確定的是，如今這個網站已經沒戲可唱。整起事件在比特幣圈投下的震撼彈威力也將持續發酵與擴散。

「已經下跌了，」泰勒略過卡麥隆，一面伸手握點電腦旁的滑鼠說，「而且跌速非常快。」

早上開盤時，一枚比特幣的價格大約落在一百四十五美元，但自從新聞報導烏布利希的逮捕案後便開始迅速下跌，現在已降至一百一十美元左右。這意味著，不過是短短幾個小時就有超過七億美元的市值瞬間蒸發，估計溫克沃斯兄弟也因此損失好幾百萬美元。然而，此時卡麥隆在心中構築的未來卻是另一張更龐大、野心更強的藍圖。

溫克沃斯兄弟的研究結果和那些在媒體前大言不慚的觀察家不同，結果顯示，絲路並未主導比特幣市場。儘管它向來是版面上最吸睛的素材，但事實上網站上有關比特幣的交易量只占據整體一小部分而已。他們的論點是，比特幣價格受到絲路關站牽連下跌，無論跌幅多少，全都會需要重新修正。此外，當然就溫克沃斯兄弟看來，絲路之死對未來比特幣邁向合法化反倒是振奮人心的大好消息。

卡麥隆說，「現在只有一件事可做。」

「買！」

卡麥隆打開他的電腦，快馬加鞭地全速敲打鍵盤。儘管這麼做帶有風險，但他向來都會保存一些已經募得但尚未投資的現金在 Mt. Gox 戶頭；另外他們手上還有最近完成的幾筆新交易，就是為了等候這樣的買點從天而降。

他的電話響了。

「又是查理。」

過去幾個星期以來，查理．施瑞姆成天不斷打電話給兄弟倆，他尤其偏愛卡麥隆，因此這陣子與他更緊密聯繫，有時一天甚至會寄發三封訊息。

卡麥隆和泰勒曾收到查理保證將會洗心革面的電郵，但是信中完全沒有任何隻字片語暗示迫在眉睫的危機。沒想到，才過幾天比特快就突然關門大吉。對於一家資金劃撥公司來說，失去合法執照的傷害幾乎是難以承受的打擊，查理別無他法，只得關上比特快的大門。然而，溫克沃斯兄弟至今仍無法原諒的事在於，他們自始至終都被蒙在鼓裡。查理一直拖到最後一刻才將所有噩耗托盤而出。查理曾在網上張貼一些淨是鬼扯蛋的文章，推託暫時歇業的決定僅是為了重新整修、改善公司，很快地比特快將會以嶄新面貌盡速回歸云云。但卡麥隆知道，這些向消費者喊話的內容就像是先前寄給他們的那些電郵一樣空洞虛假，從此以後比特快再也回不來了。

倘若查理真的打算重整旗鼓再出發的話，將會需要全新的資金劃撥執照、銀行夥伴，以及最重要的現金，而且是非常多的現金，因為他早就敗光溫克沃斯兄弟提供的所有資產，其中甚至包含一筆至今尚未歸還，高達五十萬美元的短期過渡性貸款。

卡麥隆和泰勒開始慢慢疏遠查理。倘若他連關閉網站的事情都隱瞞到底，採取這種方式對待合夥人，那他究竟還有多少秘密不曾如實告知？甚至在兄弟倆看不到的時候又會幹出什麼好事？失敗無妨，因為它原本就屬於冒險遊戲的一部分，也是他們在押注這盤賭局之前就接受的賠率風險。在初創的投資遊戲中，成功機率本來就只有五%。然而，在他們看來，查理的所作所為就如同詐欺和瀆職，他發現比特快嚴重出包後，第一時間竟然不是立即介入處理，反而是跑去更多地方旅遊、參加更多狂歡派對，鎮日耽溺紙醉金迷的生活中。他並沒有提醒溫克沃斯兄弟噩耗即將到來，而是選擇繼續死命地攀著兄弟倆這條血脈苟活，並向他們索求更多資金填補他的無底洞。

毫無疑問，這就是為何他到現在依舊厚顏天天來電的原因。只不過，如今援助金流早已乾涸。溫克沃斯兄弟總算接受比特快失敗退場的事實，並決定將它當作一次學習教訓，自此放手離去。

一般來說，卡麥隆大概都會直接不理會這通電話，但他看著依舊掛在電腦螢幕上的絲路新聞報導，念頭一轉，倘若能夠滿足自己的好奇心，他願意和查理聊個幾分鐘。畢竟查理向來和費爾走得很近，他也很想知道費爾如何看待絲路帝國消亡。

「他認為這是一場蹩腳演出，」查理說。他聽起來氣喘吁吁，像是正在跑步似的，「他認為烏布利希是被迫認罪。」

卡麥隆早該猜到結果如此。費爾肯定會加入網路上那批極端的自由激進份子，並試圖神化烏布利希成為殉道的烈士。事實上沒過幾年，也就是二〇一六年三月，烏布利希被宣告判處雙無期徒刑外加四十年刑罰後，費爾甚至發表一封公開信，毫無避諱地對著這名前任「恐怖海盜羅伯茲」熱烈告白：

我認為你在艱困之境所做的貢獻，就和哈莉特・塔布曼（Harriet Tubman，廢除奴隸制度的非裔女性運動家）一樣，她冒著被緝捕的風險，帶領數千名南方奴隸離逃離他們的雇主。你們都將名垂千史。你一手打造絲路，讓全世界數以百萬計使用毒品的和平者得以脫離那些混跡於警方、緝毒局、聯邦調查局和法官等殘酷壓迫者的魔掌。他們總是無故將和你一樣與世無爭的人打入大牢……

卡麥隆說：「我不知道哪一部分比較嚇人，是費爾的激進觀點，還是你把他視為導師。」

一如往常，他的兄弟向來是那個對查理比較嚴苛的人。「看看他把你搞成什麼樣子，比特快之所以會倒閉，都是因為你他媽的根本不在乎經營執照，還有忙著照單全收費爾那些鬼話。」

「我對遵循法規有信心，」查理在電話那頭說，「夥伴們，我們一定可以搞定！」

「你玩的那些小把戲對我們已經不管用了，」泰勒繼續說，「現在我們只想把所有傷害降到最低。首要之務就是先拿回我們那筆五十萬美元止血。」

電話那端陷入一陣沉默。卡麥隆不太確定查理原本以為這段對話會朝什麼方向發展，但很顯然他把一切都忘得一乾二淨，老早就把這筆錢拋在腦後。

「資金……被套牢了。不可能追回來了。」

「被套牢？你說這話是什麼意思？當初提撥那筆貸款是當作營運資金，不是用來支付營業開銷。」

「每十名擁有比特幣的玩家裡，就有三名是透過我進行買賣，」查理試著岔開話題，「比特快一定可以東山再起。我只是需要一張新執照而已，外頭還有幾千名客戶想借道我們進行交易呢。」

「沒有人會再發執照給你，你已經被踢出遊戲了。如果你在巴拿馬，大可為此咒罵惡毒的政府，但這裡是美國，如果你不遵守遊戲規則，就是等著吃牢飯。在這裡，遊戲規則就是這麼一回事，而且本來也該如此。」

會議室總機的外線燈號忽然亮起來，卡麥隆將查理切換成保留狀態，然後接聽新通話。來電者是他們的幕僚長貝絲・庫特森（Beth Kurteson）。貝絲來自中西部，為了念大學從伊利諾州遷居紐約，接著又在這裡拿到哥倫比亞商學院企管碩士的學位。她是溫克沃斯兄弟雇用的第一名員工，不僅冰雪聰明、努力勤奮，同時也是相當正直，EQ超高的人才。也因此她很快就成為溫克沃斯兄弟最信賴的可靠隊友之一。

「現在有《華爾街日報》在三線、《彭博》在四線，五線則是《金融時報》。」

卡麥隆感到一陣寒意襲上他的臉頰。他們可能都是為了詢問絲路的新聞才打來嗎？可是聽起來不太可能，畢竟溫克沃斯兄弟和網站沒有什麼牽扯。

「請幫我們轉接《華爾街日報》，」卡麥隆最終說，「不妨先從最早打來的媒體開始。」

記者只花了幾分鐘客套就直接切入正題，「你們對傳喚一事有什麼看法？」

這道問題完全出乎他們的意料之外。卡麥隆按下靜音鍵並看向泰勒。

「他現在是在說什麼鬼話？」

泰勒按下通話鍵。

「什麼傳喚？」他詢問電話那頭，「誰要被傳喚？」

回應他的是一段短暫的沉默。

「你們。」

卡麥隆一邊盯著通話鍵就像洛克菲勒中心（Rockefeller Center）大樓前方掛滿亮晶晶綴飾的聖誕樹一般閃個不停，一顆心正在胸口大力狂跳，完全忘了放在桌上的手機還有查理在另一頭等著。

就在剛剛，卡麥隆和泰勒被紐約州金融服務署（New York State Department of Financial Services）傳喚。它是紐約州的銀行與保險業者直接監管機構。

他們與查理．施瑞姆的糾葛或許已經落幕，但是真正的比特幣之戰現在正要開打。

26 墜入谷底

甘迺迪國際機場。

剛過七點。這是個昏暗寒冷的一月週日夜晚。

一層薄雪輕柔地披覆在冰島航空的波音七三七機身上。飛機著陸後一如往常地花了點時間才滑行到登機口，前後已經過了二十分鐘，但引擎仍然熱烘烘的。

一批批乘客從空橋緩慢移動至海關處。

「這叫作『識閾狀態』（liminal state），」查理一面引領著夾雜在後方移動人群中的寇特妮向前，一面說，「當你脫離某一種社會結構，但還沒完全進入另一種時，就叫做識閾狀態。這是我在大學時讀到的概念。」

寇特妮一邊走一邊輕捏他的手，一只後背包掛在她的右肩上；查理則是拖著一個不太平穩的單輪隨身行李袋，顯然是已經征戰無數飛機置物櫃沙場，看起來就像歷經太多滄桑。

「怎麼聽起來很像是你嗑了藥以後的樣子，」寇特妮說，「不過我得說句老實話，你哪時又清醒過了？」

查理笑了，隨著人群移動也回捏一下她的手。他發現，幾乎所有人與其說是向前走，倒不如說是拖著腳步前進。不單單只是因為他們全都待在鋁製大長管中呼吸長達七小時的回收氧氣，時差也同時發揮作用。

查理瞄了一眼手錶，換算荷蘭阿姆斯特丹時間，現在差不多是凌晨兩點。他要是能在那個開放又縱容的城市再待上一晚，此刻才不會浪費時間睡覺。在這一趟為期兩天的電商展行程中，他大都是在當地的「咖啡館」中度過。全拜荷蘭先進的法律所賜，「咖啡館」遍布在歷史悠久的紅燈區內，是全國唯一獲得授權可以合法販售大麻的管道。但就算他卯起來哈麻，依舊完成一場精彩絕倫的演講。至今，那些從歐洲比特幣狂熱鐵粉手中爆出的如雷掌聲依舊繚繞耳邊。

查理將這一回塞滿公開演講、會晤面談、社交饗宴，連著好幾個星期全球趴趴走的行程視為自身的「回歸巡演」之旅，阿姆斯特丹不過是其中一個停靠站罷了。每個人都想在比特幣這個紅火領域插上一腳。烏布利希逮捕案爆發後，一個月內單枚比特幣的價值不因絲路關站下跌，反倒有違常理地狂竄猛飆，觸及一千美元。十倍速的激漲讓人想破頭也不明所以。其中，光是溫克沃斯兄弟檔就因此坐擁高達兩億美元資產。雖然比特快可能陷入困境，也就是暫時關閉、短期歇業，但顯然查理沒有被打倒；即使如今溫克沃斯兄弟不再接他的電話；即使如今他們真的享盡辦法要與他切斷關係；即使如今他的網站嚴格說來已經關閉，但他肯定會東山再起，展現有史以來最雷霆萬鈞、最石破天驚的重新回歸。也許他曾失足，但依然是行家、依然是貨真價實的骨灰級大老；至今他的聲望如舊，絲毫沒有任何改變，那些阿姆斯特丹迷弟的熱烈反應就是最佳明證。

「我是說真的啦，」他說，移動時一邊將寇特妮朝自己拉近一些，「真的有這個名詞，我想是人類學編號一〇一的課程提到的理論。社會由許多套體系建構而成，當我們面對所有像是生、死、病、愛和該死的天氣這些自我無法掌控的事情時，就是透過這些秩序協助接手處理。我們建構一套秩序，然後循此過活；一旦我們脫離原有的體系時，就會進入一種陌生、奇異、古怪的狀態。」

寇特妮輕聲覆誦：「識閾狀態。」現在，隊伍距離雙道門只剩下幾個人，他們就快要離開空橋進入海關處。

「沒錯，一旦你置身識閾狀態，當下所有的一切都會感覺不太對勁，就好像你的腳沒辦法完全在地面上站穩一樣。」

他的隨身行李袋忽然卡在空橋的地板縫隙中，於是他猛地拽了一把，好推著輪子繼續向前滾。寇特妮又笑了出來，和他一起把行李往前拉。

「所以你覺得，從甘迺迪機場的空橋走向海關處的過程就像是某種識閾狀態？」

「難道不是嗎？看看周遭這些人。他們剛剛從飛機上走下來。在這世界上，沒有哪一個地方比那裡還要來得不自然，簡直是最沒有人味的環境。此刻，我們還沒進入另一套結構裡，還沒進入紐約，但也已經不在歐洲。我們這一刻置身的環境在地圖上並不存在。我們當然就是迎來識閾狀態。」

他們對這一切已經相當習慣，於是熟門熟路地走進寬敞的室內，裡頭已經排滿一條條正等待脫離無國界狀態的人龍。他們選一條看起來最短的人龍。坐鎮窗口後方的傢伙是一個頂著一頭金色鬈髮、瞇著雙眼，看來一臉百無聊賴的傢伙。查理從那一名櫃檯人員後方望出去，還可以看到通往亂成一團的甘迺迪機場大廳第二扇雙道門。

「等我們通過那扇門，」他向前指，「就進入紐約了。回到屬於我們的生活、我們的秩序裡。一切就會恢復正常。」

「所以，在那之前，我們或許盡情享受當下就好，擁抱這個識閾狀態。」

他傾身給了寇特妮一吻，同時隊伍也開始前進，速度比以往還要快，大概因為今天是星期天傍晚，又或者是因為班機延誤太久，即使乘客能夠接受另一段漫長的檢查時間，海關人員其實更不想再把心思耗在這些疲憊不堪的旅客身上。十分鐘或十五分鐘過去，查理和寇特妮已經站在隊伍前線，櫃檯的男子朝他們揮揮手，示意他們往前。

輪到他們了。

當查理站到櫃前，那傢伙幾乎沒有從窗後抬起他的小眼睛，只是伸出一隻手晃晃指頭，打出一道通用全世界的手勢：「請出示護照。」過去幾個月裡，查理已經經歷過無數次這類的例行檢查，多到都成為反射動作了。於是他將他和寇特妮的護照交出去，然後身體後傾靠著行李，等待男子檢查電腦、蓋下印戳，放他們離開閘門。

但出乎查理意料的是，對方並沒有做出上述任何一項動作，反而是就定定地坐在位子上盯著查理的護照看。

查理問，「有什麼問題嗎？」

男子沒搭理他。查理感到寇特妮的指甲正在掐進他的掌心。

「查理。」

他回頭，一名身穿制服的男子從寇特妮後方朝他們走近。他看得出來那不是海關制服，而是別種款式。但是他認不得，好像看來更像是西裝，只是在衣領上別了一只勳章。還有一副手銬，掛在他的腰帶上。

查理將視線轉回通關窗口，只見另一名也穿著制服的男子正從那個方向朝他們走來。他還沒來得及意識到發生什麼事就已經被前後包圍了。

眼前那名男子走過寇特妮身邊來到他面前，雙眼直盯著他。

「你是查理．施瑞姆嗎？」

查理先看他一眼，轉頭又看了寇特妮一眼，她的臉上寫滿恐懼。接著他將視線拉回，再次與男子對視。

他對著櫃檯人員無濟於事地說，「你拿了我的護照。」

「我們有幾個問題想問你。」

忽然間他們就抓住他的手臂將他帶離隊伍。寇特妮衝向前跟上，還有另一名男子則隨著她一起移動。查理可以看到她在發抖，還有蓄積在眼角的淚水。他想告訴她別擔心，雙方肯定有什麼誤會，但他實在太害怕了，腦子一片空白，什麼話都擠不出口。當他們移動時，他可以看到在場所有人都在盯著他們瞧，有一些是和他從阿姆斯特丹坐同一班飛機回來的人，有些則是搭別家的班機。所有的目光一路隨著他從海關處被帶離，這種沉默的注視氛圍實在太詭異、太……。

一眨眼他們已經抵達位於海關處後方的一扇門前，查理絕對無數次經過這扇門，但肯定從來不曾稍加留意。這間中央位置擺著一張長型金屬桌的小密室裡只剩查理一人。他們把寇特妮帶去哪裡了？此時，身後的門關上，響起一陣金屬喀啦聲。

查理倒抽一口氣問，「現在我們在哪裡？」

「第二查驗室（secondary inspection room），」仍然抓著他手臂的男子回答，「我是蓋瑞・艾佛警官（Gary Alford），國稅局調查專員。」

男子突然將手銬從腰帶取下，沒兩下就俐落地銬上查理的手腕。

「等等，」查理說，恐懼與驚慌正撕裂他，「發生什麼事了？」

「施瑞姆先生，你被逮捕了。」

整句話像子彈一樣射向查理，他膝蓋一軟就要倒下去，幸好身旁的男子抓著他的手臂才沒讓他跌在地上。冷冰冰的金屬手銬圈著手腕，但他卻感覺那裡的肌膚熱辣辣地在燃燒。

「什麼名目？」

男子還沒開口回答，密室大門喀啷一聲被打開，更多官員湧進來，三兩成群，起碼有十五個人。有些識別徽章他認得，其他的圖案看來都很陌生，其中包含紐約市警察局、聯邦調查局、緝毒局、甘迺迪機場保安、海關，還有更多是國稅局官員。

老天爺。

「這是一起聯合逮捕案，」艾佛警官說，「來自各方的機構都介入調查一段時間了。」

介入調查。查理忽然意識到，這不是現在這一刻才發生的鳥事，而是持續好一陣子了，也許是幾個星期，還是幾個月，甚至幾年？這起看起來有幾十個人參與調查的案子最終是以他被逮捕劃下句點。他們一直都在跟蹤他，只有老天才知道持續多久了。但他到底是幹了什麼壞事？這一切是和什麼有關？他除了東吸一點、西嗑一些小玩意兒外，究竟還能犯下什麼大罪？

警官說：「我們現在要開始往外走了。」這不是一句請求，而是陳述。查理再次被移送。他們走出門，經過幾道走廊，一大批執法人員尾隨在後，有那麼一刻，他覺得好像聽見寇特妮的哭聲從大廳某處傳來。接著他們帶他進入另一扇門，一間更小的密室，是混凝土蓋的單人房。他身後的門被關上，暫時留他一個人自處。

他站在原地盯著牆面，試著集中心志，也試著要自己冷靜下來思考。但是他的思緒飛竄得太快，一切忽然間又全部變得模糊一片。

沒多久，所有的警官和探員都走回來了，然後他再度被移送到走廊上，不過這次不是被送進另一間密室，反而是被帶進一輛停在外頭的黑色多功能休旅車上。

他被塞進車子的特大號後座時開口問，「寇特妮在哪？」

「別擔心，等我們到那裡後你就會看到她了。」

接著車子發動，伴隨著一閃一滅的警笛開上公路，兩旁的建築物在車窗外稍縱即逝。在車子終於突然停下來前，查理毫無概念自己究竟在車內待了多久。然後他被帶入一處地下室入口。

有個人對著他說：「歡迎來到緝毒局登記中心。」

接著他終於再度看到寇特妮。感謝老天。她從櫃檯旁的木長椅上跳起來，想朝他過去，但兩名警官迅速移動擋在中間，不讓他們接近。

查理對著她喊，「打電話給我的律師。」寇特妮點點頭。查理確信他需要一名律師，而且他也肯定他有一名律師。

寇特妮離開後，他們讓他坐在桌前，接著開始連珠炮一般地對他轟炸各種問題，一個個單位輪番上陣，質問他比特快的業務是在做什麼、錢從哪裡來，還有比特幣又是怎麼運作的。這一切看來就好像是回到阿姆斯特丹那場論壇一樣，只是這次沒有舞台，也沒有麥克風，而且提問的人全都配戴徽章和槍枝。查理早就從看電視的經驗知道，無論你自認為有多麼清白無辜，絕對不能回應任何問題，所以他只是一逕搖頭。

一旦探員們明白，顯然再也無法從他口中問出什麼答案，轉而進入標準的登記程序：按壓指紋、拍照；他們拿走他的錢包、皮帶、鞋帶、戒指，還複印一部分他的比特幣私鑰。接著他就被推進一間真正的牢房，不是第二查驗室，也不是有水泥牆的拘留室，是貨真價實的監獄，有欄杆的那種。

他不是獨自一人，牢房裡還有其他人。

「你最好穿著襪子睡覺，」那名囚犯說，「晚上會變冷，非常冷。你不會想要病死在這種地方。」

查理問，「你為什麼在這裡？」但他立刻就後悔了。因為他不知道在監獄裡能不能提出這種疑問，甚至這種問題會不會讓自己惹上殺身之禍。他一點概念也沒有。

「我之前的獄友撇尿時濺到馬桶蓋，所以我揍了他一頓。我想他們大概認為我需要一些『個人』時間，」當他發現查理一句話也說不出口時失聲笑出來，「別擔心，小夥子。我現在心情不錯，只要你在離開前可以一直保持馬桶坐墊乾淨的話，那我們彼此就能相安無事。」

查理站在原地，身後是一整片欄杆，身前則是一張上下鋪、一具馬桶，還有那名囚犯。他閉上雙眼。

「查理，你認識任何叫做巴比・費艾拉（Bobby Faiella）的人嗎？」

八個小時過去，他還在牢房裡。他站起來緊貼著欄杆，另一側是寇特妮，兩人試著彼此緊靠，幾乎就要成功。她到現在都還沒有回家，也沒有洗澡、整理行李或者更衣，但她補了妝、梳了髮，雙眼還冒出一些血絲。他知道她幾乎哭了一整晚，但他也是。他盡可能安靜地躺在上鋪不出聲，就這樣撐到凌晨三點，直到那名囚犯被帶走，房間只剩他獨自一人。

現在已經是早上了，但此刻他的困惑與混亂和昨晚手銬上身那一刻有增無減。

「巴比・費艾拉？我從來沒有聽過這個名字。他是誰？」

寇特妮已經聯絡他的律師，律師隨即與那些向查理提出訴訟的機構開始進行各種協商。他正在趕來拘留中心的路上，準備向查理報告目前這起案件的最新進度，接著還要帶他去見審理他能否獲准保釋的法官。在這段期間，寇特妮則是將所有她了解的狀況都告訴查理。

巴比・費艾拉。查理想破頭都還是完全沒印象自己到底認識哪位叫這個名字的傢伙。

他一邊徹夜與翻騰的情緒搏鬥，一邊也試圖釐清國稅局、緝毒局和聯邦調查局的手中到底握有他什麼把柄，以及他又即將面臨什麼樣的未來。然而，他幾乎無法歸納出任何答案或結論。如果真要他猜的話，他推測，也許是和營業執照有那麼一點關係，但是當初早在律師告誡他時，他就立即關閉公司了。難不成，這就是羅傑．費爾一直掛在嘴上那套有關政府陰謀論的真實版嗎？難道他已經在不知不覺中慢慢變成像羅傑那樣的人嗎？

「我真的想不起來有誰叫巴比。」

「那個人在網路上給自己取了一個『比特幣天王』這樣的稱號。」

查理的嘴先是張開來，然後又闔上。

最終他輕咒，「該死。」

在那個當下他才恍然大悟。他媽的恍然大悟。

「問題出在絲路。」

早在四個月前絲路就被警方攻破，但不代表政府就此結案了事。在未來的幾年裡，他們會循著所有手中掌握的線索和情報，甚至是已經成功逮捕的案件持續追查下去。儘管一切來得突然又莫名奇妙，但很顯然的，現在查理就是他們握在手上的線頭之一。

比特幣天王。查理的思緒在記憶資料庫裡快速穿梭，試著回想他到底幹了什麼蠢事，還是在信件裡，或是在和朋友瞎扯淡時說出什麼蠢話。難道你真的會因為區區幾封信就被逮捕？還是說，僅僅對朋友開幾個無傷大雅的玩笑就得吃牢飯？查理到底做了什麼？幫客戶買進比特幣？這能算是一項罪名嗎？

「指控是什麼？」

「一項是洗錢共謀、一項是未提出可疑交易報告，還有一項是經營未經許可的轉帳匯款業務。」

查理十分費勁地眨了眨眼。未提出可疑交易報告？好吧，他認了。他一直都知道，比特幣天王斥資近百萬美元買進比特幣，很可能就在買入的同時轉手讓售。儘管他曾懷疑那些比特幣很可能是流向絲路，但他從未向隸屬美國財政部（U.S. Treasury）下轄的金融犯罪執法局（Financial Crimes Enforcement Network）提出報告。查理是比特快的法令遵循主管，這意味著，一旦他偵測到任何可能有問題的交易，都有責任填寫並提出可疑交易報告（suspicious activity report, SAR）。要是當初他有把溫克沃斯兄弟的建議聽進去就好了。直接雇一名法令遵循主管，而非什麼事都自己一肩扛起。但顯然現在才想到這一點早就為時已晚。

但是洗錢？那到底又是什麼意思？他該如何洗別人的錢？他唯一能夠聯想到自己曾經

洗過的錢，就只有在洗衣服時偶爾忘了從褲袋裡掏出的那點小錢而已。他也不認為自己曾經無照經營過轉帳匯款業務。有嗎？

「查理，」寇特妮輕聲說，「律師說你可能會被判二十五年。」

查理將臉壓在欄杆上。不可能。這個數字像一記重錘狠狠打擊他。

「二十五年，查理，」她重複一遍，「我們該怎麼辦？」

我們。他聽到她說出這個詞，一時間感到欣慰，即使兩人分別站在欄杆後頭，因為那代表現在他們兩人是一個整體了。要是查理真的得坐牢的話，他知道寇特妮依然會堅守在他身旁。但他真的會坐牢嗎？就只是因為販賣比特幣？

最後他說，「我不知道。」這大概是有史以來他所說過最坦誠的一句話。

兩個小時後，查理終於來到法官面前。他和律師一同坐在木製長椅上。剛剛卸除手銬的關節還在隱隱作痛。他一邊盯著到現在都還沒有繫上鞋帶的鞋子，一邊聽取檢察官宣讀他的案件。

檢方主張不能批准他保釋外出，因為他們認為他有可能會運用各種手段潛逃。事實上，他們還對著法官播放一段線上採訪的影片，畫面中的查理對著一名手持麥克風和相機的音頻播客說，他在新加坡有一棟房子。檢察官甚至再追加補充，查理擁有一架私人飛機，以及藏匿在世界各地高達數百萬美元的比特幣財產，如同先前彭博所報導的內容，他是比特幣百萬富豪，所謂的比特幣天王。

膝蓋想也知道，這根本就是玩笑話。他在新加坡沒有房子，也不曾擁有什麼私人飛機，他是有一些錢沒錯，但現在那些錢統統都得拿來支付給律師費用；他確實在比特幣圈也算得上是一號人物、一位骨灰級大老，但他不像溫克沃斯兄弟、羅傑．費爾以及艾瑞克．沃希斯那批人，根本就還沒開始為自己買進大量比特幣。他正忙著周遊世界，向眾人宣傳比特幣，幾乎沒有閒工夫積攢什麼存款，甚至根本沒有足夠的財力投資。事實上，他支付完訴訟費用後，所剩資產淨值不到七位數，事實上，連六位數也沒有，倘若還有五位數的話，那就要偷笑了。

真是見鬼了。再過不了多久他可能就落得一無所有。

最終，檢察官提出的所有條件並未全數獲得採用，查理的律師提出居家監禁和配戴電子腳鐐監控的替代方案，最後獲得法官准予。

然而，法官准許查理戴著電子腳鐐離開法庭、離開監獄之前，他還是得在監護之下找個地方窩著才行。他在永恆那邊的公寓已經被禁止入內，因此無法獨自前往；而且也不能在沒有警方陪同的情況下與寇特妮一同回去，這代表他只剩下最後一個地方可以選擇。

查理垂頭喪氣地跌坐在長椅上。

當律師回到法庭內，查理仍癱躺在同一張長椅上，律師見狀後其實不想告知他這項消息。

「剛剛我聯絡你的父母了。」

雖然自從查理選擇離家和寇特妮在一起之後就再也沒有與父母保持聯繫，但是他們看得到新聞，根本不需要透過查理的律師告知他們發生了什麼事。查理被逮捕的新聞登上媒體頭條，占據各大版面：《紐約時報》、《紐約郵報》、消費者新聞與商業頻道，甚至還有英國廣播公司（BBC）。

媒體宣稱這樁事件為第一起比特幣逮捕案，儘管絲路奠基比特幣經濟才得以運作，但恐怖海盜羅伯茲並不是因為網站開放比特幣交易被逮捕。比特幣不是重點，交易才是，因此就算是換成任何其他貨幣，這些指控都還是會成立。查理．施瑞姆這名年輕天才、新興數位經濟的代表大咖之一，現在成了名副其實因為交易比特幣而被逮捕的第一人。媒體因此大肆報導一番。

查理的律師說，「但現在有個問題。」

當然有問題，查理心想：我被逮捕了！

「當下的情況是，法官提出的保釋金額為一百萬美元。你父母若想湊齊足夠金額，就必須拿他們的房子抵押。這樣你才會被釋放，然後和他們住在一起，遵循居家監禁的裁定。」

所有一切發展都令人感到難受極了，一想到他們親子之間破碎的關係，還有他父母已經擺明他必須先道歉認錯才行；他還得同意住在家中這段期間一切全照他們的規矩來。但他又能如何？

「你別無選擇。」

查理明白，他的律師說得對。他不能待在監獄裡，因為很有可能審判開庭前他得因此在牢裡蹲上幾個月，甚至幾年。他必須離開這裡，試著找出反擊這一切的方法，這樣才能扭轉各家評論。史上第一名因為比特幣交易被逮捕的人。

他父母對他提出的要求簡直不公平到了極點。但他別無選擇。

他會一五一十告訴寇特妮，但將對父母有所隱瞞。寇特妮可以暫時回到她在賓州的媽媽家等著，直到審判開庭；查理則會假裝虔誠信仰。這件事他早已行之多年，即使在尚未明白自己根本壓根不相信之前就一直這麼做了。

「這才是正確的決定，」他的律師說，「我們先讓你離開這裡，接著再好好地準備你的辯護工作。我們會贏的。」

然而查理幾乎沒在聽。暫時失去寇特妮的日子糟糕透頂，應付他父母的同時還得再次假裝相信那些天人的謬論也令他難受至極。但是這些痛苦遠遠不及他必須重新窩回那間地下室。

這次，他將穿戴受制於美國政府監控的電子腳鐐回到那個地方。屆時，他只要把一隻腳伸出前門就會引來有如火災警報一般響徹天際。

27 紐約另一頭

不出三十條街，泰勒．溫克沃斯整個人沉坐在凱迪拉克的豪華休旅車凱雷德（Escalade）後座，試著甩開盤旋在心頭的那份緊張感。他從車窗望出去，可以看見通往他們辦公室那處不起眼的入口。車子停在人行道旁，引擎運轉著。距離他和卡麥隆赴加密貨幣聽證會宣示證詞前，還有充足的一小時。聽證會是紐約州金融服務廳（New York Department of Financial Services）舉辦，傳喚他、卡麥隆和其他二十二名比特幣圈的重量級大咖。早上十點鐘，從熨斗大廈到下城翠貝卡（TriBeCa）區的聽證會現場，車程大概需要三十分鐘，這段時間足夠讓他冷靜下來做好心理準備。

卡麥隆隨著泰勒坐進後座之前先在人行道上伸展筋骨。儘管現在身上穿的衣服不是賽艇時的無袖運動衫，甚至他們也不在岸邊，泰勒卻感受到相同的情緒：混雜著些許恐懼的期待。這通常是他面對一場大賽前才會有的感受。也許還不到奧運賽的程度，但很接近皇家亨利划船比賽了。

當卡麥隆終於坐進車內後座，在他對面坐下來時，泰勒望了他的兄弟一眼，一個至今早已交換過無數次的眼神：水面上，船槳已就緒。

「你準備好了嗎？」

「差不多了。當你不知道自己究竟是要參加一場槍戰，還是一場方塊舞會時，其實很難有什麼把握。」

「毫無疑問，兩種情況都有點像。」

泰勒和他的兄弟有生以來第一次被政府傳喚，甚至還是透過媒體轉述才得知，但他們歷經短暫沮喪後很快就恢復過來，並發現這並不是一樁針對違法或是犯罪活動的指控，事實上，對他們來說，繳交文件證明的要求以及稍後他們即將在聽證會上進行的作證反而是一道絕佳機會。有鑒於比特幣正成為紐約市金融圈無可阻擋的一部分，溫克沃斯兄弟被指擔綱為這門全新虛擬經濟的代表，協助財政部了解比特幣和加密貨幣，以及擬定相關必要法規。

因此就某方面來說，傳喚這件事其實是賜予溫克沃斯兄弟一份榮耀，如同《富比世》標題所示：比特幣圈每一位重要人士都收到來自紐約金融監管機構的傳喚。收到傳喚的人士或公司包括創投界大老馬克・安德生（Marc Andreessen）、班・霍羅維茲（Ben Horowitz），以及幣基、比特付、新幣實驗室、幣定、多來（Dwolla）、付酬（Payward）、鍊動、促動風投（Boost VC）創辦人，甚至還有提爾旗下的創辦人基金。幾乎是一份所有在比特幣圈擁有巨額投資或經營重要企業的名人錄了。

儘管如此，這一場聽證會卻也很有可同時充滿衝突與對立。紐約州金融服務局局長班・勞斯基（Benjamin Lawsky）就是發布傳喚的負責人，曾經稱比特幣為「一個充斥毒品販子和罪犯的虛擬蠻荒西部」，因此這場聽證會的重點不光是搜集資訊而已，同時也想利用這些資訊整治比特幣的經濟世界。勞斯基在聲明中持續提及：「有好幾道理由讓我們相信，推動維護加密貨幣的合理法規上路，將為整體虛擬經濟的產業發展帶來長遠的好處。」

對溫克沃斯兄弟而言，這道目標正是他們兄弟倆長期以來呼籲的願景。儘管如此，制定法規還是得合乎情理才行，必須嚴苛到足以杜絕不當使用比特幣，但又不能限制過頭，結果反而扼殺創新發展的可能。

泰勒和他的兄弟為想必是非常緊繃的這一天做好相當充足的準備，他們閉關在溫克沃斯資本辦公室裡撰寫證詞、預想可能的提問以及應答之道。他們已經善盡一己之力了，但願這些努力能推動他們的理念落實在一套合理健全的法制上。

溫克沃斯兄弟都上車後，司機正準備駛離人行道邊，泰勒身旁的車窗忽然被猛烈地拍了一下。他抬頭，看見是貝絲站在車外，氣喘吁吁的模樣看起來就像是剛剛一路從辦公室狂奔下樓，而不是搭電梯下來。泰勒搖下車窗。

「查理．施瑞姆，」貝絲試著說話時平復呼吸，「昨晚他在甘迺迪機場被逮捕了。法院剛剛發出傳訊。」

泰勒的胃沉了下去。他原本希望整件事還不至於嚴重到荒腔走板。但說真的，難道他們真的僅僅會因為你在飛機上抽大麻就羈押你一整晚嗎？

貝絲一一列舉查理被指控的罪嫌：洗錢、未提出可疑交易報告、經營未經許可的轉帳匯款業務。

去他的。整件事已經不是只和查理有關而已，還涉及比特快，這根本就是——

「絲路，」泰勒說，「肯定跟絲路有關。那小子到底他媽的幹了什麼好事？」

洗錢這項罪名乍看之下肯定是有什麼誤會，可能是臨時增列導致的差錯；至於「經營未經許可的轉帳匯款業務」，八成是那個多數時候都心不在焉的執行長查理無意間誤觸的法條；但可疑交易報告這一點卻是意味著，勢必和有人透過比特快購買比特幣，進而從事非法交易活動有關。其中，最有可能的交易就是在絲路上購入毒品。當警方徹底掃蕩絲路後，非法之徒便趁虛而入，甚至變本加厲益發猖狂。聯邦政府估計是動員整個部門，鐵了心要徹查到底。如果查理蠢到蓄意縱容有心人透過比特快從事什麼非法行為，那他就真的玩完了。

「我們得發表聲明，」泰勒說，「立刻。」

此刻，就在他們前往聽證會現場，試圖力勸局長勞斯基和其他紐約規管單位必須適當規範比特幣的路上，他們投資的第一間比特幣公司負責人卻在稍早被逮捕了，理由正是這些監管機構最擔憂新加密貨幣的地方：不當使用。

他們馬上找來現任的外聘律師泰勒．米德（Tyler Meade）。他同時曾在臉書訴訟戰役中擔任兄弟倆法律顧問。雙方討論後，很快就擬出一份聲明稿：

當我們在二〇一二年秋天決定投資比特快時，管理階層曾向我們承諾，將遵守所有適用的法律，其中當然也包括洗錢條款。我們對此不疑有他。儘管今日比特快並未在查理．施瑞姆的起訴書中被點名，但我們仍然深感關切他遭逮捕一案。就比特快而言，我們僅只是被動的投資者，倘若執法機構有任何要求，我們必定傾力協助。我們全面支持政府為確保落實洗錢條款所做的一切努力，同時也期盼未來在比特幣交易上，能夠實施更加明確的法律規範。

如果指控屬實，那就代表查理欺騙他們。泰勒和卡麥隆曾經竭盡所能地設法讓比特快不只是在比特幣圈，而是整個金融圈都能成為分量感十足的玩家，他們為那些遠近知名、占有舉足輕重地位的投資金主和銀行，以及潛在合夥人引見查理，同時確保公司擁有營業牌照，而且還試圖培養查理成為一位足與比特快地位相提並論的執行長。當他們發現一切開始走歪時，也立刻出手導正，並要求他洗心革面，但顯然這些努力都是徒勞之舉。

泰勒知道，這次逮捕案將重創比特幣社群。由於查理在這個圈子裡可說是相當具有代表性的領袖人物，更是比特幣基金會的共同創辦人之一。基金會是由網路經濟界中幾位大哥級的人物主導，致力提升比特幣的聲譽，並協助全面拓展大眾的認知程度。他猜想，許多比特幣玩家都會支持查理，而且其中一些人很可能是基於錯誤理由。

「羅傑．費爾已經向《富比世》表態了。」貝絲在車窗外說，正好在泰勒看手機時回應了他的猜測：

> 我們每個人對自己的身體都擁有所有權，並且也有按自身意願處置身體的絕對權利。那些像是聯邦政府、緝毒局等，意圖將買毒、販毒品，或者使用毒品者關進監牢的人士，根本就是暴行逆施。他們必須停止這樣的行為。我衷心期盼，有一天他們能夠明瞭自身的錯誤，並且將不再以執法之名，行邪惡之實。

泰勒認為，查理正是受到這種信念引誘，才會為自己招來牢獄之災。這份聲明中提到的兩套對立論點，也正好明確闡釋比特幣社群的分歧看法：自由派和無政府主義者主張，比特幣是他們能夠拿來對抗這個處處受管社會的有利武器；然而，那些對加密貨幣日漸感興趣的創業家和投資客則希望，比特幣能融入社會，成為現代世界中一種新穎但同時又能被程式編碼的流通貨幣。

貝絲轉頭走回辦公室，準備將他們的聲明當成新聞稿發布。儘管泰勒、卡麥隆和查理以及他被指控的罪嫌扯上關係有些遺憾，但他們倆除了投資失策，外加看走眼挑到一名錯誤對象外，並沒有做錯任何事。雖說他們稍有失足，但這一點並未改變他們前往目的地，以及為了成功抵達終點所立下的那份決心。

泰勒說：「出發吧。」

若說他們正走在為比特幣生存而戰的道路上，其實並不算是言過其實的比喻，畢竟，如果比特幣少了監管機構庇蔭，將永遠無法擺脫烏雲罩頂的現況。一整門虛擬經濟產業估計也在劫難逃。

卡麥隆在車子駛離人行道時喃喃自語：「沒有什麼比這個時機點還要更糟糕的了。」

「我不太確定，」泰勒說，「有人可能會反駁說這是一個再好不過的時機點了。」

也許卡麥隆還未能預見，但是在泰勒心中，那副惱人的重錨才剛剛被拋出船身之外。

28 哈佛人

教堂街九十號。

一棟龐大的聯邦辦公室像一座無趣又醜陋的龐然大物占據教堂街和西百老匯之間的整個街區。好幾處政府單位共同使用整棟大樓：紐約州衛生署（New York State Health Department）、紐約州公共服務委員會（New York Public Service Commission）、中央郵局（Central Post Office）等，同時也是加密貨幣聽證會的舉辦地點。

早上十一點三十分，四樓董事會議室。

若說有什麼場合非得正式著裝不可，肯定就是今天。卡麥隆坐在一張長長的證人桌前，基本上它就是一塊散放著各種平板、筆電，上頭還有老式麥克風糾纏成一團的木板。泰勒坐在他的左手邊，右手邊則是另外三位參與開庭日重頭戲的證人。卡麥隆身旁坐著經驗豐富的創投前輩佛瑞德・威爾森（Fred Wilson），不久前才大手筆地將旗下事業移轉到加密貨幣領域，他的臉上帶著只有見識包括網際網路崛起、泡沫吹大又破滅等無數科技界大風大浪的老鳥特有的淡定神色；再過去是創投界的新起之秀劉哲明（Jeremy Liew），他是光速創投（Light Speed Venture）的合夥人之一；最後，長桌末端則是坐著加密貨幣基金券商二手市場（SecondMarket）創辦人兼執行長貝瑞・希伯特（Barry Silbert）。

卡麥隆身後就是法庭最外緣地區，塞滿大大小小媒體，以及一票設法在這個擺滿折疊椅的擁擠大廳中為自己找到一席座位的比特幣參訪客。然而，卡麥隆知道，不僅僅這些人而已，庭外還有更多觀眾：這場聽證會將同步在超過一百三十國實況轉播。

儘管可能的觀眾數量如此龐大，卻不是卡麥隆最在乎的焦點。在他面前，一整間寬闊、肅穆的會議室最前方架設一張可以俯瞰所有證人及觀眾席的講台，看上去就像是一幕中世紀的審判場景，主導這場射擊賽的裁決者們正襟危坐。這些人負責發問。在這間會議室裡，他們握有實質權力；卡麥隆和泰勒必須先宣誓後才作答，倘若被發現作偽證，任何他們說過的話都很可能被拿來反將自己一軍。如此一來就得吃上牢飯。咦，這下子可就成了查理的鄰居呢。

局長勞斯基坐在講台正中央，被一整排旗幟圍繞：美國國旗、紐約州旗、還有其他天知道代表什麼意義的旗子。他四十歲出頭，有一副會令人聯想到甘迺迪家族主導政界時期的公務人員外表，還有一雙聰慧銳利的深沉黑眸。他身邊坐著一群來自各部門機構的陪審團，但顯而易見，勞斯基才是領銜主演的男主角。當一切準備就緒之際，敲打鍵盤、移動桌椅及測試音響設備的雜音都漸漸淡去，勞斯基率先為這場會議拉開序幕，簡單宣誓後隨即切入正題。

他很快就將話題導向這些經濟新星齊聚一堂的原因：

「我們的目標是要提出一套紐約加密貨幣企業適用的法律規範。我們將成為國內先驅，但達成目標之前，首先讓我們坦承，對執法人員來說，進入加密貨幣這個新世界就如同前進涉足一片未知的水域。」

截至目前為止，事態發展還不錯。卡麥隆原本希望這一系列的聽證會能為雙方達成某種程度的合作，勞斯基一開始便坦誠布公自己所知有限，這一點進一步點燃他的期盼。但是隨後勞斯基話鋒一轉，將話題帶到在場所有人都心照不宣，但卡麥隆深知遲早都得面對的爭議。

「昨日發生的法律行動彰顯一件事，那就是，協助這門產業剷除洗錢以及其他不法行為有多麼迫在眉睫。」

那個天才渾小子，原本可以和溫克沃斯兄弟一起坐在這間會議室裡一邊享用三明治，一邊歌頌比特幣的輝煌成果，但現在卻受限於居家監禁的判決，只能在自家老媽的地下室待著。

「說真的，」勞斯基繼續說，「假使我們想孕育革新，也想根除洗錢惡行，我們在努力追求兩者平衡的過程，也同樣希望能夠提供企業更明確的指引。」

也許泰勒說得對，查理落馬其實反倒是個完美時點，將各方的聚光燈集中打在聽證會本身和政府介入的需求上，不僅是為了保護比特幣客戶或是一般大眾，更是挽救查理這類可能把自己推向不法之地的人。

從勞斯基向證人團詢問的第一道問題開始，就可以看出他顯然也抱持著同樣想法。

「昨日那場逮捕案為這門產業帶來一些烏雲，到現在都還沒消散，」他直指核心說，「我對在座每一位人士提出的問題是，你們對昨天發生的那場事做何感想？是不是任何一種科技都可能會被心術不正之徒拿來濫用？毒蟲會用手機交易、恐怖份子會用電腦聯繫，但不代表我們就得因此譴責手機或電腦存在。儘管有人主張，相比之下加密貨幣更加脆弱敏感，但我們只是不希望，一個採用比特幣的經濟世界會變成鼠輩橫行的犯罪樂園。」

勞斯基一語道出卡麥隆心中所感。科技不是為意識形態所用，而是為了跨平台適用。不能只是因為它他被壞人所吸收使用，或是被費爾這種帶有定信仰體系的人所選用，就說它是壞東西，或是帶有明確的意識形態表象。比特幣就是一種技術，技術本身並沒有絕對好與壞，端視人類在其身上加諸何種價值、操弄何種意向而定。

貝瑞．希伯特首先回應一道簡單扼要的答覆：「假使那些遭受指控的人被定罪了，那似乎就代表我們的司法系統確實運作。歹念之徒本來就會幹非法壞事，只要能達成他們的目的，無論是什麼樣的技術都會被拿來使用。」

坐在他身旁的劉哲明跟進覆議，並進一步以帶著些微澳洲腔的口音補充：「我附和，這是現存法律體系和執法部門相互搭配的良好成果。」

但接著他以查理逮捕案當作另一個視角切入，再從中提出一道全新觀點。他舉這起事件與比特幣發展時間軸互相比對。這一切正好與溫克沃斯兄弟所經歷的變化不謀而合。

「我想指出一點，」劉哲明說，「這段時間以來我們看到，比特幣玩家已經換上一批新面孔。比特幣問世之初，象徵某種學術革新；隨著時日發展演化，人們各自因為不同的動機開始對它產生興趣：去中心化網絡以及開放原始碼的修改權限吸引到第一批人……他們大多是自由主義者或激進份子……；再來是匿名性掀起的浪潮，那些以為可以透過比特幣掩飾自身行跡的參與者進場成了第二批玩家；過去一年半以來，比特幣的另外兩大特性又引起另一群人注意：一來是它帶有自由特徵，能大幅降低交易成本，二來是可以編碼，這一點大大改變比特幣使用者的本質。」

劉哲明接著說，這些特質對那些想要投資新經濟的人，好比他自己，可謂絕佳機會。標準的投資客說法。大企業從來沒興趣聲援非法的骯髒事，但其實並非受到什麼道德感驅使，說穿了只是有礙商業利益罷了。這一點正是溫克沃斯兄弟長期訴求的立場。

威爾森則針對勞斯基提出的問題，更詳盡地以「比特幣五階段」進一步闡釋：「第一階段：『開源社群』，二〇〇九至二〇一〇年，聚集一批科技鬼才跟怪胎，還有自由主義份子；第二階段：『犯罪陋習』，二〇一〇至二〇一一年，絲路猖獗，毒品和槍枝交易氾濫；第三階段：『投機買賣』，二〇一三至二〇一四年，不過我們現在幾乎已不再這麼做了；接著是第四階段：『貿易交流』，商人們開始接受比特幣流通；以及最後一個階段：『編碼貨幣』，即是金錢能透過可以編碼的基礎設施在市面流通的時候。」

可以編碼的資金。在卡麥隆聽來，這個說法就像是外太空或科幻小說冒出來的新名詞，但他知道，在即將到來的數位經濟浪潮下，這確實是比特幣勢在必行的發展。一旦普及，基本上也就代表，銀行或個別用戶之間可透過自我審查的機制完成有效的程式化交易，同時，他們也無須透過任何中間人或第三方監管機構，就能建立自動生效的智能合約（smart contracts）。這就好比未來的自主代理將會和自駕車相互交換價值一樣，也許車體本身在切換道路的同時就能自動連結支付更快的移動費用，而且過程完全不需要涉及電匯、代收，甚至是信用卡，因為這些全都耗時又昂貴，取而代之的將會是以加密交易完成付款。機器本身雖然無法在富國銀行（Wells Fargo）開戶，但用戶可以利用協定兌換比特幣，在他們的思維裡，加密貨幣是專門為了電腦所創建，也因此讓它成為最契合未來的完美貨幣。

「比特幣的犯罪時代已經遠去，」他補充，「如今人們使用比特幣的目的大都不是想要為非作歹。」

終於輪到溫克沃斯兄弟回答。雖然這道問題看似垂詢全體證人，但也很有可能單單是衝著他們來的，因為現場每一個人都知道，他們是查理背後的金主。此刻，在座的每一位聽眾，以及世界各地守在螢幕前收看直播的觀眾，都洗耳恭聽他們會給出什麼樣的說詞。

泰勒傾身向前，以便更接近麥克風。他是溫克沃斯兄弟之中比較嚴肅、擅長分析的那個人，他們決定應該派他擔任第一位發言代表。卡麥隆可以感受到，整間會議室的目光全都射向泰勒，全世界也都在屏息等待他開口。

「昨天發生的那起事件就像是路上的減速丘。」

這句話其實是撿拾查理的牙慧，當時他們才狼狽地從一場與金融科技創投家的災難性會議奪門而出。短短幾個字一覽無遺查理本質大轉變。倘若查理正在收看這場聽證會，無論他位於何處，或許踝上還戴著電子腳鐐，泰勒冷酷的答覆口氣勢必會讓他徹底清醒。卡麥隆毫無保留地同意這番說法。直至今日，查理的所作所為早已讓溫克沃斯兄弟認定是無情踐踏他們的信任。溫克沃斯曾遭遇背叛，這並不是能夠輕描淡寫一笑置之的事情。

「絲路關站，」泰勒繼續說，「和後續所引發的十倍暴漲，在在顯示人們對於比特幣的需求高漲，絕非單單拿它來從事非法活動而已。」

在稍後的聽證會中，卡麥隆將會再提出自己的見解詮釋早期的比特幣經濟。

「一年半前我們第一次接觸比特幣，當時我想不會有人否認，它確實帶有那麼一點蠻荒西部的感覺。不過這是因為當時並沒有任何法律規範，也沒有一套公定標準得以衡量資產價值，或是評估一間公司是否合法之故。想當然耳，蠻荒曠野只會引來一批狂放不羈的牛仔。」

卡麥隆和泰勒一樣，已經與查理切割，將他留在過往：一個蠻荒時代的殘留遺物、一個被流放在比特幣邊疆的悲劇人物。

卡麥隆說：「我想，沒有人會反對將這個地區交由警長接手管治的好處。」

那些和羅傑．費爾採取相同立場的人早在很久以前就揚棄建立一套完整制度的念頭，但溫克沃斯兄弟還沒死心。也許有些人會認為，他們本身就是體制代表，但這種論點從來就不是故事的全貌。他們有充分理由對法庭、法官、律師、哈佛校長和同學、調解員，還有像勞斯基局長那樣手握權勢的人感到失望，因為過去這些人全都辜負他們。然而，你不得不承認，他們依舊韌性十足。

他們的父母向來諄諄教誨，無論如何都不能停止奮鬥。不管人生把你擊倒在地多少次都不要緊，重點在於你該如何讓自己重新站起來。對任何曾經失去手足的人來說，他們多少都明白何謂堅忍不拔。儘管他們擁有出色的外表、享有特權的家世背景，但是一路走來仍遭受不少挫敗。人生並非總是一帆風順，但他們依舊深信人人平等的權利。他們在外頭的遼闊世界打滾過後深切體悟：人生之所以發生轉折，並不是你在關鍵時刻正歷經什麼遭遇，而是你走過這一遭以後如何處置蕩漾的餘波。

卡麥隆至今仍記得，小時候父親曾讀過同樣身為陶瓷幫哈佛人的老羅斯福總統演說內容給兄弟倆聽：

榮耀不屬於評論者，也不屬於那些指責落難英雄，或是要求實踐者理應表現更出色的旁觀者。榮耀只屬於真正在競技場上搏鬥，沾染一身塵土，並在臉龐烙印下血汗的戰士；榮耀只屬於在歷經犯錯、無數次落敗後依舊不屈不撓的人，因為他知曉，沒有失誤與不足就沒有所謂的成就可言；榮耀只屬於奮鬥不懈，傾注滿腔熱情，並奉獻一切全力以赴的人；榮耀只屬於那些即使做了最好與最壞打算，終究願意承擔所有風險的人：一旦勝利便凱旋歸來，但假使功虧一簣，起碼自己曾經放膽一搏過，雖敗猶榮。因此他的威望，又豈是那些冷漠怯懦、未經勝敗洗禮之輩所能企及。

卡麥隆環視整間會議室。主席台上的監管者們、證人席上的比特幣玩家們，還有其餘在場的觀眾，最後，他看向自己的兄弟，說了這句：

榮耀只屬於那些即使做了最好與最壞打算，終究願意承擔所有風險的人：一旦勝利便凱旋歸來，但假使功虧一簣，起碼自己曾經放膽一搏過，雖敗猶榮……

「比特幣就是自由象徵，」泰勒對著所有人說，「這是道地美國精神。」

在那一刻，卡麥隆心想，也許，只是也許，會有幾位監管者在那個瞬間忽然頓悟，原來溫克沃斯兄弟全力捍衛的這個世界，其實和他們一直力爭的未來都是同一個美麗新境界。

29 審判日

這真是一種奇怪的感覺，你正被一群人圍繞，卻只感到徹底的孤單。

查理猜想，大概就像是自己即將死於某種可怕的疾病，儘管親友們全部守在病床邊，卻都束手無策，只能眼睜睜看著你嚥下最後一口氣。

他知道自己腦補過頭了，只是說，一個人置身那種環境實在很難內心不會上演小劇場。位於紐約司法大廈中，布滿灰塵、氣息老舊的木造法庭儼然像個戲台。他無法想像這裡，究竟有多少下流之徒，從謀殺犯、縱火犯、強姦犯到銀行家等，恰好和此刻與律師為伍的他一樣都曾坐在這張一點也不舒適的被告席上。在右方約五公尺遠處，他看見賽林·透納（Serrin Turner）帶領的檢察小組。透納是美國聯邦地方法院助理檢察官，也是查理同意和解前主持他案子的負責人，對於曾經打過絲路訴訟案，並將羅斯·烏布利希打入大牢終身監禁的人來說，他大概是再適合不過的人選；再過去是南區檢察官普利特·巴拉拉（Preet

Bharara），以起訴過無數白領罪犯、華爾街肥貓聞名道上；在這些人的身後則是蓋瑞・艾佛，就是那位在甘迺迪機場逮捕查理的國稅局專員，現在他來到現場見證他所付出的苦勞成果。

正前方坐在長椅上的人物便是法官傑德・洛考夫（Jed Rakoff）。

查理試著不要直視法官。此刻他快要管不住情緒，倘若兩人視線相對的話，他覺得自己很可能會放聲大哭；他也避免轉頭望向身後那群塞滿法庭的大批觀眾。當他和律師走進庭內時，踝上的腳鐐隨著移動發出哐啷哐啷聲響，他環顧四周，座無虛席。

法庭內一側坐著他的家人們，不單只有直系親屬而已，看來幾乎是整個布魯克林區的正統敘利亞猶太家族都來看秀了。他的父、母親和姐妹們坐在第三排，在他們身後，他看見自己的經師拉比、隔壁的鄰居，還有小時候的眼科跟牙齒矯正醫生。他們是來支持他的嗎？還是想要譴責？或只是想親眼見證這一切？

另一側坐著寇特妮和她的父母，即使庭內擁擠、喧嘩，他仍能聽見她微弱的啜泣聲。剩下的一側則是坐滿沒有猶太信仰的支持者，他們大多來自比特幣圈子，有些曾在比特快任職，還有許多是與查理一同出席過會議的同伴和粉絲。也許說他們「沒有信仰」不太恰當，其實許多支持他的比特幣玩家都各自擁護一份信念，而且十分虔誠，就如同坐在對面信奉基本主義教派的猶太教徒堅持黑帽子一樣。

查理深知這些群眾能帶來的改變微乎其微。他們或許現在都一同聚在他的床邊，卻依舊無法影響任何即將可能發生的事。人生而孤獨，臨終亦然。

同時，你也將注定孤立無援地接受審判。

查理的律師碰一下他的手臂，示意即將開庭。在律師看來，查理的表情理應要顯露振奮才對。為了這一刻，這些日子以來他們早已來來回回討論過無數種可能，最後都同意被判處牢獄之罪的可能性不大。畢竟，這一類型的訴訟案最終都會以一些愚蠢的信件草草結案。儘管查理承認自己確實愚蠢，竟會讓一名分銷商打著自家的比特幣在絲路上非法交易毒品，但他本身並不洗錢，更不是毒梟，你甚至可以說他幾乎是與洗錢背道而馳：他糊裡糊塗地把錢變髒，而不是洗乾淨。

他確實犯罪，但並不認為自己的人生就該為此爛死在獄中。他之所以認罪是因為他知道自己做錯事，而且走上訴一途的代價實在太冒險、太昂貴；但他所鑄下的錯，並沒有嚴重到必須被囚禁在狹小的牢房裡。

一番簡短的開場後，他的律師首先拿到發言權，於是按照他和查理討論而成的共識請求緩刑處分。這是他們認為最合理的量刑。

「他只不過是二十五歲的年輕人，」律師開始發表他的論述，「我不確定是否應該把他視為希臘神話的悲劇英雄，但他確實無以復加地傷害自己，真的是無以復加，只因他是引發這場爭端的罪魁禍首。他尋著一條出路，從布魯克林這個向來讓他百感交集的小社區中逃出，此後便著迷於這一道美好的理念，他所能付出的努力就是窮盡一生捍衛它的存在，他並沒有……。我不認為我們需要判查理．施瑞姆入獄才能讓他明白，自己所做的這一切不僅惡劣、不當而且違法。」

這些描述在查理聽來確切屬實，他快速地瞥了法官一眼，看起來他起碼還有在聽，但隨後檢察官便提出他的異議。

透納爭辯，「被告所為基本上就是在促進毒品交易。」查理感覺胃裡一陣翻騰。這番指控聽來相當罪大惡極，然而他明白，事實就是如此。

「他將那些毒品交易的錢進行轉移，我知道這看來不同於一般常見的毒品交易案……它在線上進行，而非街頭，這是毒品的數位交易，但無論如何，他確實就是在轉移那些毒品交易的錢財。」

正確，但查理仍認為還是不公平。原因在於，他所做的一切，像是協助他人購買比特幣，本意良善，同時也是他深信能夠讓這個世界變得更美好的方法，為自由提供另一種嶄新的存在形式。

還是根本不然，這一切僅是羅傑．費爾，或艾瑞克．沃希斯再次在他心中作祟因而產生影響？他已經不知道該如何思考了。

最終，法官提供查理一道自我表白的機會。

他顫抖著試圖爬梳雜亂的思緒，化為言詞。他知道自己語無倫次，也怕得要命，但見證他成長的全體家族成員，現在全都在他背後睜大眼睛看。

「我徹底搞砸了，庭上。我的律師及透納先生所言無誤，我被賦予責任卻未能守護，反倒是蒙羞自我，也讓我的社群、家族，甚至整個比特幣圈失望了。」

他可以聽見後頭傳來一陣窸窣聲，但他執意說下去，他的想法衝得更快，或許有那麼一點操之過急。

「各位知道，當你在年輕時看了《蜘蛛人》這部電影，至今唯一還隱約記得的台詞就是那句『能量越強，責任越大』。以前每次看的時候，我總會想著那究竟是什麼意思：當你握有更大的權力時，責任感從何而來？」

他又要開始即興演出了，但不打算制止自己。他徹底置身煉獄整整一年，如今終於又有機會可以發言。電子腳鐐和保釋金將他束縛在那個地下室，他的父母一天到晚拿贖回保證金威脅，尤其當他們發現他聯繫寇特妮時更變本加厲。

「當你坐擁權位，置身權力核心時，要持續對自我負責並保有分辨道德是非的能力，都將比過往還要來得費力。當你身上沒有被加諸那麼多責任時，一切都變得容易許多。我未能成功做到這一點，當時我還太年輕，僅二十二歲就已經擔任執行長，同時也是法遵主管……，所有的一切都是靠我和我的搭檔在地下室打出來的成績。」

他的律師換座位來到他身旁，查理知道，這代表他必須出面掌控大局，制止他失控脫稿演出，但他還沒說個過癮。現在他有一群觀眾，而且法庭內某處必定還有一隻麥克風，去他的，他正準備高談闊論一番。

「我犯了法，事態非常嚴重，我對此真的感到十分愧疚。我很抱歉，讓庭上和這個國家失望了。但我仍心懷抱負想要改變這個世界，我正在努力嘗試……。當時的我只不過是個大孩子，想讓自己流芳後世，儘管只是做出一件改變世界的小事也好……。」

他直直看向法官，將所有需要說的話一口氣傾瀉而出。

「比特幣是我的摯愛，也是我僅有的一切，更是我人生的全部。我生來注定要做的大事就是讓世界看見這個全新的金融系統。它不歧視任何人，也不為貪腐服務。我認為比特幣之於一般貨幣，就如同電子郵件之於傳統郵政服務一樣，它賦權所有人平等。無論你住在非洲、中東，還是亞洲，都能透過點到點系統快速轉移貨幣和資訊。我認為這是相當重要的一件事。庭上，倘若您准許的話，我將非常樂意重拾醫治世界的工作，同時確保不會再有人和我一樣做出蠢事。」

查理突然閉上嘴，他清楚意識到，法庭內所有人都在注視他：法官、他的律師、檢察官、他的家人，還有那些比特幣玩家。他嚥下口水，慢慢地坐回位子上。

他清了清嗓子：「再次表示，我感到很抱歉。」

接著又是一陣沉默，法官低頭端詳他一番。

時候終於到了。法官發表一段簡短的看法，說明查理確實是才華出眾的青年，但或許聰明過頭，將目光放得太遠，以至於無法專注眼前應該注意的事；同時提到他還年輕，未來肯定還能有一番作為。接著，法官宣布他的判決結果。

「法院認為，合理的裁罰為兩年，因此，被告將入監服刑兩年。」

忽然間，整座法庭好像逐漸消失在一條長長的甬道，查理則在縮在某處慢慢縮水，變得非常微小。他聽得見自己的母親在一側哭泣，另一側是寇特妮，還有一些比特幣支持者抗議的叫囂聲；他的律師則在耳邊低語，告訴他僅需服滿八五%的刑期就夠了，在那之後他會被送到中途之家，然後他會獲得一份工作，像是在餐廳洗碗盤這種簡單的差事。他還安慰他一切沒事了，他一定可以熬過來，出獄以後仍是一條二十啷噹歲的有為青年好漢，沒有什麼好怕的。

查理看著他，忽然間他從那條甬道裡面抽身而出，帶著現實感回到法庭上，再次變回原本的自己。這是他自從被逮捕後第一次發現自己並不感覺害怕，而是得到解脫。

幾乎整整一年他都被鎖在地下室裡，成日喝酒抽菸，不僅每個星期六得被拖去參拜，到了星期四還得在身上綁著經文護符匣。他只有和寇特妮偷偷摸摸通電話時才能讓自己的神智保持清醒。要命的是，他還曾經撥打Skype參加一、兩場比特幣會議，當時他在耳朵掛上藍芽麥克風，對著電腦螢幕憤怒地大聲咒罵、咆哮，踝上還戴著沉重的電子腳鐐。事後他在觀看這影音畫面時，被自己瘋狂模樣嚇到超級驚呆。但那些日子此後不復存在他的生命中了。

他就要去坐牢了，之後他還得洗洗碗、割割草，或是做一些任何其他需要的勞力活。他將捲土重來，重返比特幣圈。剛剛他對法官所說的話並不是大放厥詞，他不是為了乞求對方放過自己的人生才那麼說，一切皆是肺腑之言。或許這就是為什麼此刻他感到無比舒暢的緣故。比特幣是他的命，他現在為了販賣比特幣得吃上兩年牢飯。那也好，總體來看，他想他還應付得來，在這之後，他將洗心革面，重新開始。

在他身後，他的父母來到隔絕觀眾和他座位的欄杆旁，哭喊著他的名字，試圖要和他說上幾句話，但他並沒有看向他們，反之，他轉向他的律師。

「我們可以請所有人都先離席嗎？只讓寇特妮留下來。」

律師徵求法警意見並獲得同意。事實上，這些身穿制服的警官甚至不得不強行將查理的父母帶出場。很快地，庭內只剩下坐在被告席的查理，還有一旁雙手緊握的寇特妮。

「會沒事的，」他對著正在哭泣的她說，「我們會沒事的。」

對查理來說，最值得慶幸的一點是，他知道這些話都是真的。接著他張臂擁抱她，眼裡盈滿淚水。

30 大業開張

八月來到了尾聲，在這個月最後一週某個午後，卡麥隆正舉步維艱地設法穿越這片猶如世界末日的月球表面。每當他在被太陽曬焦的乾鹽湖上移動時，穿著球鞋的雙腳踩踏之處都會揚起一團火紅的塵土。他身上除了一條寬鬆的工作褲外幾乎就沒穿了，空氣相當炎熱，甚至能透過一副適合在焊接或滑雪戴的特大號護目墨鏡看見在空中流動的氣體：氧氣、氮氣，還有環繞在他腦袋旁若隱若現的碳分子。這裡的溫度自攝氏三十七度起跳，沒有上限，然而卡麥隆並不介意。自從單引擎小飛機賽斯納（Cessna）將他們兄弟倆丟在距離臨時搭建的沙漠市中心相當遙遠的機場跑道起，他的嘴角便一直維持上揚角度。儘管周遭一片看來宛如世界末日場景，卻也是他所能想像最友善的末日來臨。

「簡直棒極了，你不覺得嗎？」泰勒一面說一面從沾滿塵土的腳踏車坐墊移下來，走到站在乾鹽湖上的卡麥隆身旁。他同樣穿著短褲，上身還套一件像是電影《瘋狂麥斯》

（Mad Max）裡那種迷彩背心，護目鏡掛在額頭上。

泰勒這句話可能是在讚嘆各式各樣的事，也許是指位在內華達州北方被崇山峻嶺環繞的沙漠本身，乾鹽湖和火山岩床的組合讓這片廣達十二萬公頃的地表形成一片壯闊景色；或者也可能是在說每年八月底都會興建的臨時社區「黑石城（Black Rock City）」，他們所站的地點是一處集合藝術與設計所誕生的心血結晶，彷彿像在地面上建置一具巨大時鐘一樣，裡頭還包覆十二個小鐘，以同心圓的方向向內等比例縮小，一個圓環扣一個圓，宛如層層套疊的俄羅斯娃娃；或是指這片沙漠的兩點順時鐘往十點方向走，從最外環的大圓開始，直到最內環的小圓中間，任何你想得到的位置上都駐紮數千頂帳篷的盛況，露營區五花八門，帳篷從最簡陋、圓形穹頂的樣式到蒙古包，甚至是精緻堅固，能夠容納好幾十人的宿營屋都有；或是位於營區旁的裝置藝術和雕塑，甚至有些營地本身就是一幅作品，搭建出像是金字塔、墜毀的幽浮、巨大的退役客機殘骸，還有許多形形色色的幾何建築、雕像、廟宇和其他多面實體的構造；或是在這個沙漠時鐘上緩慢轉動的藝術車隊，上百台像是小精靈遊戲裡的生物體，穿梭於這片井然有序的營區迷宮中，車輛的形體從藍芽音響、海盜船、大白鯊，突然變成蒸汽火車、骨董改裝車、巨龍，甚至是噴火的章魚。晚上，一些營地掛著LED燈串或面板閃閃發亮，一些則靠著手電筒或雷射光束在夜間閃爍，還有一些則是點燃火把與火坑，在黑暗中搖曳發光。所有一切相乘，將這片荒涼貧脊的不毛之地轉變為一個繽紛又絢麗的幻境之都。

又或者，泰勒可能是在說那個矗立於社群中心，高達四十英尺，猶如人型摩天大樓般直聳天際的「火人（Burning Man）」，在它兩隻巨大的腳掌旁還堆放著火種。當為期一週的慶典接近尾聲時，火人就會被點火焚燒。這項儀式不僅是活動名稱的由來，同時也象徵將人們聚集在此的主要原則之一：「徹底的自我表現」。對卡麥隆周遭這些前來共襄盛舉的七萬名「火燒人」（Burners）遊客而言，這是一年一度近乎信仰般虔誠的朝聖，或者就是他們來此的唯一理由。

在火人附近還有一座聖殿，這棟充滿靈性的建築物庇護火人的「靈魂」。人們會在這座淨化精神的木製聖所中留下許多照片和信條，上頭所寫的訊息可能是給自己或是摯愛，又或者有時根本沒有什麼特定對象，僅只是向任何途經之人訴說。內容包含忠告、智慧、喜悅、幸福、感激、啟發、心碎、痛心、失去、創傷和痛苦，所有賦予在這個塵世中載沉載浮，生而為人意義的深沉內心情感與經驗全都在其中。聖殿是乾鹽湖上唯一的寧靜之地，一個能夠在一連串低吟耳語、輕聲嗚咽和相擁中，聽見自己的心聲，或許還有自己淚水的地方。這會是一趟百感交集的旅程，也許有時情不自勝，但最終它都能讓你極為感激，並找到內心平靜。當聖殿在慶典的最後一天被燒毀時，也等於釋放蘊含其中的所有情感，讓你在精神上獲得更強大的重生力量緩解你的悲傷，開啟療癒之途，自此揮別過往，重新啟程。

卡麥隆並不是很確定，到底是什麼原因把他和泰勒帶來參加這個夏天的火人祭。一道朋友的邀請？逃離東岸的潮濕？純粹的好奇？無論如何，他慶幸他們總歸來了。不管你在前往沙漠之前是什麼模樣，這裡的氛圍都會改變你，儘管變化可能短暫有如曇花一現，卻仍是值得體驗的事。

他們此刻待在失落酒吧（Lost Lounge），這是一處帆布搭建的聚落，像帳篷一樣的立方體堆疊在一起，算是一種臨時搭建的沙漠汽車旅館。往聚落裡面走可以看到各種不同的立方體，有一處DJ攤位、一間公用廚房、舞蹈區，以及各種可以殺時間小地方，做些自己愛做的事。

位在十二座小時鐘最內側的八點鐘方向，也是這裡的簡易機場所在，距離失落酒吧（Lost Lounge）大約要走上十五分鐘，騎腳踏車或許可以快一些。他們正漫步在廣場的另一頭，布滿塵土的寬廣時鐘中心矗立著火人，像是被稱作黑石城這片無邊無際沙漠的日晷，彷彿一根桿子般固定住想像中的指針。在這個當下，卡麥隆對於閒晃在廣場和臨時機場外緣感到滿足。他們偶爾駐足，進入橫跨這整片時鐘，並以十五分、三十分時段間隔輻散出去的街道與小巷來一場冒險，或探索位於沙面的上千處營地。無所事事、無處可去，這就是火人祭最強大的魅力之一。

他們在漫步時，迎面而來幾組同樣也在閒晃的火燒人，男女老少，從十幾歲到七十幾歲都有，全是一身因應當地風光的行頭打扮，某些情況下也可以看到光著身子的火燒人。皮革、羽毛、護目鏡、皮帶、鏈條、手套、帽子，大概可說是你在揮別這個世界之前會期待欣賞片刻的那種時裝秀。

當卡麥隆繼續沿著順時針方向繞著廣場走，瞥見一組人馬正朝向他們走過來。總共有六名年輕人，大多只穿上一條短褲，上身打著赤膊，沾滿細沙。他們經過時，其中一個火燒人忽然停下腳步，看向卡麥隆和他的兄弟。

「不好意思，我無意打擾，」他有些過分正式地開口，「但你們是溫克沃斯兄弟嗎？」

這是一道他們早已聽過無數遍的問題，幾乎都快要成為背景雜音的程度。火燒人看上去十分男孩子氣，頂著一頭深色鬈髮，還有一張圓滾滾的雙頰。卡麥隆不認為自己認識這個人，但他看來和他們年紀相仿，或許年輕一些。但說真的，在乾鹽湖的這身裝扮，全身還被塵土覆蓋，要不是泰勒現在正站在他身旁，不然他可能也認不出自己的兄弟。

卡麥隆回答，「我們確實是。」

「嗯，哇，太酷了。我是達斯汀．莫斯克維茲（Dustin Moskovitz）。」

就算卡麥隆不認得這張臉，也必定聽過他的大名。莫斯克維茲和馬克．祖克柏一同創辦臉書，而且還成為他的第二號員工，直到二○○八年離開公司發展自己的事業為止。他後來他創辦成立的公司叫作亞薩納（Asana），是一間協助團隊進行更有效協作的軟體服務公司。《富比世》曾將他列為史上最年輕的自主創業億萬富翁，因為他比馬克．祖克柏還要晚八天出生，而且擁有的臉書股票比他多二%。

他們都是哈佛人，卻各自待在截然不同的圈子。卡麥隆從未見過莫斯克維茲，也不可能在人群中認出他來。說實話，莫斯克維茲一直以來都在他們糾纏多年的訴訟案中被列為證人，而他理所當然地遵循所有程序，就如同世界上大部分的人一樣。卡麥隆知道莫斯克維茲和祖克柏很親，因此視他及泰勒為對手，甚至是更致命敵人的可能性很高。不過也有可能，莫斯克維茲一直以來都只是旁觀者，雖然被捲入這場官司風暴，但並不支持祖克柏任何的雙面行動。儘管如此，對於臉書起源的相關故事，他還是很有可能只聽取祖克柏的版本，而非是他們倆的。

卡麥隆站在原地，塵土在他、泰勒和臉書前任二號員工之間揚起。他盯著莫斯克維茲，莫斯克維茲也盯著他看，突然地，莫斯克維茲一個箭步上前熊抱他。

這是一個所謂的火人時刻，在這裡，「完全的包容」被奉為最高圭臬。倘若這個時刻發生在真實世界，也就是沙漠以外的地方，像是紐約或矽谷，那麼一切發展將很有可能大不相同。外頭的世界甚至能允許這一切發生嗎？又或者會有什麼外力或人事介入阻礙？沒人知道，因為此刻就是在這個地方發生了，而且還是以它獨有的方式。至少在乾鹽湖上熊抱的這個短暫時刻，過往真的成為了過往，所有的水火不容在此都將煙消雲散。

他們分離之際，莫斯克維茲與兄弟倆握手，而且邀請他們參加隔天的香烤起士派對。由於卡麥隆忙著調解自己的情緒，以至於他根本忘了營區的位置在哪裡。但也許這是最好的安排，因為他稍後才發現，祖克柏竟然搭著直升機降臨火人祭慶典幫忙烤起士。假設卡麥隆和泰勒果真出席，誰知道會發生什麼事？他們也有可能會和祖克柏來個和解大熊抱嗎？在這片鹽土之地與茫茫人海中，充滿了靈性、愛與感激的乾鹽湖上，溫克沃斯兄弟和祖克柏也能在香烤起士的美味下盡釋前嫌嗎？

啊，這還真是很美的幻想。

卡麥隆張開眼睛，發現自己坐在紐約總部透明辦公室的位子上，距離黑石城、火人和永無止境的乾鹽湖狂歡派對相當遙遠。有的時候你無從得知，為何某些特別的記憶會突然在腦海湧現，雖然那個廣場上的熊抱在現在看來恍如隔世，卻也曾重重壓在心頭上好一段時間。或許這是因為他和泰勒成立了一間新創公司的緣故。這是有史以來第一次，時隔哈佛連網／連你時期已近十年。

公司取名為雙子星（Gemini），是一間完全符合規範、完全合乎法律，總部設立於紐約市中心的加密貨幣交易公司。

自從絲路收攤，Mt. Gox 便成了比特幣圈最大的包袱。查理被逮捕、溫克沃斯兄弟在勞斯基和一票監管者面前發表證詞的聽證會結束後兩週，Mt. Gox 也跟著倒閉。雖然卡伯列試圖力挽狂瀾，急忙詢問溫克沃斯兄弟能否為 Mt. Gox 籌措一筆緊急保釋金，然而為時已晚，八十萬名存放在顧客戶頭裡的比特幣，早就被老練的駭客群洗劫一空。當時的損失高達四億五千萬美元。

Mt. Gox 倒閉後，溫克沃斯兄弟自此確信，比特幣經濟圈亟需新一波創業家及企業加入，藉此清除第一波浪潮遺留的殘破碎片，諸如查理和卡伯列那樣的創業家。倘若他們無法為用戶提供一處安全有保障的交易平台，可以買賣、存放加密貨幣，那麼這場革新很快將會以失敗告終。早在 Mt. Gox 倒閉前，卡麥隆和泰勒就已經開始尋覓有能耐開創下一個交易世代的適合人選，但始終未能找到讓他們心悅誠服的正人君子。

溫克沃斯兄弟堅信，一處交易所若想成功，必定得將以下四大基柱燒鑄在它的基因裡：執照、合規、安全及技術。一些他們曾經接觸的初創家雖然技術了得，卻不夠重視法規，其他的人選則是不怎麼關心安全的重要性。他們評選的對象總是會有一塊拼圖闕漏，但若要硬選的話，就得冒險做出折衷妥協。在沒有人能夠平均具備這四項基準的情況下，溫克沃斯兄弟最後決定他們上場。

二〇一五年一月二十三日，卡麥隆向全世界宣告他們的計畫：

今日，我的兄弟泰勒以及我本人，在此自豪地宣告，成立新世代的比特幣交易所雙子星。當我們引用「新世代」一詞時，它確切代表的意義是什麼？我們將它解釋為一間完全符合規範，完全合乎法律，座落紐約市，同時為個人和機構提供信託服務的比特幣交易所。為什麼？因為我們相信時候到了……。

卡麥隆知道，這項抱負雄心勃勃，又是一個和決定在指數股票型基金尚未實踐前就先買下新貨幣一%資產不相上下的大膽賭注。

他和泰勒花了一年多才找齊雙子星團隊成員，目標很簡單：將國家頂尖的安全專家、技術專家和金融工程師齊聚一堂，秉持安全第一的信念，開始從頭打造一個世界級的加密貨幣平台。這個符合規範的交易中心將會座落在舊金融界的核心樞紐上：紐約，目的是為了請求准許，而非原諒。他們並不是在挑戰遊走法律的邊緣，而是要協助這個世界建立一套規範。有鑑於投資目標如此充滿野心，他們決定以國家航空暨太空總署（NASA）早期的一項雙子星計畫命名這趟新冒險，才顯得足以匹配。好吧，這只是一部分的理由而已。雙子星計畫是NASA的第二項太空計畫，承接在將人類送入地球軌道的水星計畫之後，並為後續載送人類登陸月球的阿波羅（Apollo）計畫鋪路。在卡麥隆看來，這道命名的原因相當合適：倘若一切成功的話，雙子星就能夠成為一座連結未來貨幣世界的橋樑。

但他們在挑選名字時，並不是只想著火箭船而已。雙子星，同時也是拉丁文中「溫克沃斯兄弟」的意思，真正的意涵就如同他們在早先的聲明所解釋，它在本質上探究雙重性的概念。古老的貨幣遺產世界融合充滿加密貨幣的未來，兩者在雙子星這個平台上產生交會。

聲明發布完的八個月後，二〇一五年十月五日，雙子星向全世界敞開大門。

他們的目標並不單單是要成為一間預估市值上看十億美元的企業，或者如果換成矽谷的用語來講：獨角獸。他們還想要創建更多東西，亦即一間能夠屹立百年的企業。卡麥隆和泰勒現在是放出一條長期策略線，他們經常開玩笑說，在這場賽跑中，雙子星就像是一隻努力要成為爬得最快的烏龜。

卡麥隆和泰勒不僅是雙子星的創辦者，同時也以溫克沃斯資本的名義成為投資人。他們不是嘴巴上說說而已，而是帶著破釜沉舟的決心在這場遊戲中孤注一擲。

卡麥隆坐在辦公室裡，不明白那個反覆縈繞心頭的火人祭回憶片段，是否確實促成他和兄弟決定再一次投身創業的契機。這是他們離開大學後第一次創業，也是他們在捧著自己的商業點子接觸馬克・祖克柏後的第一次。

他之所以一直往返回憶與臉書二號員工面對面的相遇時刻，難道是因為他和泰勒終於來到一個能夠重新翻身的轉折點嗎?他們人生的第二幕終於可以取代第一幕上演了嗎？

卡麥隆意識到自己的兄弟正站在他的辦公室門邊，他猜想，如果泰勒現在知道他的腦中在想些什麼的話，肯定會說自己是在過度解讀。卡麥隆向來都是那個比較容易想東想西的人，但是對泰勒來說，真實人生才沒有什麼第一、第二，甚至第三幕，人生就是坐在船上的旅程，順河而下。

泰勒幾乎是漫不經心地問：「你看到了嗎？」彷彿這是全世界最沒有意義的問題。

卡麥隆瞥向自己兄弟的後方，視線穿越過那扇敞開的門。溫克沃斯資本現在同時也是雙子星的總部，正值人聲鼎沸。他們為了跟上雙子星和比特幣的成長速度持續擴張中，但招聘的速度太快，以至於此刻聚集在開放中心的人群中，包括審核員、軟體工程師、操盤人員、客服代表等在內員工，卡麥隆僅認得其中一半。儘管他們的指數股票型基金至今仍是一場夢，但雙子星仍兀自忙碌。這一年來，比特幣的價格自一月起便一直樂觀地穩定上升。

卡麥隆問：「看到什麼？」

「看看你的電腦。」

卡麥隆在位子上稍微移動一下，接著便面向桌上的螢幕。他的視線移至始終存在底部的那張股票變化圖，然後愣了一下。要不是他對這一切夠熟悉的話，他很有可能會認為出錯了：原本應該要顯示其他東西的地方，現在則出現了一個零，螢幕畫面出現故障。

比特幣剛剛觸及一枚一萬美元的市值。卡麥隆知道，這是受到很多因素影響才產生的驚人漲幅：加密貨幣的相關規範變得更加清楚易懂，而且多數人並不相信各地政府會禁止這種新型態的貨幣交易；更多優秀的創業家開始進入這門產業，進而建立越來越多的基礎設施，讓整個市場更容易買賣、存放比特幣；比特幣教育獲得進一步推廣，人們開始清楚認識，絲路並不等於比特幣經濟，這門新技術還有更多可以挖掘的知識蘊含其中。

事實上，這就和網路始於利基領域一樣，從一樣原本難以應用的東西，隨著基礎建設和友善使用者的應用漸漸出現，以及更多的創業家湧入這個市場後，便開始迅速茁壯。比特幣也自此不斷上漲、上漲，再上漲，現在則衝破一萬美元。

對卡麥隆來說，在腦中快速計算並不困難。在那個當下，整個比特幣市場已超過兩千億美元。早在二〇一一年，他們就買下市場中一％的貨幣量，而且自從他們開始買進加密貨幣後就從未出售任何一枚比特幣。

卡麥隆看著他的兄弟，露出微笑。

他說：「我一百九十五公分高、一百公斤重，還有一身價值十億美元的比特幣財富。」

「噢，而且還有兩個我。」

「一百萬一點也不酷，你知道什麼才叫酷嗎？價值一百萬的……比特幣。」

卡麥隆和泰勒．溫克沃斯，剛剛才正式成為全世界第一批比特幣億萬富翁。

31 大仲馬到巴爾札克（BALZAC）

二〇一八年一月四日。

加州門洛公園市駭客路一號。

一座位於矽谷核心的先進園區，也是全世界前幾大企業的總部所在。

外界對此處的想像大概就是燈火輝煌的城市一隅，內部隔出許多寬敞開放的辦公空間。

一名實際上即將邁入而立之年的娃娃臉男子頂著一頭蓬亂的紅褐色鬈髮，下面是一張面無表情的臉；身上穿著灰色帽T、夾腳拖和短褲。此刻籠罩在螢幕反射的亮光中。

總部裡的這間寬敞房間最初僅是建構在一道創新點子的基礎上，爾後卻產生相當巨大的變化，成為一間價值數十億美元，龐大而且影響力遍及全球的企業。然而，近年來它爭議不斷，或者可以這麼說，在這場永無止境追求全世界完全採用並主導大局的道路上，已然面臨另一個「減速丘」考驗；又或許，這可能是它終將迎來步向衰敗的一刻。

這名男子回到這間寬敞的房間。儘管他已是人夫、一雙兒女的父親，卻仍是一臉孩子氣。他可能得開始構思文章了。

每年差不多到了這個時候就會需要撰寫一份聲明任務：先是回顧過去這一年的成績單，然後再向全世界闡述他擬定的未來計畫。人們不會納悶他幹嘛要寫這些東西，畢竟他身為一位能夠連結全世界，並改變所有人互動方式的怪獸企業執行長，理當是地球上最有權力的人士之一。他所說的話具有舉足輕重的分量。

「每一年我都會挑戰學習一些新事物，」他開始為這份聲明起頭，「我走訪美國每一州、慢跑里程數是五百九十公里、為我自己的家打造一套AI管理系統、讀了二十五本書，而且我學中文……」

這是一份令人稱羨的夢想清單。他持續打字，從自身成就寫到歷史回顧，他是如何從二〇〇九年開始就持續累積這些閱歷，即使當時經濟非常脆弱、即使他的公司尚未獲利，因為那些過往點滴在此刻看來忽然變得非常熟悉：

「現在這個世界充滿焦慮與分裂……，」

但世界不只是一片紛亂無章，許多人根本認為，他創辦的公司正是製造出這些焦慮的罪魁禍首。連連犯錯、一再越過底線，假新聞鎖定成千上萬名不知情的閱聽大眾洗腦散播；

嚴重干涉選舉，甚至到了可能會改變歷史的程度；海量的使用者個人資訊被打包、發送、侵駭；一套仰賴販售個人隱私維持運作的商業模式……。

「表面上看來，這或許不像是一道個人挑戰，但我想，更密集地關注這些議題，將比我做其他完全不同的事更可以學習更多。因為這些議題牽涉的層面包含歷史、公民、政治哲學、媒體、政府，當然還有科技……。」

在這處寬敞的超大空間裡，無數間辦公室中的無數台電腦螢幕上，勢必會有一台正顯示比特幣目前的市值。在那個當下，一枚加密貨幣的價格正好落在稍高於一萬六千美元的價位。無論怎麼看，這一切都顯得相當不可思議，特別是考量到二〇〇九年早期，他曾在信中寫比特幣經濟才正要開始展翅飛翔，可是那時的價值連一分錢也不到。

毫無疑問，他還記得那段歷史，因為這是他開始接觸一切的起源。他研讀、學習，然後再消化。他肯定知道，二〇一一年，一枚比特幣的單價來到與美元同值的程度，而且在那之後還繼續攀升。但其實這段歷史鮮為人知，一直到二〇一三年，賽普勒斯那座小島爆發的事件激勵價格飆漲至二百五十美元，才真正引起世人關注。之後整個比特幣市場雖然歷經更多的起伏，但是到了二〇一三年底，單價已經來到一千美元。

二〇一七年十一月，它的價值超越一萬美元；在下一個月再翻一倍，觸及兩萬美元，之後便下滑至今日低於一萬美元的價格。人們難以預測比特幣未來的價格變化，甚至在此刻，也同樣難以去定義比特幣究竟是一種什麼樣的產物。是泡沫經濟下的商品？嶄新的貨幣？貨幣的未來？還是即將開啟一套全新去中心化世界的系統？

無論它究竟被定義成什麼，可以確認的是，二〇〇九年至近幾年，它確實發展出一項了不起的成就。但當這一切發生時，他並沒有意識到，或者他可能不夠把它當一回事看待，又或者，他只是單純選擇保持旁觀者的身分。

然而，其他人在當時就意識到它正在發生，也確實認真地把它當作一回事看待。某些人不僅是在積累比特幣的財富而已，也同時用力推波助瀾這道不可思議的漲幅。

他又開始重新打字。

「如今，在科技界最有趣的一道問題便是有關集中化與分散化的辯論。我們之中有許多人投身科技的理由就是因為相信它能夠發揮分散化的影響力，將更多權力下放至人民的手中……。但時至今日，許多人對於這樣的承諾早已失去信心，由於少數科技大頭和政府濫用技術監視他們的公民，現在許多人都認為，科技只會讓權力變得更加集中化，而非分散。」

真諷刺，科技徹底顛覆的速度可以有多快，從一名革命戰士，轉眼間就變成自己原先打算挺身對抗的既有體制。那些挾持全球資料人質的集中壟斷者，還有數據同盟業者。

「與此同時，一些具有影響力的反浪潮聲勢興起，像是加密系統和加密貨幣，它們試圖將權力自集中化系統中奪回，並重新交還到人們手上，但伴隨而來的代價是必須承擔更難監控的風險。我想在未來更深入研究這項技術的優勢與劣勢，以及在我們的系統中該如何充分利用它們……。」

加密系統和加密貨幣，正是反浪潮的代表，也是站在金融大門前，有能力摧毀古老貨幣帝國的數位蠻族。

事實上，體制的變革和創業的理念有很多相像之處。它們可能完全都源於某一道創意、某一顆聰明的腦袋，或者忽然從一名穿著帽T和夾腳拖的天才小子身上冒出來；它們可能被借來應用、改變，好顯得更獨特；它們可能在祭出各種好處為由的情況下被摧毀，或者是在壯大後變成癌細胞一樣步步擴散，成為茁壯代價下的非自願受害者；甚至革新也很有可能會被竊取。

沒有任何方法可以得知未來將如何發展，他寫下這道聲明任務的目的，究竟只是純粹試圖安撫那些與日漸增的批評者，默默承認數位農車湧入的宣戰之聲，抑或僅只是在沉思或盤算，我們都不得而知。

但無論如何，他再敲了幾個鍵之後便將這篇聲明文貼上部落格，隨後他的訊息立即被傳送給超過一億名以上的追隨者。他創辦的網站每天有十五億名用戶登入，一億只是其中一小部分而已。

接著他關掉電腦，看著螢幕漸漸黑去。

後記　他們的近況……？

《比特幣富豪》就和《Facebook：性愛與金錢、天才與背叛交織的祕辛》、《社群網戰》努力還原臉書在創業第一年歷經的所有開端與選擇一樣，也是一則追溯起源的故事，其中包括這兩部作品中的角色們，以及加密貨幣本身。我們見證臉書過去十年來的成長與改變，同樣地，關注未來比特幣會如何發展，想必也將是一件相當有趣的事。在我看來，有關加密貨幣新時代故事的序幕才正要揭開而已。

加密貨幣最大的風險之一向來就是它的容易波動特性，這項特點在去年可說是發揮得淋漓盡致。自從我提筆撰寫這本書，比特幣的價格已經下跌七〇％，同時，這一門加密產業隨著提供服務、買賣獲利，以及各種將這項新興技術當作發展基礎的公司如雨後春筍般湧現，爆發出飛躍性成長。區塊鏈無所不在、比特幣經濟不分疆界，正當華爾街還在設法搞清楚，如今能夠配合加密系統運作的金融機構似乎都要日漸過時之際，幾乎每個國家的比特幣信徒都還在維持長期持有、絕不出售（HODL）的投資策略。

我心中毫無疑問的是：這場比特幣經濟革命是來真的，加密貨幣在此已蓄勢待發。

在這個當下，泰勒和卡麥隆・溫克沃斯兩人依然是比特幣界中的億萬富翁。他們是雙子星執行長與董事長。這間加密交易所現在已擁有超過兩百名員工，並且還在持續成長。雙子星被喻為全世界最守法的加密交易所與監管人，預估市值超過十億美元。溫克沃斯兄弟同時也是以太幣（Ether）、零幣（Zcash）、文書幣（Filecoin）、區塊鏈平台泰佐斯（Tezos）等各式加密貨幣的早期投資家。

泰勒和卡麥隆至今仍是比特幣最大的擁護者，他們認為，即使比特幣自雛形發展至今已算是取得相當大的進展，但未來仍有漫漫長路要走。假設，比特幣真的如同他們深信確實是黃金2.0的話，那麼它至今還是完全被低估了。黃金是一個價值七兆美元的市場，比特幣目前被預估的價值僅只有這個總額的極小一部分。

無論接下來會如何發展，無庸置疑的一點是，有關比特幣的序章才正要開展。此外，比特幣背後的技術如今也同樣才要開始滲透入金融、科技和線上世界而已。促使比特幣運作的區塊鏈和加密私鑰技術，不是只具有分散化貨幣系統的潛力，同時還包括各種的數據，有助使用者資訊擺脫臉書、Google、亞馬遜等龐大集團的壟斷控制，將網路行使權歸還給用戶。令人感到諷刺的是，比特幣和系統中的雜湊（hashes）比起臉書極度失能，或許還比較能在保護使用者的資料免遭侵駭、誤用和支配當權的傷害，而且可以容許一種全面、真正自由的線上溝通形式存在等層面上有更出色的表現。

羅傑．費爾已正式放棄他的美國公民權，如今都在加勒比海國家聖克里斯多福及尼維斯（Saint Christopher and Nevis）的聖啟茨島（St. Kitts）、日本和世界各地來回走跳。他是加密世界裡的巨人，同時也是個網路爭議人物（在推特上擁有超過五十萬名追蹤者）。此刻，費爾被捲入一場基本上被稱作是「比特幣社群內戰」的風暴裡。費爾和一些志同道合的比特幣客自行脫離，組成「比特幣現金」派，就規模和區塊大小而言，這是一個將會把加密貨幣帶往完全不同發展方向的道路，他們的目的是要讓加密貨幣變得更容易取代現金。

費爾持續不斷地投資加密相關公司，並將大部分時間都花在經營 Bitcoin.com 上，這間公司日前的員工數才剛剛超過一百名。Bitcoin.com 致力創建一項工具，讓每個人可以在不受政府監管的情況下，逕自與世界上任何一人金錢往來。

艾瑞克．沃希斯目前定居科羅拉多州丹佛市，創辦並擔任一間名為形移（Shapeshift）加密貨幣交易公司執行長，為顧客提供加密貨幣兌換的即時服務。起初，公司並不搜集使用者的個人資料，也不持有任何戶頭裡的貨幣。二〇一八年九月二十八日，《華爾街日報》刊載一篇〈加密貨幣黑洞：巨額黑錢在這裡被洗白（How Dirty Money Disappears Into the Black Hole of Cryptocurrency）〉文章，指控一筆非法獲得的九百萬美元資金正是透過形移「洗錢」，而且這筆金額來自四十六次加密貨幣兌換，價值高達八千八百六十萬美元的部分詐欺款項。沃希斯駁斥這篇報導，堅稱形移使用「正當合法的區塊鏈技術」摒除洗錢者，而且《華爾街日報》的記者並不理解背後運作的數據知識。

溫克沃斯兄弟檔將比特幣介紹給馬修．梅隆之後，這位銀行繼承人很快便成為加密貨幣最強力的擁護者之一。首先他投資比特幣累積一大筆財富，爾後則轉至瑞波（Ripple）公司於二〇一二年發行的數位貨幣瑞波幣（XRP）。二〇一八年四月十六日，馬修．梅隆原本希望自己能在墨西哥坎昆（Cancun）市一家毒品勒戒所戒除鴉片類藥物上癮症，卻在途中驟然去世，享年五十四歲。他離世之際，手中的加密貨幣資產價值介於五億至十億美元之間。

二〇一七年五月，在美國聯邦第二巡迴上訴法院決定維持判決後，最高法院也在二〇一八年拒絕任何上訴請求，現今已三十四歲的羅斯．烏布利希正在服刑雙無期外加四十年，他犯下的洗錢、毒品販運策謀罪行沒有可以假釋的機會。在比特幣圈和自由派人士中，包含羅傑．費爾在內的許多人都將烏布利希視為含冤入獄的殉道烈士。烏布利希很有可能將會老死在獄中。

查理・施瑞姆在賓州聯合郡（Union Country）的路易斯堡聯邦監獄（Lewisberg Federal Penitentiary）服刑將近一年，之後就被移送哈里斯堡（Harrisbug）的半途之家。他待在半途之家期間，在當地一間餐廳裡做洗碗工，並於二〇一六年九月十六日獲釋。令人遺憾的是，查理並未和父母保持聯繫，但是和艾瑞克・沃希斯則仍是朋友。查理出獄以後，和溫克沃斯兄弟檔之間的問題至今未獲解決。二〇一八年十一月一日，一項聯邦訴訟案被提出，指控查理侵占五千枚比特幣，說是二〇一二年他竊自溫克沃斯兄弟帳戶。查理否認這項指控，他的律師布萊恩・克萊（Brian Klein）告訴《紐約時報》：「這項指控根本錯得離譜……，查理會為自我進行強力辯護，盡快還給自己一個清白。」這起訴訟案至今仍在進行中。

二〇一七年九月十五日，查理出獄即將屆滿一年之際便與寇特妮結為連理，如今在加州薩拉索塔（Sarasota）市享受兩人世界，其中也包含在查理的小船上共度光陰。那艘船名為聰（The Satoshi）。

致謝

非常感謝諾亞・艾克（Noah Eaker）、蘿倫・碧翠奇（Lauren Bittrich）、瑪琳娜・比特納（Marlena Bittner），以及所有熨斗書林（Flatiron Books）和麥克米倫（Macmillan）團隊，他們協助我將這一則精采絕倫的故事變成個人生涯中最令人愉快的寫作經驗；我也同樣感謝艾瑞克・西蒙諾夫（Eric Simonoff）和馬修・斯奈德（Matthew Snyder），他們是最棒的經紀人。

我同樣深表感激眾多提供我消息來源的人士，沒有他們，我不可能完成這本書。還有書中的幾位要角，謝謝他們願意對我敞開心胸，也為我騰出時間，更慷慨地和我分享他們的經驗與專業。

一如往常，我感謝父母，兄弟們和他們的家人。感謝譚雅、艾許、艾雅和畢斯在過去一年半中努力忍受我叨叨不休地談論比特幣。

高寶書版集團
gobooks.com.tw

RI 338
比特幣富豪：洗錢、豪賭、黑市交易、一夕暴富，顛覆世界的加密貨幣致富秘辛
Bitcoin Billionaires: A True Story of Genius, Betrayal, and Redemption

作　　者　班・梅立克（Ben Mezrich）
譯　　者　周玉文
主　　編　楊雅筑
封面設計　林政嘉
內頁設計　賴姵均
企　　劃　何嘉雯

發 行 人　朱凱蕾
出　　版　英屬維京群島商高寶國際有限公司台灣分公司
　　　　　Global Group Holdings, Ltd.
地　　址　台北市內湖區洲子街 88 號 3 樓
網　　址　gobooks.com.tw
電　　話　（02）27992788
電　　郵　readers@gobooks.com.tw（讀者服務部）
　　　　　pr@gobooks.com.tw（公關諮詢部）
傳　　真　出版部（02）27990909　行銷部（02）27993088
郵政劃撥　19394552
戶　　名　英屬維京群島商高寶國際有限公司台灣分公司
發　　行　英屬維京群島商高寶國際有限公司台灣分公司
初版日期　2019 年 12 月

國家圖書館出版品預行編目（CIP）資料

比特幣富豪：洗錢、豪賭、黑市交易、一夕暴富，顛覆世界的加密貨幣致富秘辛 / 班・梅立克（Ben Mezrich）作；周玉文譯 . -- 初版 . --
臺北市：高寶國際出版：高寶國際發行，2019.12
　面；　　公分 .--（致富館；RI 338）

譯自：Bitcoin Billionaires: A True Story of Genius, Betrayal, and Redemption
ISBN 978-986-361-670-2（平裝）

1. 亞馬遜網路書店（Amazon.com）　2. 企業管理

487.652　　　108005563

GOBOOKS & SITAK GROUP ©